Fundamentos de uma Clínica Freudiana

Luís Carlos Menezes

Fundamentos de uma Clínica Freudiana

Casa do Psicólogo®

© 2001 Casa do Psicólogo Livraria e Editora Ltda.
É proibida a reprodução total ou parcial desta publicação, para qualquer finalidade, sem autorização por escrito dos editores.

1ª edição
2001

2ª edição
2002

Editor
Anna Elisa de Villemor Amaral Güntert

Produção Gráfica & Capa
Renata Vieira Nunes

Revisão
Lucila Vrublevicius Segóvia

Editoração Eletrônica
Renata Vieira Nunes

Dados Internacionais de Catalogação na Publicação (CIP)
(Câmara Brasileira do Livro, SP, Brasil)

Menezes, Luís Carlos
  Fundamentos de uma clínica freudiana/ Luís Carlos Menezes.
  — São Paulo: Casa do Psicólogo, 2001.

  Bibliografia.
  ISBN 85-7396-368-8

  1. Freud, Sigmund, 1856-1939 – Psicologia 2. Psicanálise 3. Psicologia clínica I. Título.

01-4100   CDD-150.1952

Índices para catálogo sistemático:
1. Clínica freudiana: Psicologia 150.1952
2. Psicanálise freudiana 150.1952

Impresso no Brasil
Printed in Brazil

Reservados todos os direitos de publicação em língua portuguesa à

Casa do Psicólogo® Livraria e Editora Ltda.
Rua Mourato Coelho, 1059 Vila Madalena 05417-011 São Paulo SP Brasil
Tel.: (11) 3034.3600 — e-mail: casadopsicologo@casadopsicologo.com.br

Sumário

Apresentação 7

PARTE I
Referências Conceituais da Clínica Psicanalítica 11

A Estrutura Psíquica à Luz da Metapsicologia Freudiana 13
O Conceito de Realidade Psíquica 25
A Clínica Psicanalítica: Referências Conceituais 31
O Trabalho da Interpretação 47
Um Episódio de "Unheimliche" na Clínica 55
Sobre "A Construção do Espaço Analítico" 61
A Psicanálise fora do Lugar: A Banalização dos
Conceitos Psicanalíticos 67

PARTE II
A Diversidade de Pensamentos na Psicanálise 75

Diferentes Teorias, uma Psicanálise 77
A Psicanálise na França: Uma "Escola Francesa"? 87
A Idéia de Progresso em Psicanálise 99
Freud e Jung: A Teoria da Libido em Questão 113
Psicoterapia e Psicanálise 123

Parte III
O Ódio e a Destrutividade na Teoria do Narcisismo 131

O Homem dos Ratos e o Lugar do Pai 133

O Ódio e a Destrutividade na
Metapsicologia Freudiana 145

"Além do Princípio do Prazer": Inflexões na Técnica 157

Sexualidade e Pensamento 177

Parte IV
Outros Textos 193

Um Ato de Ser 195

A Tradução de Freud: da Atualidade de um Debate 207

O Ferimento dos Começos 235

Notas sobre a Supervisão 241

Da Escuta ao Trabalho da Escrita 247

Freud e a Pedagogia 257

As Depressões: a Psicanálise em Questão? 267

Apresentação

Na psicanálise, singular e universal encontram-se estreitamente imbricados. É, pois, por sua própria conta que cada analista tem de ir constituindo o seu fazer clínico, abrindo caminho na rica e complexa tradição de pensamento inaugurada por Freud. Suas reflexões e elaborações discursivas são ao mesmo tempo um solo para seguir pensando e uma linha de horizonte para os "desenhos" e "rabiscos" com que se esforça para dizer, ainda que tantas vezes apenas para si mesmo, particularidades das análises que conduz.

A margem de liberdade no modo de ser ou de pensar do psicanalista encontra um limite nas determinações não só de sua história pessoal, como de sua "história psicanalítica". O singular e o universal imbricam-se tanto no instantâneo de uma fala ou de um ato seu (uma interpretação em uma sessão ou uma intervenção em uma reunião de analistas, por exemplo) como na dimensão temporal de sua própria história. História de vida e "história psicanalítica" que se entrecruzam, no tornar-se analista, com a própria história da Psicanálise como campo de saber e como Movimento.

A este propósito, vale lembrar que uma elaboração central para o pensamento psicanalítico, a do complexo de Édipo, diz respeito precisamente à articulação entre um singular e um universal, na dupla dimensão anacrônica e diacrônica da história e do modo de ser de alguém. É por isso que nós analistas falamos em filiações, não só no sentido concreto de alguém que, por exemplo, se afilia a um clube, mas de algo que vai além disso, sendo uma tendência nossa criar pais adotivos (adotados por nós), nas pessoas de nosso analista, de algum supervisor e de algum venerável ancestral.

Nada de muito surpreendente nisso, apesar da feição um tanto pueril que possa ter, já que se trata de algo bem mais geral. Nós, seres humanos, de uma forma ou de outra, estamos sempre buscando pais e fratrias imaginárias como suporte e como conforto narcísico. Tenta-se diluir, na medida do possível, as exigências do sexual para as quais cada um tem de encontrar, como sabemos, as respostas que puder, inclusive na forma de sintomas, bem como as da morte. Penso aqui não só nas mortes físicas, pegas nas engrenagens do tempo, mas neste ponto de elaboração decisivo, na forma de desafio, posto no miolo do complexo de Édipo, que é a construção de uma "morte simbólica" do(s) pai(s).

Esta situa a distância que separa em nós e põe em tensão as identificações e filiações imaginárias, pouco transformáveis, dos destinos que podem ir sendo dados a uma elaboração simbólica das filiações, trabalho de luto que vai abrindo para uma dura e boa (há vantagens!) orfandade.

É na perspectiva deste processo, no qual alguém vai encontrando as próprias opiniões, a própria linguagem, alguém que, no caso, é mais um a ter-se aventurado a praticar o método de tratamento do sofrimento psíquico inventado por S. Freud, que situo os textos aqui reunidos.

São escritos quase todos produzidos no contexto de participações em palestras, mesas-redondas, colóquios, para os quais fui convidado a intervir, trazendo o meu modo de formular o problema proposto, com vistas ao cotejo e ao diálogo com colegas de diferentes orientações. Os temas, assim como os ambientes institucionais em que ocorreram, não só em São Paulo, mas em diferentes cidades do país, foram os mais diversos, correspondendo a iniciativas que no seu conjunto refletem, sem dúvida, algumas das preocupações atuais da psicanálise entre nós, nestes últimos 10 ou 15 anos.

Não são, pois, ensaios construídos com o rigor de uma pesquisa temática desenvolvida de forma metódica, e sim o testemunho, "no calor da ação", de um modo de pensar que se encontra presente com certa insistência ao longo destes textos, apesar da heterogeneidade dos temas e dos contextos em que foram escritos.

Este modo de pensar é tributário, na linha do que eu disse acima, do meio e do momento em que me tornei analista, qual seja o da psicanálise na França, marcado por um movimento de renovação iniciado nos anos 50 e que, num paradoxo aparente, tinha como mola mestra a reafirmação dos princípios e dos conceitos mais fundamentais do pensamento freudiano, de sua obra e, como epicentro, este outro "enfant terrible" da psicanálise — Lacan.

Agradeço o incentivo, por vezes generosamente insistente, que recebi dos meus amigos Sílvia Leonor Alonso e, em especial, de Renato Mezan, decisivos para que eu me dispusesse a organizar e publicar esta coletânea. Agradeço também a acolhida calorosa e imediata que encontrei para esta iniciativa junto a Anna Elisa V. Amaral Güntert, da Casa do Psicólogo. Um agradecimento ainda a Letânia Menezes que com sua competência de jornalista cuidou da primeira revisão dos textos aqui reunidos.

Luís Carlos Menezes

Parte I

Referências Conceituais da Clínica Psicanalítica

A Estrutura Psíquica à Luz da Metapsicologia Freudiana[1]

Fomos convidados, em função do tema proposto, a refletir sobre a clínica psicanalítica da maneira mais abstrata, ou seja, a pensá-la no terreno da metapsicologia. Isto não quer dizer que assim estejamos nos afastando dela, ainda que, neste plano, o solo seja bem mais árido e o percurso necessariamente menos agradável. Acho bom poder considerar a metapsicologia — cada analista com a sua, eventualmente — como uma espécie de brinquedo de módulos, com o qual é possível compor os mais variados objetos, fazer diferentes combinações entre eles, a fim de achar os modelos adequados para pensar o trabalho clínico do analista.

Gostaria de partir de um caso clínico relatado por uma psicanalista da Argentina, num recente congresso realizado em São Paulo (Dupetit, 1988), e sobretudo de uma pergunta que lhe foi feita e que era sintomática de um ponto de vista diferente sobre a clínica. Tratava-se de uma análise que estava estagnada há muito tempo, embora a analista trabalhasse com interpretações que considerava pertinentes, com o que, aliás, não concordava a paciente. Ela as achava sempre demasiado "lineares".

O impasse se desfez a partir de uma sessão em que a analista disse à paciente que parecia que estava ali falando como se estivesse fechada numa peça pequena, cheia de gente. Para surpresa de

---
[1]. Texto apresentado em um evento organizado pelo Centro de Estudos em Psicologia, Psicoterapia e Psicanálise (CEPSI) do Instituto Sedes Sapientiae, em outubro de 1988. Várias mesas-redondas foram dedicadas ao tema O Inconsciente, com a participação de psicanalistas de diferentes orientações. O presente artigo foi posteriormente publicado na revista deste Centro, Pathos: psicanálise contemporânea.

ambas, esta interpretação suscitou uma intensa reação afetiva na paciente. Ela pôs-se a chorar, sentiu náuseas e um mal-estar físico. A partir daí, seguiu-se um período rico em associações muito significativas sobre a infância da paciente, e, fato novo, ela começou a relatar sonhos, que antes eram "inexistentes". Fica-se assim sabendo que a família numerosa vivia, efetivamente, num espaço exíguo e promíscuo. O pai, habitualmente silencioso, saía de seu mutismo para acusar os filhos de pervertidos sexuais, e a mãe, melancólica, acusava os filhos e o marido por sua vida triste e obscura, ambos pouco disponíveis para as crianças. Quando a menina decidiu falar-lhes das práticas sexuais a que era submetida por um tio, ocasionalmente presente na casa, os pais não lhe deram crédito e a rejeitaram com violência.

Poderíamos pensar então, para o nosso propósito de hoje, e deixando de lado o tema que no trabalho interessava à autora, que a interpretação fora eficiente por ter tocado em uma representação, digamos, carregada de memória ou, ainda, recalcada ou ligada associativamente ao recalcado. Vejamos a pergunta a que fiz alusão. O colega perguntava se o efeito mutativo da interpretação estaria em relação com o conteúdo mnésico que suscitara — não lhe parecia que fosse assim — ou então, solução que ele preferia, não decorreria este efeito de uma determinada disposição afetiva do analista em relação ao paciente, no momento em que fez a interpretação?

A pergunta revelava, pois, ceticismo em relação ao poder mobilizador de uma representação precisa, no caso "quarto exíguo, cheio de gente", em favor de uma confiança maior na eficácia daquilo que estaria "verdadeiramente" se passando entre duas pessoas, numa relação intersubjetiva. A ênfase recaía sobre o afeto, sobre o poder e a veracidade do afeto na análise em detrimento da representação, objeto de suspeita. Polarização que seria bom deixarmos como pano de fundo de nossa reflexão, não para ser decidida e eliminada, e sim mantida em seu valor instigante.

O que está em questão aqui é o mecanismo de recalque e a noção de recalcado, isto é, de uma representação que sendo conflitual, suscetível de produzir angústia, é desinvestida e excluída da rede de representações do pré-consciente. Esta não desaparece de todo, guardando a sua eficácia a partir de um outro registro, o do inconsciente. Trata-se do pivô da metapsicologia de Freud, peça central para a sua teoria das neuroses, dos sonhos e dos processos em jogo na terapia psicanalítica.

O recalcado persiste como que fora do tempo e, ao contrário do que se passa na vida pré-consciente, a representação objeto do recalque nunca se apaga. No inconsciente, não há esquecimento. Mas, a rigor, haverá memória? Num certo sentido, a resposta seria afirmativa, com a condição de levarmos em conta algumas particularidades que alteram bastante a idéia de que possamos nos fazer desta "memória" inconsciente, e cuja singularidade já é assinalada pelo paradoxo de se falar em memória num "lugar psíquico" onde não há esquecimento, onde não existe senão o tempo presente.

Este tempo presente encontra a sua melhor ilustração no sonho que, como realização do desejo, é o paradigma do inconsciente freudiano, um inconsciente submetido inteiramente ao princípio do prazer, num modo primário ou primitivo de funcionamento psíquico. O que é característico deste modo de funcionamento é que, nele, o sujeito não sabe esperar, não sabe pensar, e pensar quer dizer levar em conta os obstáculos para a realização do desejo (o princípio de realidade), de maneira a experimentar, tateando mentalmente, num processo que implica em diferir a satisfação, em postergá-la para um tempo posterior. A satisfação tenderia então a ocorrer de maneira imediata, sob um modo alucinatório.

A satisfação alucinatória do desejo resulta, segundo Freud, do reinvestimento da imagem mnêmica da percepção, quer dizer de um resto, de um traço deixado pela percepção em experiência anterior, em que a tensão produzida pela necessidade — pensamos logo na fome, se imaginarmos um nenê — foi aliviada com o aporte externo (a mãe, o seio, o leite). Ao reaparecer a necessidade, a tensão, o que é alucinado é a percepção, como resto, ligada à experiência de satisfação, num movimento em que Freud situa a matriz do desejo. O desejo é o que faz trabalhar o aparelho psíquico. De natureza alucinatória, é só uma espécie de desdobramento estrutural, atribuído às duras exigências da realidade, que a ação inibidora dos processos secundários aparece, impedindo o investimento pleno do traço mnêmico e desviando a excitação por outras vias. O funcionamento alucinatório, por "identidade de percepção", é em parte inibido, em favor de um funcionamento por "identidade de pensamento", que leva em conta a percepção externa ao aparelho.

Portanto, o primeiro sistema, o Inconsciente, continua funcionando pelo processo primário, enquanto o segundo, o Pré-consciente-Consciência, vem se sobrepor a ele, com uma função

inibidora, de maneira que em vez de "imagens de percepção" formam-se neste apenas "imagens-lembranças".
O pensamento, nesta concepção, é um substituto do desejo alucinatório. Substituto sim, mas inteiramente a seu serviço, pois o pensamento não tem outra razão de ser, outra natureza, senão a de buscar a realização do desejo, ainda que de forma diferida, tortuosa. A pressão do funcionamento alucinatório não cessa, sempre pronta a reocupar a cena, seja no sonho, seja na psicose, mas também no sintoma neurótico em que esta pressão torna-se tangível.
Antes de avançarmos um pouco mais gostaria de chamar a atenção para os deslocamentos que introduzimos na idéia do inconsciente como memória. De um lado, o desejo não comporta nem passado nem futuro, não há defasagem concebível entre sua emergência e sua realização enquanto representação alucinatória. No funcionamento inconsciente não há desejo de, sendo inconcebível a disjunção entre o desejo e seu objeto; o que há, repito, é o investimento de traços mnêmicos da experiência de satisfação. Não há lugar neste modelo para o objeto, a não ser como perdido, como ausente.
Embora o desejo esteja sempre no presente, já que alucinatório, tivemos de postular a existência de traços mnêmicos. Ainda que seja difícil concebê-los como totalmente desinvestidos, como dizem Laplanche e Pontalis no Vocabulário, eles são de toda maneira indispensáveis para pensar a teoria freudiana do inconsciente. Constituem um elemento essencial nos dois modelos da primeira tópica, o do Projeto, em que o traço mnêmico encontra-se no sistema de facilitações e inibições do fluxo de energia nas sinapses ou no capítulo VII da Interpretação dos Sonhos (também na carta n° 52, a Fliess) como múltiplos registros mnésicos. Nesse sentido, talvez se possa dizer, parafraseando a tão discutida afirmação de Lacan, que "o inconsciente é estruturado como uma memória".
A representação recalcada, pois, não só não desaparece, mas persiste submetida ao processo primário, numa espécie de presença sempre atual do desejo.
Fiquemos ainda nos modos de funcionamento próprios ao inconsciente. Nele, como vimos, as representações não se desdobram segundo um eixo temporal, de maneira concatenada; representações contraditórias coexistem lado a lado sem se influenciarem, sem exigir um trabalho de pensamento, como ocorreria no processo secundário. Além disso, o domínio do princípio do prazer e o funcionamento pelo modelo alucinatório excluem a possibilidade de representar o negativo.

As representações no inconsciente são representações-coisa (expressão cunhada por J. Laplanche) ou representações de coisa, que Freud distingue das representações de palavra presentes somente no pré-consciente. No inconsciente, um pensamento, uma palavra, uma frase ou um cálculo matemático são tratados como coisa, isto é, o pensamento não é pensado, a frase não é falada e o cálculo não é passível de desenvolvimento. Reina ali uma grande mobilidade dos investimentos. Eles podem facilmente deslocar-se entre as representações ou condensar-se em uma delas, o que contrasta com a relativa fixidez, nos processos secundários, entre representação e afeto. Esta mobilidade do afeto, do acento psíquico, existe no trabalho do sonho em que uma pessoa pode ser representada por outra ou em que um detalhe secundário pode figurar como alusão à cena principal não representada. Existe também no sintoma, caracterizado pelo sobreinvestimento de uma representação secundária substitutiva, que será o objeto que desencadeia a angústia numa fobia e o ato ou pensamento compulsivo na obsessão, ambos incompreensíveis porque são aparentemente de natureza anódina, insignificante. Cria-se assim o que Freud chamou de falsa conexão entre uma representação substitutiva e o afeto, sendo que a análise visaria restabelecer a ligação do afeto com a representação original.

Gostaria agora de retomar a questão do recalcado em relação a transferência. Sabemos que, para Freud, a transferência é expressão do retorno do recalcado na situação analítica, retorno em que este não pode ser rememorado, eu diria não pode ser pensado, nem falado, sendo vivido como repetição.

Freud escreve que *"as emoções inconscientes tendem a escapar à rememoração procurada pelo tratamento, reproduzindo-se segundo o desprezo do tempo e a faculdade de alucinação próprios ao inconsciente."* (Freud, 1912)

Ou, ainda, no capítulo VII de Interpretação dos Sonhos (Freud, 1900): *"a transferência, assim como as psicoses, nos mostram que elas (as impulsões de desejo) querem penetrar à força através do pré-consciente".*

A representação recalcada, ao se fazer presente como representação de coisa na situação analítica, ignora pois o tempo e tem esta atualidade plena, própria do funcionamento alucinatório, que a torna cega a ela mesma e refratária à atividade de pensamento (pré-consciente). É como se a representação recalcada, neste demasiado presente que a torna invisível, se encontrasse agora transladada do lugar do inconsciente para o lugar da análise, organizando, estruturando por assim dizer, o campo transferencial em que se passam as trocas intersubjetivas entre analisante e analista[2]. Como num dedo de luva invertido, o sistema pré-consciente-consciência está como que incluído pela representação inconsciente que sustenta a transferência, numa sorte de inversão da tópica.

O processo analítico consistirá justamente na possibilidade da passagem progressiva da representação de coisa para a representação de palavra, condição para que analista e paciente, em tempos diferentes, possam se subtrair ao domínio do recalcado, de sua pregnância imaginária, de maneira a poder ver, isto é, falar, transpor em palavras, a cena na qual estavam enredados. É assim que pode ser entendido o trabalho de interpretação, de rememoração e de construção na análise.

Para pensarmos um pouco mais neste processo da supressão do recalque na análise, detenhamo-nos agora um pouco nos processos secundários e no sistema pré-consciente.

Já vimos que o inconsciente, apesar da mobilidade dos seus investimentos, apresenta, pela noção necessária de traços mnêmicos, uma certa estrutura. Os traços são virtuais ou em estado residual, e Freud os compara às sombras do inferno na Odisséia que precisam beber sangue para retomar vida. Funcionam como um suporte mnêmico das representações de coisa, mas não só — também participam de todo ato de representação e, mesmo na atividade de reflexão, escreve Freud, *"é necessário este retorno sobre as imagens mnêmicas, a partir de um ato complexo de representação"*.

No sistema pré-consciente dominam as representações de palavra ligadas às representações de coisa. O que se coloca aqui é o problema da linguagem. Embora Freud tenha realizado um fino trabalho de relojoaria com a linguagem, pondo a nu toda a riqueza de seus recursos internos, verdadeiras molas que determinam a arquitetura das chamadas formações de compromisso — o sintoma neurótico, o sonho, os chistes, os lapsos — ele não se deteve em considerar a própria linguagem como uma estrutura, como um sistema que, enquanto tal, pode impor restrições, com efeitos estruturantes sobre o psiquismo. Sabemos da ênfase dada por Lacan a este enfoque,

---

2. O nosso interlocutor imaginário, o autor da pergunta, acredita nas trocas intersubjetivas na análise, mas não num recalcado subjacente a estas trocas.

numa época, é verdade, em que no campo da lingüística, as teorias estruturalistas estavam em seu apogeu. Neste sentido, aliás, poderíamos inverter a conhecida formulação de Freud de que *"o ego é a projeção da superfície corporal"* para dizer que o inconsciente poderia ser pensado como *"a projeção da estrutura da linguagem"*, cujas marcas funcionariam então como matrizes estruturais. Trata-se, no entanto, de uma abordagem problemática. É preciso levar em conta que é próprio ao processo primário a desestruturação, ou melhor, a desconsideração da estrutura semântica e sintática das palavras, uma vez que, como disse, estas são tratadas como coisas, quer dizer, como representações que não remetem senão a elas mesmas, como afirmam Laplanche e Leclaire no conhecido texto sobre o inconsciente. (Laplanche, 1960)

Mas não esqueçamos que o analista trabalha não com o inconsciente, e sim com o que se passa na interação entre os dois sistemas descritos por Freud. As representações de palavra, articuladas às representações de coisas, são portadoras de uma espécie de inércia imaginária, de lastro da coisa que, como sabemos, pode justamente faltar na psicose. Nesta há um desinvestimento da representação de coisa, ficando investida apenas a representação de palavra. Poderíamos assim dizer, com Pontalis — refiro-me ao seu livro recentemente traduzido, O Amor dos Começos —, que *"a linguagem só é realmente linguagem, uma operação ativa, se carregar nela o que não é ela mesma"*. (Pontalis, 1986)

Será de novo no estudo dos sonhos que encontraremos informações sobre a interação entre os dois sistemas pré-consciente-consciência e inconsciente. Cito Freud, em "A Interpretação dos Sonhos":

"a utilidade do sonho no jogo de forças da vida mental" é de submeter "a excitação inconsciente livre ao controle do pré-consciente, permitindo ao sujeito continuar dormindo"; ou ainda: "cada processo inconsciente de excitação dispõe pois de duas saídas: ou, deixado a ele mesmo, acaba por abrir uma via e despejar o seu excesso de excitação na motilidade, ou antes ele se submete à influência do pré-consciente, que represa sua excitação ao invés de deixá-la escoar-se. É o que se produz no processo do sonho" (Freud, 1900).

Tenhamos presente pois que a excitação deixada livre traduzir-se-á em angústia. O trabalho do sonho é antes de mais nada um trabalho de ligação da "excitação" ou do "afeto", que visa sim à realização do desejo, mas — e nisso reside todo o trabalho do sonho — realização do desejo sem irrupção de angústia. O trabalho do sonho fracassa no pesadelo, quando a angústia irrompe e o sujeito é obrigado a despertar na urgência, interrompendo o processo. Quando o sintoma não consegue mais proteger contra a angústia, há também um fracasso da mesma ordem e que exigirá a constituição de uma nova formação defensiva.

Portanto, o sistema pré-consciente, em sua função de ligação, exerce um efeito inibitório sobre o livre escoamento da excitação próprio aos processos primários, trabalho que, insisto, tem por efeito impedir a formação de angústia. Todo o alcance deste ponto de vista, tanto para a teoria da formação do sintoma como de sua mobilização na terapia psicanalítica, encontra-se resumido na seguinte formulação de Freud:

> *"Mantenhamos solidamente — é a chave da teoria do recalque — que o segundo sistema (o pré-consciente) não pode investir numa representação, a menos que seja capaz de inibir o desenvolvimento do desprazer (isto é, a angústia) que pode resultar deste investimento". (Freud, 1900)*

A atividade do sistema pré-consciente resulta numa inibição do livre escoamento da excitação e, portanto, do funcionamento baseado na satisfação alucinatória do desejo. Vale notar, a propósito, que a satisfação alucinatória do desejo corresponde a uma espécie de modelo elementar de funcionamento que não coincide com o sonho, embora este seja o seu paradigma conceitual. O sonho é uma formação de compromisso entre os dois sistemas, resultado de um trabalho bastante complexo de ligação.

Se retomássemos agora a nossa maneira de apresentar a transferência como expressão da representação recalcada, isto é, representação de coisa submetida ao processo primário, poderíamos pensar que o trabalho da análise consistirá num trabalho de ligação (ou de simbolização) pelas representações de palavra. A supressão do recalque não corresponde pois a uma simples transcrição, mas a uma mudança no regime de circulação dos investimentos. A noção de perlaboração dá a medida da maneira progressiva e limitada com que se desenvolve o trabalho de ligação pelo pré-consciente na análise, segundo o modelo do trabalho do sonho, graças ao qual, como vimos, uma irrupção desestruturante de angústia — o pesadelo — é evitada. O trabalho de supressão do recalque na análise supõe que o funcionamento segundo o modelo alucinatório de satisfação seja submetido, reduzido à linguagem; esta passa a ser assim o lugar da perda. em que o desejo se encontrará para sempre como irrealizado. Esta afirmação nos dá uma medida do benefício primário do sintoma de transferência e da resistência à análise.

Em "Além do princípio do prazer", Freud escreve:

"a pulsão recalcada nunca cessa de buscar a satisfação completa que consistiria na repetição da experiência de satisfação primária" e, é esta defasagem, esta *"diferença entre o prazer de satisfação exigido (pelo processo primário) e o que é obtido que nos empurra, nos pressiona sempre para a frente, indomado".* (Freud, 1920)

Terei de dizer mais alguma coisa, agora, sobre a pulsão de morte e a segunda tópica, pois ainda não esqueci das questões que levantei no início, a partir do caso discutido no congresso. Não entrarei, é claro, na discussão desta concepção desenvolvida por Freud em 1920 e que inaugurou uma série de escritos em que foram introduzidos novos modelos metapsicológicos. Mas gostaria de afirmar, de maneira a situá-la no fio que estamos seguindo — qual seja a idéia da ligação da excitação no aparelho psíquico, hoje tão explorada, de maneiras diferentes, por Green e por Laplanche — que a acepção central da pulsão de morte nestes textos baseia-se no princípio, postulado por Freud (inspirado em Theodor Fechner), de que a tendência mais fundamental no aparelho psíquico é a que visa à supressão total da excitação interna, tendência que nas palavras de Freud *"é um dos mais poderosos motivos para acreditar na existência das pulsões de morte".* (Freud, 1920)

Princípio essencialmente econômico e que tem por corolário que a função primordial do aparelho psíquico — a de ligar a excitação — é anterior ao princípio do prazer. Este, como tendência à diminuição das tensões, corresponderia a uma forma limitada da tendência descrita como pulsão de morte. Nesta acepção da pulsão de morte, Freud mantém-se fiel a um princípio que, para ele, preside o funcionamento psíquico já no modelo do Projeto.

De toda maneira, a excitação não-ligada ocupará um lugar importante no novo modelo do aparelho psíquico. O Id inclui, além do inconsciente tal qual o descrevemos aqui, constituído pelo recalcado, uma parte "caótica", "caldeirão em ebulição" (são expressões de Freud). O novo modelo inclui, também, um certo número de desenvolvimentos que dizem respeito ao Ego. Embora este permaneça como pólo defensivo, a ênfase será dada ao caráter inconsciente destas defesas, não só no sentido descritivo, mas também tópico, já que tais defesas são profundamente infiltradas pelo recalcado e pelo processo primário.

Estudos sobre a homossexualidade masculina e sobre as psicoses — chamadas então de neuroses narcísicas — permitiram pensar que o próprio Ego pode ser investido pela libido como objeto de amor (não esqueçamos que a libido é a excitação, a energia sexual). A libido poderá assim ser retirada do objeto e refluir em totalidade — na psicose — sobre o Ego. Por outro lado, ao ser retirada, a libido reinveste o objeto agora reinstaurado no Ego, por introjeção, processo que resulta em profundas e definitivas modificações estruturais do Ego: é o conceito de identificação que adquire um novo peso. Esta teoria da identificação permitiu trazer novos desenvolvimentos ao Complexo de Édipo: o desinvestimento (relativo) dos objetos incestuosos teria como contrapartida a sua introjeção no Ego, dando origem ao Ideal do Ego e ao Superego. Estas instâncias estão estreitamente ligadas também ao Id e são essencialmente inconscientes, ainda que façam parte do Ego.

O caráter acentuadamente antropomórfico deste modelo foi assinalado por Laplanche. Já não se trata tanto de representações de coisa ou de palavra, mas de verdadeiros personagens que se movem na cena psíquica. Este modo de ver foi, aliás, plenamente desenvolvido por Melanie Klein, ao conceber um mundo intrapsíquico povoado de objetos internos.

A reviravolta teórica dos anos 20 introduziu, de um lado, uma maior diferenciação, pois o Ego fica mais complexo, e, por outro, no outro pólo, no Id, deu um lugar maior para a excitação livre, indiferenciada.

O que é curioso é que, neste caldo caótico de pulsões, Freud não hesita em especular que possam encontrar-se depósitos (históricos ou pré-históricos) de experiências repetidas inúmeras vezes por outros Egos. No limite do biológico, este autor estranho reintroduz restos da experiência pré-histórica, quer dizer marcas da cultura (traços mnêmicos?) da espécie[3].

---

3. Vale lembrar que "ligar" é ligar afetos a representações ou uma representação à outra e que isto não é outra coisa senão produção de sentido. Nisto residiria a atividade mais fundamental do aparelho psíquico, contrapondo-se à tendência primeira à des-diferenciação psíquica. (Cf. artigo de A. Green em "La Pulsion de Mort" — PUF — 1986.)

Para concluir, eu poderia dizer, em relação ao episódio do congresso, que:

1. a colega que apresentou o caso pensava, sem dúvida, que com sua interpretação havia tocado em um derivado do recalcado e que dos desdobramentos produzidos por esta abertura decorreram os efeitos positivos para o processo de análise.

O recalcado não corresponde a uma cena esquecida. Como observa Laplanche em seu comentário sobre "Bate-se em uma criança", não é a lembrança da cena real que se encontra recalcada, mas a fantasia masturbatória associada a ela.

2. o colega "da pergunta" mostrou-se incrédulo em relação a esta possibilidade, preferindo acreditar num efeito relacionado com a disposição afetiva do analista, disposição esta difícil de precisar, quer em sua natureza, quer na maneira como poderia ter sido eficaz em produzir uma abertura associativa.

Penso, no entanto, que se tomarmos a excitação como sinônimo de afeto, poderiam haver graus de diferenciação afetiva e mesmo uma memória afetiva, e a excitação livre no Id poderia ser entendida como o afeto obscuro e indiferenciado que se trataria de transformar, nomear, metaforizar na análise[4], eixo principal, creio eu, das concepções da clínica inspiradas na obra de W. Bion. Esta encontraria, deste ponto de vista, uma certa correspondência com o Id freudiano. Com a condição, no entanto, de excluirmos dele o inconsciente — no caso da pergunta pelo menos — coisa que Freud não fez, muito pelo contrário, nunca cessou de reafirmá-lo.

A flexibilidade, a extensão alcançada assim pelas referências metapsicológicas elaboradas por Freud, permite pensar a clínica num amplo espectro de situações e de perfis psicopatológicos. Foi essencialmente a reflexão sobre a psicose (além da neurose obsessiva), que tornou necessários os desenvolvimentos da segunda tópica sem que os da primeira tivessem sido abandonados. Acho que não se ganha em transpor diretamente para a clínica das neuroses o que é útil e necessário para pensar a experiência clínica com psicóticos.

---

4. Laplanche lembra que simbolizar refere-se, em geral, à substituição de uma representação por outra, mas pode também ser substituição de uma representação a um afeto.

Bibliografia

DUPETIT, SUSANA. (1988). "El Drama: acerca de su importancia en la interpretacion". Congresso da Fepal, São Paulo.

FREUD, S. (1900). "L'Interprétation des rêves". Ed. PUF (1973) p. 492. Ed. Standard Bras. 4v. V, p. 617.

_____. Idem, p. 511. Ed. Standard Bras. v. V, p. 639.

_____. (1920). "Au-délà du principe du plaisir" in Essays de Psychanalyse. Petite Bibliothèque Payot (1981) p. 87. Ed. Standard Bras. v. XVIII, p. 60.

_____. Idem, p. 104. Ed. Starndard Bras. v. XVIII, p. 76.

FREUD, S. (1912). "La dynamique du transfert" em "La Technique Psychanalytique", Ed. PUF (1975) p. 60.

_____. "A dinâmica da transferência". Ed. Standard Bras. v. XII, p. 143.

_____. (1900). "L'Interprétation des rêves", Ed. PUF (1973) p. 482. Ed. Standard Bras. v. V, p. 604.

_____. Idem, p. 461. Ed. Standard Bras. v. V, p. 579.

LAPLANCHE, J. e LECLAIRE, S. (1960). "L'inconscient: une étude psychanalytique" em "L'Inconscient — VI Colloque de Bonneval", Ed. Desclée de Brouwer (1978).

PONTALIS, J. B. (1986). "O amor dos começos". Ed. Globo (1988).

O Conceito de

Realidade Psíquica

Neste pequeno texto retomo o tema da efetividade e da natureza do inconsciente freudiano em suas incidências na clínica, mobilizado pela postulação de que este tem o peso de algo a que Freud chamou de "realidade psíquica"[1].

Esta expressão foi usada pela primeira vez na conhecida passagem do final da Interpretação dos Sonhos:

"Uma vez os desejos inconscientes levados à sua expressão última e mais verdadeira, pode-se dizer que a realidade psíquica é uma forma de existência particular, que não deve ser confundida com a realidade material."

Na frase anterior a esta, Freud diz que se há uma realidade nos desejos inconscientes, *"não há, com certeza, nenhuma nos pensamentos de transição e de ligação"*.

A realidade psíquica deve, pois, ser distinguida não só da realidade material, mas também de toda atividade psíquica que corresponde ao que chamou de pensamentos de transição e de ligação.

Os desejos inconscientes, em sua *"expressão última"*, são

---

[1]. Conceito que foi objeto de um colóquio para o qual os colegas da Sociedade de Psicanálise de Porto Alegre tiveram a amabilidade de me convidar, em outubro de 1994. Este texto foi publicado na Revista de Psicanálise da SPPA (Porto Alegre), 2(2):305-311, 1995.

diferenciados por ele daquilo que na produção do sonho corresponde aos restos diurnos e que, na fala associativa do paciente, corresponde aos relatos, comentários, reflexões etc. Essas falas são, como sabemos, ora mais coladas nos fatos, ora mais frouxas, tornando-se então permeadas por emergências associativas que remetem a uma outra realidade. Em outras palavras, para usar a linguagem de Freud nessa obra, as representações podem seguir a via progrediente, orientadas pela lógica racional, ou a via regrediente, mostrando-se mais vulneráveis ao processo primário.

O ouvido do analista será sensível ao detalhe, ao fragmento, àquilo que destoa; o analista trabalha psiquicamente, em sua escuta com... restos, e não com o conteúdo intencionalmente significado pelo paciente. O que é visado, na escuta, não é a realidade material nem os comentários, pensamentos ou afetos a ela referidos, mas aquilo que nessas falas permite inferir, adivinhar, construir algum encadeamento que testemunhe do "agir" dessa outra realidade no que é dito. Essa fala sendo o tempo todo dirigida a um outro, do qual o analista é o suporte, pode-se dizer que é na transferência que encontramos a realidade psíquica em sua "materialidade"... própria.

Embora diga que, sobre a realidade psíquica do desejo inconsciente, ele não sabe de que tipo de realidade se trata, Freud afirma que ali as representações são representações de coisa. Noção que, tomada ao pé da letra, é evocadora das linhas de força, da passionalidade em geral silenciosa, que atravessa o campo da transferência e da qual analista e paciente não tardam em reconhecer a potência, o caráter incontornável. Campo minado, como o das relações amorosas (inclusive a da mãe-criança), em que *"um nada"* pode provocar explosões. Não que a transferência seja o tempo todo fácil e imediatamente acessível; como tudo o que diz respeito ao inconsciente, os contornos do conflito pulsional só podem ser cernidos paulatinamente e vão revelando uma textura que, de fato, é equivalente àquela que costumamos encontrar na realidade física das coisas. A realidade psíquica revela-se tão constringente, tão opressiva, tão incontornável quanto a realidade material.

É por isso que uma terapia psicológica, compreensiva, em que o terapeuta procura *"pensar junto"* com o paciente sobre suas dificuldades, revela-se de alcance limitado, por mais sensível e perspicaz que seja o terapeuta. O sintoma neurótico, refratário a toda disposição bondosa, raciocinante, só é mobilizável por um tratamento cujo método se fundamenta na postulação da realidade metapsicológica do inconsciente. O inconsciente não é uma invenção genial, é uma descoberta. O que foi inventado é o método psicanalítico. Este método requer que a atenção do analista às falas do paciente — idealmente em associação livre, isto é, não orientadas seletivamente por uma intencionalidade consciente — se distribua igualmente, de maneira a poder detectar por meio delas, as marcas operantes dos derivados pulsionais que impregnam o campo transferencial.

Que o conteúdo dessas falas se refira a realidades boas, más ou anódinas da vida do paciente, que estejam deformadas ou escamoteadas, que correspondam a preocupações e projetos que não se sustentam no plano da realidade, não é indiferente para a pessoa que ouve. Ela, no entanto, precisa ter a aptidão — o método exige — de poder suspender momentaneamente ou de relativizar, como diz Laplanche, a oposição real/fictício. Cito-o:

> "*A relação real/fictício na análise não é de oposição nem de exclusão, é uma relativização de sua oposição para poder detectar seus movimentos de gravitação em torno de um terceiro domínio: o da realidade psíquica.*" ("Le Baquet", p. 122).

A preocupação em distinguir o que corresponde à realidade, atual ou passada, e o que não corresponde vai contra o fundamento metodológico da psicanálise e só pode ser entendido como resistência à análise.

Sabemos que Freud se preocupava em determinar o caráter objetivo dos acontecimentos da infância, relatados ou reconstruídos em análise e que lhes atribuía, ou pareceria atribuir-lhes, um efeito etiológico-explicativo do sintoma. Vemos isso desde a teoria da sedução sexual como causa da neurose até a célebre reconstituição do coito assistido pelo menino em o Homem dos Lobos, datado e até mesmo cronometrado ("... *às 5 da tarde*"). Um exame mais cuidadoso mostraria na verdade uma imbricação complexa entre acontecimento e fantasia, realidade e realidade psíquica, que atravessa toda a obra de Freud[2]. Laplanche e Pontalis, em um texto antigo, chamaram a atenção para os deslocamentos sucessivos na obra de Freud da realidade factual (a sedução da criança) para a realidade biológi-

---

2. caf. "A força da realidade na clínica freudiana". Tese de Doutorado (PUC-SP) de Nelson E. Coelho Jr., publicada posteriormente com o mesmo título, pela editora Escuta (1995).

3. "Fantasme originaire, fantasmes des origines, origines des fantasmes", publicado pela primeira vez em 1964. Tradução recente de ed. Jorge Zahar, no Brasil.

ca do corpo (Três Ensaios) e, finalmente, depois de "O Homem dos Lobos", para a "realidade" da história da espécie, numa busca dos alicerces da realidade psíquica sobre cuja efetividade tinha plena convicção; a dificuldade estava em achar as formulações conceituais que dessem conta dessa[3].

Seria, no entanto, apressado atribuir à Freud uma concepção simples, causal, da lembrança infantil e do acontecimento da infância. Basta lembrar o modelo do aparelho psíquico proposto por ele na Interpretação dos Sonhos, e que supõe uma teoria da memória, com múltiplos e fragmentários registros mnêmicos do acontecimento, na forma de traços mnésicos, remanejáveis na constituição da fantasia inconsciente, do sintoma e do sonho, em que *"o capitalista"* é o desejo inconsciente.

Sua compreensão do que chamou de lembranças encobridoras, compreensão nas quais a situação vivida é remanejada e nas quais o próprio sujeito se encontra na cena, lembra mais o trabalho do sonho que uma memória linear, fotográfica, do acontecimento. É difícil, aliás, conceber como uma lembrança que fosse simples memória de um acontecimento, ainda que contendo nela um colorido subjetivo, pudesse ser um elemento dinâmico numa análise; seria mais fácil entender o seu uso resistencial[4]. Exceto, talvez, se nos referíssemos à concepção catártica dos inícios da psicanálise.

Em *"Bate-se numa criança"*, Freud observa que o acontecimento percebido é facilmente rememorado e assimilado como expressão do ciúmes fraterno. O que se encontra recalcado e de acesso muito difícil, senão impossível, pois a ela só chega através de uma construção, é a fantasia masturbatória de desejo, em que se condensam satisfações libidinais edípicas e pré-genitais de caráter passivo e sado masoquista.

A rigor, uma lembrança de infância, assim como um sonho, deve ser ouvida como qualquer outro *"material"* na sessão, embora possa revelar-se ao longo da análise prenhe de elementos significativos, condensados e remanejados, que permitem cernir e encontrar a estrutura e a linguagem da fantasia inconsciente. Uma lembrança que brota como algo novo em algum momento fecundo no decorrer

---

4. J-B Pontalis encontra em um escritor francês uma formulação que diz bem o tempo na análise: "Não foi. Isto é, isto que não pedia senão um pouco de tempo e de abandono à corrente da língua para voltar à superfície" em Ostinato de Louis-René des Forêts. Em Fenêtres (1999) ed. Gallimard, p. 74. Pontalis escreve ali que a neurose de transferência é uma neurose atual no duplo sentido, por estar no presente e por ser busca de realização do não realizado ou do não completado (inaccompli).

de uma análise, às vezes, depois de uma interpretação, pode ser um material portador de aberturas associativas importantes.

Pode-se considerar também nesta perspectiva uma formação que, para além de uma ou outra lembrança, se desdobra no plano narrativo como história, ou melhor, como versões que o analisando dá de sua história, daquilo que viveu, de como eram seus pais, etc. Acontecimentos traumáticos, como a morte, eventualmente precoce, de um deles, podem apresentar-se ali como dado bruto de realidade, muito pouco elaborado psiquicamente pelo sujeito. Mas é no miolo dessas histórias, que vão sofrer remanejamento sob o efeito da análise, que encontramos versões sobre a realidade psíquica dos pais, nos seus modos de investimento da criança, em sua vida amorosa, profissional, etc.

Minha experiência de analista e de analisando tem-me mostrado que as construções e as hipóteses sobre configurações da realidade psíquica dos pais, assim como dos acontecimentos, que vão sendo feitas ao longo da análise, acabam revelando-se mais próximas da realidade do que poderíamos supor, embora o que o processo analítico vise o tempo todo não seja apurar a realidade destes, e sim a fantasia inconsciente, a realidade psíquica do paciente na "atualidade" da fala transferencial.

Quero dizer que não é só no tratamento de crianças ou de psicóticos que encontramos casos em que os pais, ou um deles, estão fortemente investidos e são objeto de intensos conflitos atuais, ocupando com vivacidade e carga afetiva o paciente em suas falas na análise. A dificuldade, nestes casos, residindo em encontrar, sob os pais atuais que o paciente implicitamente nos pede para modificar a fim de que as coisas melhorem para ele, as imagens arcaicas do conflito inconsciente. A dificuldade vem da proximidade entre a realidade psíquica daqueles (dos pais "reais") e a estrutura dessas imagens, entre realidade e construção.

Freud assenta a realidade do inconsciente nos conceitos de pulsão e de fantasias originárias. A pulsão, no entanto, só é pensável quando situada na realidade material, anatômica e funcional do corpo: pele, boca, ânus, pênis, fezes, seios, olhos, órgão erétil hipocondríaco, paralisia e cegueira histérica. Este é a fonte e o lugar — corpo próprio e/ou de um outro — de realização do circuito pulsional que se sustenta na fantasia. Corpo sexuado, cujas diferenças anatômicas têm uma incidência determinante na estruturação do sujeito psíquico, mas que só se "torna" corpo sexuado e sensual na relação com o(s) corpo(s) libidinal (is), desejantes de outros, a começar pela intimidade física precoce com o corpo da mãe.

Para concluir, gostaria de lembrar que se a neurose implica em fuga da realidade, os efeitos de uma análise, quando bem sucedida, devem produzir não tanto um maior investimento da própria vida psíquica — assim é como o paciente chega, em seu esforço continuado para escapar ao sofrimento neurótico —, mas num maior interesse, num maior investimento das realidades em que vive. Uma linguagem "despsicologizada" em sua relação com os outros, com o mundo, consigo mesmo, será indício do sucesso de uma análise, ou seja, indício de que nesta o peso da sugestão não foi determinante no processo.

Bibliografia

FREUD, S. (1900). "L'interpretation des rêves", Ed. PUF (1973).

_____. (1919). "Un enfant est battu", em "Névrose, Psychose et Perversion", Ed. PUF (1974).

_____. (1921). "Psychologie des masses et analyse du moi", em "Oeuvres completes". v. XVI, Ed. PUF (1991).

LAPLANCHE, J. (1987). "Le Baquet. Transcendance du transfert- Problématiques V". Ed. PUF (1987), pp. 1-12.

LAPLANCHE, J. & PONTALIS, J. B. "Fantasme Originaire, Fantasmes des Origines e Origines du Fantasme". Ed. Hachette (1986). Editado em português pela Ed. Zahar em 1988.

A Clínica Psicanalítica: Referências Conceituais

Este texto foi redigido em função da proposta editorial de fazer um livro que reunisse, em sua diversidade, toda a gama de tendências e de influências presentes no pensamento de psicanalistas brasileiros. Eu deveria escrever sobre a minha maneira de entender o trabalho clínico, mas também retomar o pensamento de autores franceses[1]. Acabei me centrando mais na primeira parte do pedido, tendo, na medida do possível, destacado a contribuição de alguns destes autores.

Poderíamos partir do fato, posto com freqüência em primeiro plano, como evidência primeira, que uma psicanálise requer o encontro de duas pessoas, encontro que, como sabemos, ocorre com regularidade, em local e horários previamente combinados. Talvez este seja um bom ponto de partida, pois encontros previamente combinados entre duas pessoas ocorrem em inúmeras outras situações que não a da análise — uma consulta ao médico ou ao dentista, um encontro de amigos *"para se ver"*, um encontro amoroso, etc., cabendo então definir o que há de específico no encontro com o psicanalista. Dizer que se trata de um encontro para falar e não de uma sessão de fisioterapia ou de um encontro para fazer sexo é afirmar outra banalidade que só poderia servir para evocar, mais uma vez, a tão decantada expressão da paciente de Breuer sobre a *"talking cure"* (cura pela fala) ou, então, para

---

[1]. Retomo aqui, numa versão modificada, o meu artigo "A contribuição dos autores franceses: comentários sobre a clínica", publicado no livro Psicanálise Brasileira — Brasileiros pensando a psicanálise, org. José O. Outeiral e Theobaldo O. Thomaz, editora Artes Médicas, 1995, p. 327. Veja, a propósito, também o texto "A psicanálise na França: uma "Escola Francesa"? na página 87 deste livro.

relembrar o ceticismo surpreso do leigo quando se exclama: *"mas ir lá só para falar?"*. Ainda que esta referência à fala, numa cultura moderna, impregnada de psicologia, sobretudo em certos meios sociais, não cause, ao contrário, nenhuma surpresa, a prática da psicotagarelice sendo de regra.

Na situação de análise, as falas podem ser como que potencializadas na experiência dos protagonistas, revelando uma capacidade maior do que se lhe atribui habitualmente, indo além de seu poder de comover, de suscitar emoções ou de compreender coisas, embora o analisando as utilize constantemente para construir versões explicativas de si próprio, dos acontecimentos, etc., pondo-as a serviço de um modo de funcionamento próprio ao Eu. Na experiência analítica é, no entanto, possível ir além pela fala, e esta pode levar, em momentos privilegiados, à experiência de encontrar em algo que se diz um poder de verdade maior, numa experiência singular em que o sujeito e o objeto gramaticais, quem diz e o que é dito, aproximam-se muito, quando não coincidem, na vivência do insight. Dizer e ser podem tornar-se coisas muito próximas, o ser referindo-se aqui não a uma noção metafísica, mas à possibilidade de a fala adquirir uma nova força ao reencontrar o seu lastro no peso das coisas íntimas, recuperando uma eficácia perdida ou negligenciada em seu uso no dia-a-dia.

É interessante notar que, quando nos referimos à linguagem, é nesta diluição do poder da fala que comumente a pensamos. O que retemos é, curiosamente, sobretudo a sua função informativa, de comunicação, e menos a sua capacidade de agir diretamente sobre nós quando, na verdade, mesmo na experiência cotidiana a mais corriqueira, somos o tempo todo afetados, de uma maneira ou de outra, pelo que nos é dito por palavras ou por gestos e atitudes equivalentes destas, sendo também por palavras que respondemos ou deixamos de responder e que ficam sendo ruminadas na imaginação. Ora, foi nestas pendências dos efeitos de falas que Freud encontrou a matéria-prima dos sonhos, no que chamou de restos diurnos, e que são também a matéria-prima da escuta do analista, inclusive quando ouve o relato de um sonho, mais o que precede e o que se segue.

Ora, este efeito não se limita ao conteúdo informativo da fala, como uma má ou boa notícia, mas diz respeito também ao que nos é significado, inclusive na maneira como esta é dita, sobre a disposição afetiva de um outro em relação a nós. Os nossos analisandos mostram-nos isto no manifesto de seus relatos e, também, ao longo da análise, levando-nos a descobrir que atitudes e palavras que lhes foram dirigidas em tempos longínquos podem permanecer intensa e silenciosamente presentes em sua vida psíquica. O poder das palavras é particularmente visível na relação hipnótica e no estado amoroso. O que o hipnotizador diz ao hipnotizado não é, como acontece habitualmente, uma fala sobre algo, ou seja, uma fala comunicativa ou informativa, mas são palavras que ao serem ditas tornam-se, de imediato, realidade, de modo pleno e concreto, para o hipnotizado. Por outro lado, uma pessoa apaixonada, em condições de intensa dependência do amor do outro, encontra-se à espreita e à mercê do que este vá lhe dizer, uma palavra dele... *"pode mudar o mundo"*.

As atitudes e palavras de outrem, à que me referia a pouco, eternamente presentes desde tempos imemoriais, seja perpetuando ferimentos dolorosos, seja com efeitos estruturantes como marcas que sustentam ideais ou que organizam a sexualidade, de qualquer maneira, têm a ver com os primeiros *"estados amorosos"*, nos quais a pequena pessoa encontra-se ao mesmo tempo tão entregue e tão desarmada, no terreno do que Freud chamou de Complexo de Édipo.

O tratamento psicanalítico, em seus fundamentos, em sua ética, supõe uma disposição do analista, diferente, senão oposta à do hipnotizador. Trata-se de oferecer ao paciente a possibilidade de vir a se apropriar, ao dar forma e sentido, daquilo que, por encontrar-se silenciado, inarticulado, inacessível, confuso, é causa de sofrimento e de impasses. O analista, ao contrário do hipnotizador, procura evitar impor as suas idéias e opiniões, mantendo uma disposição receptiva, paciente, reservada, que contrasta com a grandiloqüência histriônica do hipnotizador. A discrição e o cuidado do analista com o que diz e faz, a extrema atenção ao que é dito, aos pequenos acontecimentos do cotidiano de uma análise, têm a ver com o que sua experiência lhe ensina, ou seja, que se o analisando não se encontra em estado hipnótico, está, poderíamos dizer, em estado de transferência. A hipnose, aliás, não é senão um caso particular de transferência, do ponto de vista da teoria psicanalítica: para Freud, na relação com o hipnotizador, o hipnotizado realiza aspirações amorosas, passionais, caracterizadas pelo desejo masoquista de entrega a um outro onipotente, encarnação do Ideal do Eu. O estado hipnótico, entendido assim como uma espécie de sonho concreto, ou de algo entre o sonho e o delírio, ao invés de diminuir a estranheza do fenômeno, a aumenta bastante ao situá-lo no terreno do que chamamos de transferência.

A análise é, pois, encontro entre duas pessoas, mas regulado por maneiras distintas de funcionamento de um e de outro: pede-se ao paciente, em princípio deitado e tendo o analista fora de sua vista, para entregar-se à própria fala, dizendo o que lhe ocorrer, sem levar em conta a coerência, o pudor, a pertinência, o caráter eventualmente ofensivo ou chocante ou, ao contrário, insignificante do que diz; o analista, em sua reserva, procura encontrar um estado receptivo, de devaneio atento, para ouvir o paciente, abstendo-se de responder-lhe no manifesto de suas solicitações, explícitas ou implícitas. Esta é uma condição ideal de funcionamento, contida na regra fundamental e que, como referência, está sempre presente no trabalho do analista. Noto que estas condições não visam por exemplo obter um clima de confiança propício para confidências ou confissões: *"pode dizer-me, partilhar comigo coisas que guardas em segredo e que te pesam na alma"*. Ao contrário, o analista deve saber respeitar a privacidade do paciente, evitando invadi-la como poderia fazer o confessor.

Na situação de análise o interlocutor do analisando, por encontrar-se fora de sua vista (ao contrário do hipnotizador que diz: olhe nos meus olhos) mas, principalmente, pelo seu modo de funcionamento — regra de abstinência, de reserva, da não-resposta — adquire um modo particular de presença: para além de sua presença concreta, constitui-se um interlocutor virtual ao qual é atribuído o poder de deter todas as respostas. A presença do analista torna-se, por assim dizer, uma presença côncava, em oco, para a qual afluem as perguntas que habitam informes e, até então, informuladas, os subterrâneos do sujeito ou, mais precisamente, que habitam seus sintomas. Ao colocar-se como sendo ele próprio e suas falas, a resposta, o hipnotizador, ao contrário do analista, oblitera qualquer possibilidade de pergunta, oferecendo em compensação, ao hipnotizado, um ganho narcísico considerável na alienação masoquista ao outro.

Ao não responder às solicitações manifestas do analisando, ao recusar o apelo para a interação, o analista permite que se constitua o interlocutor que transferencialmente detém as respostas ou, em todo caso, a disposição e o poder de acompanhá-lo nas *"verdadeiras coisas"*, aquelas que fora destas condições seriam impensáveis e que são agora solicitadas, postas em movimento, no interior da fala associativa. Esta credulidade ou confiança transferencial é essencial para que se instaure e se mantenha o processo de análise; são como paredes vivas, a exemplo da membrana de uma célula, que garantem continuamente, em sua flexibilidade e capacidade de auto-restauração, um *"interior"* para a situação analítica — sua ruptura seria hemorrágica para a fala associativa, que cairia então no puro non-sense. O paciente mantém uma vigilância pré-consciente constante destes limites, como se tateasse o terreno para saber até onde pode arriscar-se, sem ultrapassar os limites além dos quais o analista não conseguiria mais manter-se analista. O paciente sabe que a preservação da capacidade de ressonância desta membrana sensível é vital para a sustentação do processo, no que ele comporta de regressões e desestruturações.

A fala, no interior da situação analítica, ainda que conserve muito da maneira comunicativa e interativa da conversa comum, torna-se, ao menos potencialmente, passível de se quebrar em algum momento (eventualmente sob o efeito de uma interpretação do analista), abrindo-se sobre um fragmento de fantasia, sobre uma representação, um dito, uma vivência, em que o sujeito se encontra numa condição de máxima intimidade e de lucidez com estes *"pequenos estranhos, sempre sabidos/sempre ignorados"* de que é feito. A propósito, a metáfora freudiana dos canteiros em que os arqueólogos, com muito cuidado, vão encontrando fragmentos pequenos mas portadores de grande significado, é para mim mais conveniente para descrever as experiências vividas num processo de análise do que certas versões que enfatizam, ao falar do inconsciente, um desconhecido infinito, um ilimitado. Acho que Freud sabia do que falava quando alertava contra as concepções que promoviam um "misterioso e longínquo inconsciente". Ora, numa análise trata-se de, a partir da rede associativa e dos movimentos transferenciais percebidos pelo analista, retomar estes pequenos nadas, nos quais o sujeito não pára de se reencontrar e transpô-los em linguagem falada, transformando-os pelo poder da metáfora (de transformação, de deslocamento) de que a palavra é capaz.

Gostaria agora de voltar à noção ou ao fenômeno da transferência. Eu o considerei, a pouco, como constitutivo do interlocutor analista — detentor suposto de todas as respostas — situado para além da pessoa do analista, embora caiba a este, em pessoa, sustentar esta posição transferencial fundadora do processo analítico.

Sem fazer um retrospectivo das diferentes formulações de Freud sobre a transferência, gostaria, no entanto, de chamar a atenção que elas se apresentam em dois níveis. Ora, a transferência é fonte de confiança e de afeição do paciente pelo analista, de maneira que vemos Freud, em mais de uma ocasião, aconselhando o analista a utilizar este capital até de credulidade para vencer as resistências e fazer com que a análise prossiga. Ora, numa acepção em que a transferência, no plural, refere-se às ligações, por *"falsa conexão"*, dos afetos do recalcado à pessoa do analista ou, ainda, da transferência como repetição, onde o recalcado em vez de ser objeto de rememoração é posto em ação ou posto em cena no palco da análise, na relação com o analista. Na primeira acepção a transferência é fonte, por assim dizer, do solo relacional em que a análise vai ocorrer, situando-a próxima da sugestão e do que Serge Viderman chamou de *"força"*, contraposta por ele *"ao trabalho com o sentido"* (Viderman, 1982)[2]; já na segunda, o que está em questão são movimentos mais localizados em que, no palco da situação analítica, se encenam — o paciente evidentemente ignorando a procedência do script — movimentos transferenciais em que se atualizam e tomam forma elementos da montagem fantasmática inconsciente.

Esta distinção encontra-se em alguns autores franceses, como François Roustang, que distingue as transferências que ele chama de *"mediatas"* (mediatizadas por representações interpretáveis) e a *"transferência imediata"*, que não seria redutível pelo trabalho da interpretação (Roustang, 1980).

Laplanche, partindo do que chama de sedução originária (a do bebê pela mãe), encontra nesta a fonte ou matriz da transferência: na constituição do inconsciente, o sujeito seria confrontado a mensagens enigmáticas traumáticas, representadas pela sexualidade, pelas fantasias de desejo inconscientes do outro (da mãe). Ele tem de contrapor uma atividade psíquica de decifragem destas em um trabalho autoteorizante que, naturalmente, nunca se esgotará. As mensagens ou significantes enigmáticos parecem ocupar nesta teoria o lugar do recalcado primário. Numa análise, a atividade auto-teorizante seria relançada, reativada, pois nela, de certa forma, se reconstitui a situação do traumatismo originário, o analista sendo fonte de mensagens excitantes, enigmáticas, embora, como aliás acontece com a mãe, ele possibilite, graças às condições da escuta e ao trabalho interpretativo, aberturas metaforizantes ou *"metabólicas"*, para usar a expressão de Laplanche. O que me interessa sublinhar neste modelo é que, segundo ele, a instauração, a gênese da situação analítica coincide com uma transferência, digamos, fundamental: a do traumatismo originário.

---

2. Veja, a propósito das idéias de Serge Viderman, o texto sobre o seu livro "Sobre a construção do espaço analítico", na página 61 deste livro.

P. Fédida põe em relação a transferência com o mito do assassinato do pai, tão caro a Freud (cf. em particular Totem e Tabu e Moisés e a Religião Monoteísta), e com a noção freudiana do filogenético, no sentido que, e isto faz parte do mito, o assassinato teria ficado inscrito não só na memória dos protagonistas do crime ou de seus descendentes imediatos, mas teria permanecido de alguma forma na memória de toda a humanidade. A memória deste acontecimento longínquo, que para Freud se encontra na origem do vínculo social, das religiões e da moral, ou seja, da civilização e que se encontraria também no *"fundo"* do Id (cf. O Ego e o Id) pois bem, Fédida a coloca também, de certa forma, na origem da transferência.

A inverossimilhança do mito parece não desencorajar Fédida, mas, ao contrário, é o que mais lhe interessa, talvez por lhe permitir deslocar, de forma brutal, quase provocadora, a transferência do plano em que poderia ser concebida por uma psicologia positiva e *"razoável"* sobre a relação interpessoal. Trata-se para ele, penso eu, de sublinhar o estranho nos fenômenos da transferência, situando-o para além da relação à pessoa do analista. De fato, para Fédida, esta *"relação"* abre-se em linhas de fuga, numa colocação em perspectiva do cenário mágico do mito que remete ao pai ancestral. O *"crime"* estaria o tempo todo presente, pois a transferência seria sempre permeada por uma violência, mesmo e sobretudo silenciosa, que a torna ato físico[3].

O que os autores procuram com estas diferentes invenções teóricas é, penso eu, reintroduzir a descoberta do inconsciente como algo insólito no cerne da situação e do processo analítico. Para pensar (e interpretar) a transferência é preciso, como na teoria do sonho, supor uma multiplicidade de lugares psíquicos, heterogêneos entre si. A transferência não é apenas uma modalidade de investimento da pessoa do analista pelo paciente, mas, fundamentalmente, transporte para a cena psíquica, atual, na análise (o que inclui o tempo das sessões e também o tempo entre elas), de conteúdos e de modos de funcionamento próprios ao inconsciente[4]. A referência *"a um outro tempo"* ou a *"um outro lugar"*, expressões que designam a mesma coisa — o infantil —, é inerente à própria noção de transferência.

---

3. "A aculturação da palavra (transferência) domesticou a própria coisa, como se tivéssemos esquecido que a transferência é selvagem e, mesmo quando discreta, é fisicamente violenta, desloca-se e dispõe de uma grande mobilidade e que não se deixa reduzir a uma relação." Notas de uma conferência de Fédida em São Paulo, em abril de 1994.

4. Cf. o texto sobre o inconsciente,"A estrutura psíquica à luz da metapsicologia freudiana", na página 13 deste livro.

Trata-se pois de insistir que uma análise ocorre à contracorrente da interação entre egos, sempre paranoisante no fundo, por não oferecer senão a alternativa *"ou eu, ou o outro"*. Ao contrário, a presença viva e sensível do analista serve, paradoxalmente, para criar a ausência, o espaço analítico, condição ética fundamental na qual reside toda a originalidade, o alcance inovador da técnica psicanalítica. É em função disso que esta é diferente de quaisquer outras modalidades de intervenção de uma pessoa junto à outra, seja num projeto de tipo educativo, seja em diferentes formas de terapia para e pré-psicanalíticas ou ainda nas relações médicas, religiosas etc.

A constituição da ausência, sustentada pela presença do analista, é o que permite a emergência do inusitado no anódino das falas, no pontual das vivências, limitando-se o analista ao trabalho, não de decodificação, mas de detecção, de reconhecimento e de significação, tornando-o significativo ao dar-lhe sentido, e não o sentido.

A situação analítica tem pois, entre os autores franceses, uma estrutura ternária (e não binária): além das duas pessoas em presença (os dois egos), há o terceiro ausente, função do negativo que produz o interlocutor imaginário dos derivados do inconsciente, o estrangeiro na transferência. A influência das concepções de Lacan sobre a natureza fundamentalmente imaginária do ego é aqui evidente e foi sem dúvida decisiva para este modo de conceber a clínica (Lacan, 1953).

A este propósito, J-B. Pontalis, um ex-aluno de Lacan, notará com fineza que a *"mãe suficientemente boa"* de Winnicott nada tem a ver com a mãe boa ou má do kleinismo, e sim com uma mãe que torna possível (pela modulação da presença) *"a constituição progressiva da ausência"*, condição de vida psíquica para o outro(5). A situação da criança que brinca sozinha, mergulhada em seu mundo de representações, de fantasias, na presença da mãe, é um cenário winnicottiano bem conhecido que ilustra a concepção da função do analista de que estou falando: a mãe, como presença virtual, garante a possibilidade do jogo; se deixasse de ser virtual, caso a mãe se precipitasse de forma intrusiva no jogo, faria desaparecer o encanto, a magia em que se sustenta, desfazendo, por assim dizer, a membrana que contém, que permite *"o sonho"*.

O tema da ausência é correlato da regra da abstinência e, em particular, do que acabou virando uma espécie de figura folclórica da psicanálise na França, qual seja a do analista silencioso. Folclore à parte, resta a ser considerada a questão técnica da função do silêncio do analista na análise. A não-resposta no plano manifesto das falas do analisando cria, pela ruptura com os códigos habituais, socialmente estabelecidos, uma experiência nova, eventualmente insólita, já nas primeiras entrevistas. Esta poderá representar para o analisando uma promessa, excitante e inquietante, ainda obscura, de que o analista está disposto a ir bem mais longe com ele do que o interlocutor habitual, inclusive quando, ele próprio, em suas reflexões e ruminações introspectivas, se torna este interlocutor de si mesmo.

O silêncio e a imobilidade descontraída são necessários para que o analista encontre a condição psíquica necessária para a escuta, baseada na atenção igualmente flutuante. Na expressão de A. Green *"o silêncio é o espaço potencial do trabalho do analista"* ou, ainda, *"o silêncio... é o meio pelo qual ele (o analista) se recusa à percepção do manifesto, absorvendo-se no silêncio para fazer emergir a representação psíquica da pulsão"*. (Green, 1979)

O silêncio permite ao analista esquivar a interação defensiva em favor da manutenção da ausência, potencialmente produtiva. É conhecida a descrição de movimentos provocativos do paciente (seja para uma briga, seja no plano sexual), no exato momento em que se aproxima de algo importante, mas de acesso difícil, em sua análise.

De minha própria experiência de análise, acho que sou tão grato às interpretações que caíram de um jeito certo, na hora certa, quanto *"à infinita paciência"*[5] de uma escuta de que eu podia dispor, por não se apressar na urgência de ter de fazer algo. Nela encontrei um tempo de que, psiquicamente, precisava e que ninguém teria condições de me oferecer fora de uma situação de análise.

O silêncio do analista, em princípio, não é vazio de pensamentos ou equivalente de distração, mas disponibilidade receptiva às falas do analisando. É atenção igualmente flutuante, numa condição que lhe permita perceber passagens significativas, a insistência de um significante ou de configurações temáticas, dispersas na fala do analisando, conservando, ao mesmo tempo, uma capacidade de representação, tanto imaginativa como intelectiva[6], suficientemente solta para que se possam formar interpretações, sejam elas já objeto de intervenção do analista ou ainda não.

---

5. Expressão usada por Freud em "O homem dos lobos", sublinhando a necessidade do respeito às defesas do paciente.

6. Esta referência a uma inteligibilidade operando na escuta, e que também não está ausente da experiência do insight, não deve surpreender, pois ela é intrínseca ao próprio trabalho do sonho. Na teoria freudiana do sonho, com efeito, a "elaboração secundária" é suposta operar desde o início da produção do sonho, e não apenas num tempo posterior, quando intervém para dar uma fachada racional, mais compreensível para este.

Há interpretações que, em sua formulação, designam diretamente a implicação do analista no movimento transferencial (*"adivinhado"*, na expressão de Freud); estas precisam estar, no entanto, solidamente apoiadas na trama associativa (de uma ou mais sessões) e numa soma suficiente de indícios de forma a não soarem forçadas, eventualmente a serviço da resistência do analista, mas, ao contrário, possam produzir um efeito de descoberta e de abertura. Tais interpretações, quando possíveis, são particularmente eficazes e têm um poder mutativo e de reativação do processo analítico.

Em certos momentos de desestruturação regressiva, de afrouxamento das defesas, a presença do analista torna-se uma necessidade mais imediata, mais premente, pois o analisando encontra-se, nestes momentos, particularmente vulnerável a um eventual afastamento do analista. Este fato, de experiência corrente, ilustra o que eu dizia sobre a necessária constituição da ausência na escuta, como invólucro ressonante, ao sublinhar uma situação em que isto se revela crucial.

Em certos casos, a organização defensiva é estruturalmente frágil, e o paciente parece conviver, desde sempre, sem jamais ter sofrido um surto psicótico com o risco, freqüentemente pressentido, de perda de referências de si, de despersonalização. As estratégias de sobrevivência psíquica são variadas e podem ser bem-sucedidas ao alcançarem possibilidades consideráveis de realização pessoal em todos os planos e, por vezes, até mais do que o neurótico. Este, embora solidamente estruturado, encontra-se imobilizado em função de seus conflitos intrapsíquicos, em sua vida afetiva, amorosa, sexual ou em suas possibilidades de realização profissional[7].

Penso num paciente que tem uma tal inaptidão para *"brincar"* na análise, que para ele será necessário poder dispor da presença do analista, de alimentá-la em si, ao tê-lo diretamente sob os olhos, garantindo-se ao mesmo tempo de que está constantemente sendo visto por este. Mas, com ele, o analista consegue manter, no entanto, suficiente liberdade interior de maneira a preservar o "poder intuitivo"

---

[7]. A clínica psicanalítica e, portanto, a teoria, depois de 1910 e, de forma mais nítida, depois de 1920 (penso em "Além do princípio do prazer", em "O Ego e o Id", mas também nos trabalhos de S. Ferenczi), começaram a levar em conta a "patologia do Eu" e, mais amplamente, configurações e situações clínicas para as quais os modelos metapsicológicos do aparelho psíquico tinham de incluir a possibilidade de insuficiências ou incapacidades do Eu em dar conta de "suas funções", e isto não só em relação aos quadros psicóticos clássicos (paranóia, esquizofrenia, melancolia). Os importantes progressos que se seguiram nesta direção levam, por vezes, no entanto, a se subestimar o sofrimento neurótico, bem como as dificuldades que uma psicanálise encontra na resolução, sempre lenta e parcial, dos sintomas.

da escuta ou, ainda, a sua "reserva de silêncio", expressão que creio ter ouvido de P. Fédida. O analista, ao falar, pode por isso introduzir alguma diferença, alguma alteridade (em relação ao que foi dito) desde que sua fala se encontre em sintonia fina, que seja uma elaboração em perfeita continuidade, por assim dizer, com a própria atividade psíquica do paciente. Qualquer inadequação, às vezes ínfima, é vivida como movimento abrupto, doloroso e confusionante em seus efeitos, na qual, para o paciente, reaparece uma alteridade, um outro, que quer esmagar o seu pensamento e, no limite — o limite nunca está longe —, destruí-lo psiquicamente. O que é transferido aqui para a cena analítica é um outro que facilmente pode deixar de ser aquele que, por poder pensar com os pensamentos do paciente, o reconhece (amorosamente) em sua vida psíquica, para se transformar no que, com violência, animado pelo ódio da diferença, quer anulá-lo[8].

Nesta configuração clínica é preciso que o funcionamento do analista e da análise aproxime-se de um modelo que de certa forma é o ideal em qualquer análise. Mas, em muitos casos, o analisando dispõe de recursos e também de defesas mais sólidas, que lhe permitem ser bem mais tolerante face a interpretações intempestivas ou inadequadas ou a distrações e tropeços do analista. Vantagem que pode muito bem ser um inconveniente: neste último caso, o analista terá de estar bem mais atento para conseguir perceber os ecos eventuais destes que, sendo menos barulhentos, mais sutis e mais dissimulados, vão no sentido do conforto do analista (o aparelho psíquico deste também funciona segundo o princípio do prazer e da tendência a evitar o desprazer!).

Penso, a este propósito, em outro caso clínico no qual, após alguns anos que eu chamaria de produtivos, se foi instalando um longo período de imobilidade na análise. Eu me encontrava com freqüência distraído durante as sessões, pensando em outras coisas, sem ouvir o que a paciente falava; percebia isto e me propunha a ficar mais atento, mas não tardava em me encontrar no mesmo estado. Ao contrário do caso anterior, aqui era como se a paciente não me pedisse nada, não me solicitasse de nenhum modo, como se me dissesse, silenciosamente, que não precisava de mim. Sob esta fala atapetada com que discorria tranqüilamente em seus comentários

---

8. Lembro, a propósito desta referência clínica, de um trabalho meu sobre o ódio, discutido naquele artigo num plano abstrato, metapsicológico (não que situações da clínica estivessem ausentes para mim em sua redação). Trata-se de "O ódio e a destrutividade na metapsicologia freudiana", na página 145 deste livro.

sobre si mesma, sua vida, seus progressos e dificuldades, eu continuava no entanto existindo, sexuado, pois era um homem, mas desexualizado na forma de um personagem sacralizado, muito idealizado e diante do qual ela se mantinha numa posição acentuadamente masoquista de devota orando a um pai inacessível: *"Senhor, não sou digna que entreis em minha casa, mas diga uma só palavra que minha alma será salva"*. Esta prece somente lhe ocorreu, sendo retomada por ela em diferentes contextos elaborativos, num momento posterior, quando já tinha sido possível sairmos da situação da imobilidade.

A imobilidade servia para evitar o risco de repetir a experiência dolorosa, traumática e devastadora para o seu narcisismo feminino de um *"não"* do pai, separado da mãe, e que foi dito numa situação em que lhe pedira algo, talvez que voltasse, e que foi se reforçando para ela sob outras formas. Com a separação da mãe, era como se uma linha tivesse sido traçada que demarcava de um lado o mundo do pai, rico, brilhante, valorizado e, do outro, o da mãe e o dela, mãe pobre coitada, vulgar, enjeitada (pelo pai-príncipe), decadente: *"quando ele foi embora tudo ficou escuro como breu"*, me dissera ela na primeira entrevista.

Deste pai, afetivamente inacessível desde então para ela, guarda a lembrança de alguns encontros, nos quais imagino que ela se apresentava como uma pequena adulta, séria, auto-suficiente, inibida, um pouco superegóica e culpabilizante, desprovida portanto dos charmes próprios a uma menina que quer obter afeto e atenção do pai. Ela *"fez-se sozinha"* profissionalmente na mesma área em que o pai se destacara *"sem nunca ter de recorrer a ele"*. Ele que tivera outros filhos de um novo casamento (ela era filha única do primeiro) e deles se ocupa, ainda hoje, embora já adultos, suprindo-os inclusive em suas necessidades materiais. *"Eu não peço se não vou receber"*, disse-me ela. Reservava-me o tratamento de senhor, embora fosse de minha faixa etária.

Em sua vida amorosa, havia um padrão repetitivo: acabava envolvendo-se com homens que tinham uma situação profissional um pouco abaixo da sua e aos quais era levada a dar inclusive bens materiais, às vezes importantes, e com os quais ficavam depois das rupturas. A eles também não pedia nada, preservando-os inclusive do *"incômodo"* de ter um filho dela, apressava-se a realizar o que supunha ser o desejo deles (talvez não sem razão). Ao ficar grávida, abortava.

A mim, portanto, *"não me pedia nada"*, a não ser de ficar ali, de falar quando eu me dignasse a fazê-lo e de dizer o que bem entendesse e na última sessão do mês trazia-me, religiosamente (...), um pacote de dinheiro que punha em cima da mesa antes de dirigir-se para o divã, sem dizer uma só palavra referente a esta maneira discreta de fazer o pagamento de meus honorários. Gesto ambíguo este, quando ela depositava ali a sua oferenda ao santo, mas que eu vivia sempre com um certo mal-estar e com a vaga sensação de ser um pouco gigolô, de *"ser sustentado por ela"*. A mulher devota — mulher puta sofria na transferência de não poder realizar-se em sua vida amorosa.

Os primeiros tempos desta análise foram ocupados pela presença constante da mãe-falecida a poucos anos — e do seu ódio, das recriminações e ressentimentos contra ela. Foi numa fase seguinte, à qual me referia acima, que eu me vi imobilizado nas sessões, imobilidade para a qual a imagem de uma estátua de homem, de cujo pênis sai sangue, forjada num sonho seu, era bastante evocadora: penso que, nesta fase, repetia compulsivamente o ferimento narcísico do *"não"* paterno, repetição em que nos fechava, pois, antes de mais nada, ali era preciso preservar-se do meu *"não"*, já que não parava de significar-me silenciosamente que nada precisava ou queria de mim, quando o *"sim"* era ardentemente, passionalmente desejado, talvez numa verdadeira paixão de transferência camuflada, em que o teatro, ao invés de pegar fogo, ficava petrificado como gelo (cf. trabalho de Laurence Igoin (Igoin, 1980)). Por outro lado, ao neutralizar-me desta maneira, privando-me do que poderia corresponder na análise ao poder de dar-lhe prazer e filhos com meu pênis, ou mesmo de dar-lhe afeto, exercia uma vingança secreta, uma hostilidade por ela ignorada e que vinha reforçar a sua fantasia masoquista (a de *"devota-puta"*). Vingança contra o homem-príncipe que para ela fora o pai, esse homem que... *"não era para ela"*, isto é, ao amor do qual não podia aspirar nem em seus sonhos edípicos, posto que a própria mãe não estava à altura dele.

Nesta análise, durante um período relativamente longo, vivi o incômodo de, por assim dizer, não ser incomodado pela paciente, com o risco de que ficássemos instalados indefinidamente nesta posição transferencial, resvalando para uma análise interminável. Este relato ilustra também o poder da transferência em pegar o analista em sua própria atividade psíquica (no caso, minha tendência à distração durante aquelas sessões), isto é, de produzir uma ação contratransferencial. Uma vez enredado na posição contratransferencial (aqui: inoperância na sessão e tendência a nada fazer diante da constante subserviência da paciente), pode ser necessário um tempo considerável, como aconteceu neste caso, para que o analista reencontre a sua capacidade de interpretação e de escuta, sendo totalmente inútil o recurso a interpretações carregadas de estereótipos ou a propósitos realistas e de senso comum. Creio que os nossos insucessos podem ser, em boa parte, atribuídos à nossa incapacidade psíquica de, em algum momento, conseguirmos restabelecer a nossa escuta, quando dela somos privados pelos efeitos insidiosos da transferência na análise. Por outro lado, é preciso reconhecer, a exemplo do caso descrito, que é através destes efeitos contratransferenciais que se imprime na situação analítica o que há de mais silencioso e de mais potente na transferência, aquilo que se encontra mais fortemente recalcado. Por meio destes efeitos, o recalcado toma corpo na análise, manifestando todo o peso de realidade psíquica que lhe é próprio[9] (Pontais, 1977). Daí a importância que estes efeitos contratransferenciais podem ter em certas análises.

A propósito dos insucessos, quer dizer das rupturas no interior de um processo intensamente investido, penso que estes não são necessariamente inúteis. Ao contrário, se o paciente recomeçar sua análise com outro analista, o processo anterior poderá ser retomado com sucesso não só, ou talvez não tanto, porque este não vá ter os mesmos *"pontos cegos"* que o primeiro, mas porque as diferentes evocações e versões associativas recorrentes, referentes à *"análise fracassada"*, representam uma espécie de pré-elaboração dos impasses transferenciais (contratransferenciais), permitindo aberturas interpretativas para a elaboração psíquica, e não uma simples repetição dos mesmos impasses.

---

9. É de J-B Pontalis a afirmação de que a Psicanálise descobriu que: "a realidade interior é ao menos tão resistente, opressiva e cristalizada (figée) que a exterior...".

Bibliografia

GREEN, A. (1979) "Le silence du psychanalyste". Revue Topique, n° 23, pp. 16 e 14.

IGOIN, L. (1980). "Passionément pas du tout". In: Nouvelle Revue de Psychanalyse 21, p. 243.

LACAN, J. (1953). "Fonction et champ de la parole et du langage", em "Écrits", Ed. Seuil (1966), p. 242.

_____. (1949). "Le stade du miroir comme fondateur de la fonction du Je", em Écrits, Ed. Seuil (1966) p. 93.

_____. (1953-1954). "Les écrits techniques de Freud — Le Séminaire, livre I", Ed. Seuil (1975).

_____. (1954-1955). "Le moi dans la théorie de Freud et dans la technique de la psychanalyse — Le Séminaire, livre II", Ed. Seuil (1978).

MENEZES, L. C. (1990). "A estrutura psíquica à luz da metapsicologia freudiana". In: Ver. Pathos — Psicanálise Contemporânea n° 1, p. 167.

MENEZES, L. C. (1991). "Questões sobre o ódio e a destrutividade na metapsicologia freudiana". Rev. Percurso, n° 7, p. 17.

PONTALIS, J-B. (1988). "Perdre de vue", p. 158. Ed. Gallimard.

PONTALIS, J-B. (1977). "Entre le rêve et la douleur", Ed. Gallimard, p. 60.

ROUSTANG, F. (1980). "... Elle ne le lâche plus". Ed. Minuit, pp. 71-101 e pp. 103-140.

VIDERMAN, S. (1982). "La construction de l'espace analytique". Ed. Gallimard.

O Trabalho da Interpretação[1]

Falas, gestos, acontecimentos em si banais (um atraso do analista, algum lapso deste, mudança de consultório etc.) podem ter numa análise, como sabemos, uma repercussão inesperada, desencadeando no paciente reações desproporcionais, às vezes ruidosas, em geral mais contidas e discretas. Tais movimentos do analista adquirem imediatamente algum sentido, sendo interpretados, consciente ou inconscientemente, como expressão das disposições do analista em relação ao analisando, como atos intencionais e dirigidos, voltados para o paciente, a exemplo do sonho em cujo centro encontra-se sempre a pessoa do sonhador. O paciente constrói assim versões imaginárias sobre as "motivações" do analista, baseadas na projeção dos próprios impasses, aliada, por vezes, a uma fina percepção do funcionamento psíquico deste na análise.

Em contrapartida, nada que venha do paciente ou de si mesmo numa sessão será considerado pela atenção flutuante e disponível do analista como destituído a priori de significação, seja um molho de chaves esquecido sobre o divã, uma expressão diferente na fisionomia ou na postura do paciente, alguma impressão ou idéia, mesmo fugaz, que lhe ocorra ao encontrá-lo. Tais percepções podem, de fato, reemergir como um elo significativo em meio às associações do analista (e do analisando) no decorrer da sessão.

Uma análise está permeada, de um lado como de outro, por manifestações verbais e não-verbais prenhes de significação. Ela se

---

1. Texto apresentado no colóquio "A comunicação do analista: clínica e pressupostos teóricos", organizado pela Sociedade Brasileira de Psicanálise de São Paulo, em novembro de 1991.

passa no interior desta rede significante, em condições materiais e sobretudo psíquicas, que favorecem uma sensibilidade aumentada, exacerbada, à significação. Convidado a falar, num clima de reserva e de receptividade, o analisando é levado a fazer relatos, evocar fatos, ora banais, circunstanciais, ora referidos a situações e acontecimentos penosos, comoventes, de sua vida, bem como de suas aspirações e de suas impossibilidades. Mas o próprio da terapia psicanalítica, do método analítico, reside na suposição, por parte do analista, de algo que poderia ser figurado como um vórtice aspirante sob este fluxo narrativo articulado, intencional, de modo que o analista, abstendo-se de responder no plano do que lhe é imediatamente significado, torna possível em sua escuta uma virtual desarticulação ou designificação da fala, abrindo-a para novas significações, eventualmente mais densas. É assim que entendo o fundamento do trabalho interpretativo do analista. Ele precisa poder sustentar, ainda que de maneira intermitente, a convicção deste "vórtice aspirante" para poder produzir, no interior de sua escuta, as metáforas portadoras do que apreendem na intimidade das palavras-afetos-imagens de uma memória intemporal, fragmentária, inacessível, postulada no centro do vórtice e produtora de seu movimento. Sabemos que, por vezes, num certo período de uma análise — e isto de maneira mais aguda em certos pacientes, que se apresentam então como "casos difíceis", o vórtice desaparece deixando o analista sem chão, destituído momentaneamente de sua capacidade de escuta e, portanto, de interpretação, o que é extremamente penoso para o conforto narcísico do analista.

Ainda que o trabalho de significação, de designificação e de resignificação próprio à análise inclua manifestações significantes não-verbais, este é totalmente dependente das potencialidades da linguagem verbal. Refiro-me ao poder de discriminação e de referenciação somente possível por meio de palavras e de enunciados verbais e também à possibilidade de desmontagem, de reorganização e de nomeação dos cenários das fantasias graças à propriedade de transporte e de transformação, isto é, de metaforização da linguagem. A linguagem é, pois, o que permite, no processo analítico, subtrair-se à captura pela imagem nos enredos a que nos convida o analisando, graças à aptidão de fazer imagem pela palavra. Em uma análise, não bastam vivências afetivas, mesmo "autênticas", mas é necessário que uma certa inteligibilidade se produza pela linguagem, em metáforas, que são ora simples imagens, próximas de uma produção poética, ora modelos em que se explicita a arquitetura da fantasia de que o sujeito é refém.

A linguagem que interessa ao psicanalista é a que pode se abrir sobre o que chamei de vórtice de uma memória intemporal ou, ainda, a que é passível de abertura aos processos primários do que Freud chama de representações de coisa, Piera Aulaigner de primário e de pictograma (o originário) e G. Rosolato de significantes de demarcação (não-verbais). J-B. Pontalis se inscreve na mesma linha ao afirmar que *"a linguagem só é realmente linguagem, uma operação ativa, se carregar nela o que não é ela mesma"*. Trata-se da linguagem concebida em sua relação ao desconhecido (Rosolato), de maneira que o vórtice é também umbigo. Lembro que esta expressão foi usada por Freud para dizer que o sonho não se reduz a um condensado de significações interpretáveis, fazendo parte dele um núcleo irredutível ao sentido.

Estas considerações não pretendem, evidentemente, recobrir o campo de uma teoria do processo analítico, mas indicar dentro do tema proposto uma linha de horizonte para situar o trabalho de interpretação na análise.

Gostaria agora de falar de algumas seqüências escolhidas da análise de uma jovem mulher. Nos primeiros tempos de sua análise eram freqüentes sessões em que os silêncios eram entrecortados por palavras soltas que designavam animais ou coisas monstruosas: *"um porco com cabeça de mula"*, *"corpo de lagarto, bico de papagaio"*, *"um girino, cabeça, com braços"* etc., e expressões como *"que horror"*, *"noite negra"*.

Palavras que designando coisas estranhas, inquietantes, estavam fechadas sobre si mesmas, exprimindo apenas a sideração traumática da paciente. Alternavam-se seqüências em que aparecia uma fala articulada, com encadeamentos muito imaginativos, singularmente poéticos, por vezes, incluindo o relato de sonhos que, na verdade, eram pesadelos. Nestes, o horror de que falei, apenas indicado por palavras isoladas, tomava a forma de seqüências aterrorizantes, bem mais expressivas, tanto pelo conteúdo como pelo afeto. As próprias sessões tendiam a transcorrer num clima onírico, de transe, cujo conteúdo era o nojo e a intensa repulsa que sentia por si mesma e por sua origem. Uma visão monstruosa e repugnante da mãe era constantemente evocada.

Depois de uma sessão bastante sofrida em que estava assombrada pela visão de uma *"coisa preta, cabeluda, enorme,* ela chega sorridente, dando a impressão de estar mais alegre. Devo ter tido a expectativa de uma sessão mais tranqüila, mais leve. Não é o que acontece. Eu a solicito a falar depois de termos ficado algum tempo em silêncio.

Chorando, diz que está numa ilha de tristeza, que se sente por um fio e que está atravessando uma tormenta desde que deitou.

De fato, fala baixo, como alguém muito assustado:
— "A mãe está olhando..."
— "Eu embaixo da terra..."
Pergunto-lhe: — "Eu embaixo da terra, como?"
Ela: — "Não estou embaixo da terra..." "É como a Virgem" e faz um gesto mostrando para baixo do divã.
Pergunto-lhe: — "Quem é a Virgem?"
Ela: "Minha mãe..." "Tem algo que vai do estômago até o nariz... o holocausto é aí" "Esta coisa morta, horrível... não consigo me separar dela" "Me dói por aqui" e mostra o tórax, os ombros e as costas.
Digo-lhe: — "É a parte mais difícil... neste parto?..."
Ela: "Será que ela sofreu tanto como estou sofrendo agora? Que coisa horrível!"

Entendo que nesta seqüência a interpretação — "é a parte mais difícil neste parto" — levou à constituição de uma representação (metáfora) — um parto — que deu sentido e coerência a uma vivência confusional da qual sensações dolorosas do corpo e falas fragmentadas eram um balbucio impotente.

Embora esta imagem tenha me ocorrido no instante em que falei, não penso que se trate de uma imagem qualquer. Lembranças pré-conscientes da minha escuta anterior contribuíram, sem dúvida, para a sua formação e o desenrolar da análise, não só pela recorrência de imagens semelhantes (veja, por exemplo, logo adiante, o sonho em que há um bebê obstruindo o canal vaginal ou, ainda, a imagem de um tronco de árvore ao qual está presa pela cabeça), como pelo "clima transferencial oniróide" em que transcorriam as sessões, onde falas minhas e dela pareciam se interpenetrar, indiferenciadas, apontando para a insistência repetitiva de uma representação inarticulada desta ordem. Penso que o que se atualiza, de um modo quase alucinatório na forma de odores, de líquidos barrentos e de sensações de contato com a carne viva, rutilante, é a imagem de uma sensualidade absorvente que horroriza por seu arcaísmo.

O poder da interpretação reside aqui nos efeitos de deslocamento, de desideração das possibilidades de pensamento e de fala, produzidos pela introdução de um script neste pesadelo transferencial, de maneira a desfazê-lo paulatinamente pelas palavras que abrem para uma história possível. História passada ou futura, pouco importa, uma e outra se situam no mesmo plano, ambas são tempos gramaticais equivalentes na fala que vai então poder articular-se, subtraída a intemporalidade própria dos processos primários[2].

Por outro lado, não penso que nesta sessão a paciente pudesse estar "revivendo" o parto de seu nascimento, embora ela tenha pensado imediatamente no parto em que nasceu e que fôra de fato extremamente difícil. Identifica-se com a mãe no parto ao mesmo tempo em que se diferencia dela e, portanto, do analista, já que ela própria estaria vivendo um parto naquele instante: *"Será que ela sofreu tanto como estou sofrendo?"* O traumatismo que estava vivendo ali não era o do seu parto, mas passou a ser como um parto. Não excluo, no entanto, que nesta vivência, restos mnêmicos arcaicos ligados às dores, aos líquidos, ao sangue, às pressões do parto possam constituir-se em significantes não-verbais efetivamente presentes na construção desta fantasia; mas isto fica do lado do inacessível, do desconhecido. De toda maneira, a fantasia à qual a minha fala deu forma, e que foi se precisando a seguir, se compõe dela, da mãe e de uma ação em que ambas estão imbricadas num parto horroroso, interminável.

Uma vez constituída, esta representação abre para novas possibilidades interpretativas no trabalho analítico, com um valor dinâmico evidente. Procuro mostrar isto com o relato de mais alguns fragmentos de sessão, escolhidos com este objetivo e que, por isso, é claro, só podem levar a uma visão algo esquemática desta análise.

Retiro a seguinte seqüência de uma sessão ocorrida poucos meses depois da anterior. Nesta, a paciente fala de *"um cérebro escorrendo"*, de *"um corpo todo mole, repugnante"*, diz que preferia *"ter ficado louca a viver tudo isto ainda"* e prossegue num murmúrio apenas audível, chorando:

---

2. Em certas concepções sobre a interpretação no "aqui e agora" da sessão, parece-me que se contrapõe a consistência factual do presente e da realidade tangível de uma relação interpessoal a um passado que, sendo por definição aquilo que não mais existe, não pode ter nenhuma eficácia, senão defensiva, na análise. Nesta maneira de ver, trabalha-se somente com a noção cronológica habitual do tempo, a do tempo realista medido pelo relógio, e se desconsidera que uma das características do inconsciente é a dimensão de atemporalidade que se introduz nos processos que, como a transferência, trazem a sua marca. Foi em função disso que a Psicanálise precisou desenvolver uma concepção de memória bastante diferente daquela da Psicologia clássica.

— "Corpo nojento, em putrefação, é uma merda só..."
— "Eu queria começar tudo de novo..."
Faço eco: — "Mole, como merda de cocô?..." e lhe comunico minha associação com um sonho que ela relatara há algum tempo, onde havia *"uma grande macaca fazendo cocô"*.
Ela diz: — "Ah, que nojo... nunca terá fim... é horrível".
E prossegue: — "Gilete... cortando o mole com gilete... uma fruta sendo cortada... uma fruta de uma árvore, com um bebê dentro".
Faço uma interpretação: — "Por horrível que pareça, você parece apegar-se à imagem de uma mãe parindo, como se esta mãe não pudesse querer nenhuma outra coisa senão ficar nesta intimidade horrível com você".
Ela pára de chorar. Segue-se um tempo de silêncio em que me parece mais tranqüila. Lembro-me, talvez depois de ter falado, do sonho que relatara na sessão anterior em que estava com um *"moçoilo de 14-16 anos e sente muita atração por ele... ele vai mostrar como fez com a namorada... ela abre as pernas, mas quando vai penetrá-la está saindo um bebê (a metade só)"*.
Acrescento, então, referindo-me ao sonho, que em uma mulher parindo não há lugar para um pênis.
Noto, a propósito desta seqüência, que nestas falas fragmentárias as palavras colam às imagens de coisas (corpo putrefato, mole, cérebro escorrendo, gilete cortando, fruta com bebê) como se cada uma delas pudesse servir de título para um quadro pintado ou desenhado.
O ângulo de minha interpretação se deslocou em relação à da seqüência anterior, pois suponho aqui que a fragmentação da fala está a serviço da preservação de uma fantasia incestuosa arcaica que visa perpetuar, num gozo repulsivo, a intimidade com o corpo materno. Ela encontra-se voluptuosamente atolada na mãe e a mãe nela. Apesar do horror da cena, seria esta a única garantia, no excesso de presença, contra o risco iminente (traumático) de uma ruptura representada pela ausência-perda da mãe?
Esta foi a aposta de minha interpretação, quando lhe digo que "ela parece apegar-se à imagem de uma mãe parindo", de maneira a negar que esta mãe pudesse querer outra coisa que não ela para seu prazer.
Ela relata, algum tempo depois, que passara uma noite terrível, em que se sentia como uma bolha de ar sem gravidade, assombrada pela imagem de um tronco de árvore muito velho ao qual estava presa pela cabeça, e era como se a cabeça se transformasse naquele tronco.

Para finalizar, retiro de uma sessão ocorrida cerca de um ano depois um longo monólogo seu em que parece ter conseguido algum distanciamento com relação a estas imagens que a assombravam, o que lhe permite evocar lembranças da mãe num movimento identificatório amoroso.

Fala de sua lembrança de uma fonte em que as mulheres iam lavar roupa. Certa vez, fora junto e lembra que as mulheres riam muito e a mãe também. Riam de algo que a mãe tinha feito. Um cavalo queria trepar com a égua, e a mãe pusera um pano cobrindo seu traseiro.

E prossegue:

— "Minha mãe rindo com as outras... em casa era carrancuda. Então ela podia ser diferente? É verdade que ela se dava bem com todo mundo. Um médico da cidade gostava dela. Ela tinha uma foto dele... nunca entendi bem..."

— "Vi uma foto dela mais jovem com brincos e colar. É, não era tão feia, não era feia como sempre pensei. Eu gostava de mexer nas malas dela e encontrar suas jóias. Eu tinha esquecido disto."

— "Aquele vestido verde dela com bolinhas vermelhas... Ela gostava de verde... eu sempre detestei esta cor. Engraçado, na semana passada comprei um vestido verde e ficou muito bem em mim."

— "Acho que tinha vergonha de gostar dela. Se eu tivesse sido como meu pai, nunca teria feito nada na vida."

— "Mas eu queria fechar este capítulo. Está tão longe, queria me afastar disso."

Digo-lhe: — "Você apenas começa a aproximar-se e já quer se afastar?"

Ela: — "Não é fácil gostar dela."

Digo-lhe: — "Nem de você mesma vestida de verde, rindo entre as mulheres."

Conta, duas semanas depois, que tirara fotos (3 x 4). As duas primeiras saíram manchadas, mas se surpreendeu com o que vira nelas: via o seu rosto de um modo diferente. Só agora percebera o novo penteado.

— *"Gostei,* disse ela, *estava mais bonita. Tive que fazer outras fotos, mas paguei também as manchadas para poder levá-las."* Conta que havia algo diferente em seus traços. Dera-se conta, por fim, que pareciam com os traços da mãe. E *"estava mais bonita e estranhamente mais parecida com a mãe",* disse ela.

Conta que fora para casa, pusera música e ficara muito tempo num estado de tristeza e de saudades da mãe. Relata um sonho em que *"vai encontrar-se com a mãe, pois ia viajar. A mãe pergunta-lhe se vai com a sogra, como se pensasse que ela fosse casada. Diz à mãe que não estava casada, que ia com uma amiga, mas antes viria despedir-se dela. A mãe lhe dá doze mil cruzeiros para sua viagem".*

O meu propósito foi mostrar, aqui, a linha interpretativa e um movimento no interior de uma análise que está longe de seu término, apesar do aparente clima de resolução do final do relato.

Um Episódio de "Unheimliche" na Clínica[1]

Desejo relatar-lhes um episódio ocorrido a anos em minha clínica e que despertou em mim uma sensação duradoura de *"Unheimliche"*. Simples depoimento, e não, a rigor, um trabalho. Algum dia, quem sabe, venha a retomá-lo, submetendo-o a uma discussão teórica um pouco mais exigente.

É conhecido o texto de Freud sobre a *"Unheimliche"*, palavra de difícil tradução em outras línguas, mas que em alemão oferece toda uma gama de nuanças e de deslizamentos semânticos aos quais Freud recorre para descrever e encaminhar uma compreensão psicanalítica de uma condição psíquica, de uma vivência, caracterizada pela oscilação ou pela presença simultânea da sensação de familiaridade e de estranheza. O *"Un"*, não(-familiar) exprime, segundo ele, o efeito do recalque, de forma que a sensação de *"unheimliche"* corresponde ao retorno do desejo inconsciente, que se apresenta ao sujeito como algo que lhe é, ao mesmo tempo, estranho e familiar.

Em um outro plano, esta singular manifestação do inconsciente se traduz em uma destituição momentânea da capacidade de julgamento de realidade, aquisição laboriosamente alcançada à contracorrente da tendência à onipotência do pensamento, própria do narcisismo primário. Na experiência de *"Unheimliche"* a realidade parece dar razão à possibilidade da realização imediata do desejo, às crenças mágicas, animistas e... à crença em forças ocultas maléficas.

---

1. Texto apresentado no "Colóquio internacional sobre o estranho" organizado pela Pós-Graduação da PUC, em agosto de 1994. Publicado na coletânea organizada por Caterina Koltai, "O Estrangeiro", Ed. Escuta, 1998.

Em outra formulação, que não é necessariamente contraditória com as anteriores, Freud acentua, na experiência da *"Unheimliche"*, a fragilização dos limites do Eu, num movimento regressivo a um estádio narcísico em que *"o Eu não se delimitava nitidamente do mundo exterior, nem de outrem"*. Um dos sentidos inventoriados por Freud para *"Unheimliche"* diz respeito à *"satisfação tranqüila"*, à *"calma confortável"*, à *"proteção segura como a (que oferece) os muros da casa em que se habita"*. A vacilação destes limites e do bem-estar doméstico que asseguram é descrita de forma mais explícita por Freud quando se refere ao tema do duplo: na experiência de *"Unheimliche"*, diz ele, há uma *"intensificação da relação (ao outro) pela transmissão imediata de processos psíquicos (telepatia)"*, de maneira que *"um participa ao saber, aos sentimentos e às experiências do outro, (havendo) identificação à outra pessoa, de maneira que não se sabe mais em que se apoiar quanto ao próprio eu..."*

Tenho a impressão que Freud antecipa, com esta descrição, o mecanismo da identificação projetiva, descoberto posteriormente por Melanie Klein. Freud, no entanto, sublinha toda a estranheza que um evento psíquico desta natureza comporta, o que, aliás, esteve sem dúvida presente nas primeiras descrições de M. Klein. Confesso que fico sempre com a impressão de não ter compreendido algo quando vejo analistas falarem, de modo corriqueiro, em identificação projetiva, como se fosse uma banalidade pensar que o paciente cindiu uma parte de si e a projetou no psiquismo do analista, processo situado não no plano da fantasia mas no da realidade, ou melhor, da realização onipotente da fantasia já que esta se efetiva na transferência do fragmento do paciente, que passa a agir *"no interior"* do analista.

Vejamos agora o meu relato. Fui tomado por uma sensação de *"Unheimliche"* nos dias ou semanas que se seguiram à morte de um paciente meu. A oposição familiar/não-familiar não seria suficiente para descrever o estado de mal-estar difuso, de perplexidade, de desconforto e de freqüentes impressões de estranheza no cotidiano; dizer que era uma espécie de terror surdo, larvário, não seria exagerado.

A minha reação afetiva não se limitava, penso eu, aos sentimentos compreensíveis diante da morte de alguém próximo e que despertasse marcas de outras perdas ou que me afetasse pelo fato de ser uma dessas ocasiões de convívio, mais de perto, com a morte. A sensação de *"Unheimliche"* neste caso, e isto ficará mais claro creio eu no desenrolar do relato, residia na pergunta que hoje posso me fazer

sobre o grau de proximidade em que me encontrava com o paciente naquele momento, dado que a sua morte súbita fora pressentida por ele e, parece-me, também por mim, quando não havia nenhum elemento da realidade que pudesse indicar aquele acontecimento.
De fato, o paciente, com trinta e poucos anos, era fisicamente saudável e, em todo caso, não sofria de nenhuma doença orgânica conhecida. A causa de sua morte foi uma ruptura de aneurisma ou um infarto do miocárdio, ocorrido quando fazia natação na piscina do clube. Faleceu pouco depois de ter sido retirado da piscina.
Estava em tratamento comigo há três anos. Conseguia ter uma vida estruturada, ainda que com certa precariedade, fora dos surtos psicóticos agudos. Estes duravam poucas semanas e não eram freqüentes. Durante as crises ficava superexcitado, hipomaníaco e delirante. Fora delas, conseguia manter-se em seu trabalho e manter um vínculo com a namorada, com quem vivia há bastante tempo. Tivera um destes surtos no mês que precedeu a sua morte. Durante os três meses que eu estivera fora, em função de uma situação pessoal excepcional, ele se mantivera bem, entrando em surto nas vésperas do meu retorno. Recuperou-se em algumas semanas e, por ocasião das sessões a que vou me referir, ele já tinha praticamente saído do surto.
A sua morte ocorreu numa 6ª feira, tendo tido, na véspera, uma última sessão comigo. O conteúdo manifesto do sonho que ele me relata nesta sessão contém elementos que coincidem com as condições em que se deu a sua morte. Há outros elementos associativos ao longo desta sessão em que vejo alusão a um risco de morte, o que lhe digo no final da sessão. Eu tinha anotado esta sessão, no mesmo dia, o que aliás não é algo que eu fizesse regularmente com ele ou com outro paciente; ao contrário, era excepcional que eu anotasse uma sessão.
Anoto que a sessão transcorrera num clima bastante diferente. Ele, neste dia, não deita no divã, senta-se e me olha, muito tranqüilo. Vejo uma pessoa bem composta, quase solene, que me olha, mexendo às vezes no seu cachimbo. Comento algo sobre o cachimbo e ele responde *"que sempre quis fumar cachimbo, que é uma imagem social de dignidade, mas que, até aquele dia, nunca ousara"*.
A *"imagem social de dignidade"* que eu via ali não se limitava ao cachimbo e correspondia a algo novo, inusitado para mim.
Ele faz referência a "um sonho de anteontem" que foi "um acontecimento, uma implosão a partir da qual o mundo mudou. Todo mundo o trata melhor desde então, até eu estou mais afável, pois, pela primeira vez, tomara a iniciativa de falar por primeiro".

Segue-se o relato do sonho:

"*Tinha a terra e a água. Os centauros... não sei por que me fazem pensar na homossexualidade... eles estão na terra. Na água, há um turbilhão, um redemoinho que puxa os peixes para baixo, que puxa tudo para baixo. Sou também pego pelo redemoinho, com os peixes. Alguns morrem e outros voltam para a terra. Eu volto para a terra e escolho viver.*"

Enquanto relata o sonho, levanta-se quando fala do turbilhão, levantando o braço um pouco acima de sua cabeça para mostrar-me a profundidade da água.

Fala em seguida da determinação do psiquiatra para que esteja sempre acompanhado. Mas o pai o deixara, na véspera, ir sozinho ao banco. Diz que isto o deixara "*com menos confiança no pai e em si mesmo, podia ter sido perigoso*". Conta que se pôs a falar com o guarda e, enquanto falava, ocorreu-lhe a idéia de fazer uma brincadeira, que consistia em tocá-lo com os dedos como se fossem a arma de um assaltante. "*Felizmente*", diz ele, "*que me segurei*". Conta depois que na rua teve também o impulso de atacar uma mulher.

Digo-lhe que "*parece querer chamar minha atenção para os perigos que correu quando deixado sozinho nos últimos dias, que correu risco de vida nos últimos dias, como em seu sonho, onde está entre a vida e a morte*".

Estas são as anotações da sessão.

Ao falar-lhe, no final da sessão, do sentimento de perigo, de risco de vida, não faço senão retomar literalmente o que há de mais manifesto tanto em seu sonho como no que dissera de sua ida ao banco. Não deixo de me interrogar, no entanto, sobre a origem e a natureza das percepções que vieram alimentar, como "*restos diurnos*", o sonho: percepção endopsíquica da catástrofe psicótica da qual estava saindo ("*escolhi viver...*") ou, então, percepção-onírica da catástrofe orgânica iminente?

E o que dizer da inquietação que se agitava em mim naqueles dias e da qual tenho notícia através de dois sonhos com ele, sonhos de angústia, nos quais corre perigo: o primeiro na noite que precede a sessão relatada, e o outro na noite seguinte. A impressão deixada pelos sonhos se mantém pela manhã, pois, a cada vez, ao chegar no consultório, anoto o sonho. Nunca foi hábito meu anotar sonhos. Ao primeiro cheguei mesmo a acrescentar, em minhas anotações, uma série de associações, como se houvesse alguma urgência em "*decifrá-lo*" um pouco no estilo do que Freud fez em "*A Interpre-*

tação dos Sonhos", e que nunca fora meu modo de tratar sonhos, meus ou de meus pacientes. O primeiro, véspera de nossa última sessão (a sessão relatada), é longo.

"Vou visitá-lo na prisão. Ao ver-me, abraça-me emocionado, põe a cabeça entre meus braços e chora muito. Sai dizendo que vai fazer algo. Corro atrás, preocupado: penso que ao tentar fugir poderá suicidar-se. Acabo encontrando-o e digo-lhe que se fizer isto — matar-se — a minha visita terá sido a causa, quando o que eu queria era, ao contrário, ajudá-lo. Acalma-se e desiste da idéia. Estou indo embora. Tenho que pegar um elevador mas não sei como fazê-lo. Percebo que estou acorrentado e que todo mundo que entra ali fica acorrentado. Para sair, preciso, como vejo outros fazerem, puxar antes a corrente que sai de trás da cabeça e com ela o escalpelo com um pouco de sangue. É a única maneira. Faço isso e então posso sair."

A preocupação manifesta por minha reputação profissional em caso de suicídio seu e a preocupação com sua crise, elementos manifestos do sonho, não são, é claro, suficientes para dar conta deste: ele tivera outras crises semelhantes e, na ocasião, já estava saindo do surto, e eu não tinha razão para estar preocupado por ele. Ao contrário, foi o sonho que me deixou tomado por uma inquietação difusa, que vai de encontro com o que se passa na sessão.

É com relação a este entrecruzamento dos sonhos (o meu e o dele) que eu evocava antes a afirmação de Freud sobre a dissolução das fronteiras do Eu na *"Unheimliche"*, acrescentando agora ainda uma citação de Freud, tirada do artigo *"Sonho e Ocultismo"*.

"... o único motivo que permite fazer uma aproximação entre sonho e telepatia deve-se ao fato que o sono parece particularmente favorável à recepção da mensagem telepática."

Vou poupar-lhes o relato do segundo sonho meu, feito na noite seguinte: neste, é ele que tem um movimento assassino em relação a mim (resto diurno da *"brincadeira"* com o guarda?), fico assustado, e, diante do meu medo, ele acaba muito assustado com sua loucura.

Limito-me ao relato destes fatos clínicos que abrem, obviamente, para questões sobre o andamento desta análise, as transferências em jogo[2], etc.

No entanto, acho que dificilmente abandonaria a impressão de que interveio no que foi relatado aquilo que Freud chama, de forma sugestiva, de *"transferência de pensamento"*, fenômeno inconsciente em sua natureza e que ele próprio diz ter percebido de maneira inequívoca em sua experiência clínica. A situação analítica favorecendo, segundo Freud, a ocorrência do mesmo.

Talvez pudesse, por enquanto, ficar com a conclusão de W. Granoff e Jean-Michel Rey em seu livro *"O oculto, objeto do pensamento freudiano"*. Para estes autores, o importante não é tanto decidir sobre a existência ou não destes fenômenos, da telepatia em particular, mas sim a questão: *"como algo passa (de um para o outro)?" "Será que algo passa?"*.

Questão importante porque, dizem eles, *"reaparece permanentemente no discurso da inquietação humana"*. Inquietação, inquietante estranheza, *"Unheimliche"*, aquilo que diz respeito à angústia que se encontra à espreita nas bordas incertas do Eu.

---

2. Os meus sonhos, por exemplo, são ricos em elementos que parecem muito significativos, apesar de ter omitido as associações, anotadas na ocasião do primeiro sonho. Observe-se, a propósito, que todas as anotações utilizadas aqui foram feitas antes da ocorrência da morte do paciente.

Sobre "A Construção do Espaço Analítico"[1]

Interrogar-se sobre a natureza do "espaço" criado pelo dispositivo do *setting*, artificioso ao ordenar uma singular bipartição das falas e dos modos de funcionamento psíquico dos dois participantes, e que tem por efeito induzir uma formidável potencialização do que ali é dito ou feito, é interrogar-se sobre o que torna eficaz a interpretação, a construção, a rememoração e a fala associativa no interior deste dispositivo ou, mais precisamente, sobre a natureza do poder, que queremos seja terapêutico do tratamento psicanalítico. Em suma, por meio de que ou em que reside a virtual eficácia de uma psicanálise em suscitar mudanças psíquicas?

As respostas a esta questão oscilam. É o que nos mostra o autor, não só ao longo do tortuoso e torturante percurso de Freud, indo dos Estudos sobre a Histeria até Análise terminável e interminável, como também ao longo dos sucessivos desenvolvimentos de novas tendências no movimento psicanalítico, passando por Ferenczi, Reich, Alexander e Klein: elas têm incidência, ou melhor, estão implícitas na evolução das modalidades técnicas da terapia analítica. Em seu centro, encontra-se o espinhoso e insolúvel problema da transferência.

Abandonada a hipnose, a Psicanálise acalenta o sonho de se conceber como uma técnica terapêutica baseada exclusivamente na decodificação dos sentidos subjacentes à fala do analisando: o analista limitar-se-ia a resgatar, a restituir os fragmentos perdidos ou deformados, por efeito da defesa, de um texto histórico, que se en-

---
1. Resenha do livro "A Construção do Espaço Analítico", de S.Viderman, publicado em português pela ed. Escuta,1990. Esta resenha foi publicada na revista IDE,(21):160-161,1991.

contra substituído por outras representações no sintoma. A crescente importância atribuída à transferência, não só como resistência, mas como essencial ao próprio processo da análise, não modificou esta concepção: representações ligadas à pessoa do analista, por falsa conexão, podiam ser restituídas à fonte (a representação recalcada), pela interpretação da transferência, com a vantagem de se flagrar assim, como que ao vivo, o recalcado, na forma do movimento transferencial.

Ora, a transferência vai se mostrando não totalmente redutível às fantasias e, sob elas, às lembranças de acontecimentos originários, causais. Há algo nela de irredutível à interpretação, de indefinidamente resistente. É nesse sentido que Freud dará ênfase em Além do Princípio do Prazer, "à presença de uma força inercial...", de compulsão de repetição na transferência e falará de construções na análise. A construção visa suprir aquilo que se apresenta como inacessível à rememoração e aos efeitos de suspensão do recalque: a construção é uma hipótese, *invenção* do analista, mas que poderá ser tão eficaz quanto a rememoração, desde que obtenha a convicção do analisando. Alguns analistas, entre os quais Ferenczi e Reich, vão buscar, para além do trabalho com o sentido, a ativação e exacerbação dos afetos e vivências transferenciais como motor do tratamento; deste ponto de vista, o mesmo acontece com Alexander e Rank que, em suas concepções técnicas, visarão sobretudo o "(re)vivido" na análise (com a pessoa do analista) como causa de cura, como experiência reparadora. É o recurso maior, no tratamento, ao que S. *Viderman* chama *"a força"*, inerente ao fenômeno da transferência, em oposição ao "sentido", passível de decodificação. O tema central de sua obra consiste, a meu ver, em pensar a evolução da técnica como oscilação entre estes dois pólos, ambos sempre presentes em qualquer análise.

Embora o autor não faça esta aproximação, penso que as duas balizas podem corresponder às noções lacanianas de imaginário e simbólico, de maneira que a oscilação nas concepções da técnica psicanalítica iriam de uma preocupação constante do analista em desimaginarizar a situação analítica, ao outro extremo, centrado na "relação atual" com a pessoa do analista e que pode chegar a se caracterizar por uma exacerbação imaginária sem recuo. O grande mérito do autor, mas também o mais problemático, está na afirmação de que não é possível eliminar totalmente um dos pólos, que é necessário navegar entre eles, levá-los em conta em nossas reflexões teóricas sobre a técnica e em nosso "fazer" clínico. Em outras palavras, não há uma interpretação que seja da ordem do sentido puro, não há análise sem este lado obscuro da transferência: *"o sentido e a força, escreve Viderman, constituem um par ligado por uma relação de incerteza objetiva que não é imperfeição perceptível da teoria ou da técnica, e isto representa uma das aporias irredutíveis da situação analítica"*.

Chamar a atenção para a "força" na análise é corajoso, pois nos leva a reencontrar o que se acreditava ter ficado para trás: a hipnose e a sugestão. A eficácia de uma interpretação não resulta somente da correção do sentido que veicula, mas também da força que adquire ao ser pronunciada no clima transferencial reinante na sessão. Para dar conta desta "força", do sobreinvestimento das palavras ditas no interior da sessão, o autor não se contenta em evocar a regressão tópica dos pensamentos, favorecida pelo dispositivo analítico, ou a satisfação pulsional que o retorno do recalcado pode encontrar no vivo da sessão; ele recorre à segunda tópica, ao narcisismo e à teoria de Freud sobre a hipnose, para afirmar que "a interpretação encontra o seu impacto e a sua credibilidade" porque o eu, na situação analítica, pode coincidir com o ideal do eu, projetado no analista. Uma aproximação instigante é feita aqui entre a hipnose, o estado amoroso e a transferência.

Ao admitir o fator hipnótico ou sugestivo na análise somos levados a perguntar sobre a fiabilidade, o grau de certeza das descobertas de uma análise e, no limite, das descobertas da Psicanálise. O que se encontra não seria apenas o que ali pusemos com nossas teorias e nossas hipóteses? Questão torturante, presente em Freud, sobretudo em suas crises teóricas mais agudas como no abandono da teoria da sedução ou na época em que escreve o Homem dos Lobos, quando busca uma cena real, tangível, que garanta a objetividade de suas análises (e da Psicanálise). O autor mostra a mesma aplicação que teve Freud para encontrar provas, em refutá-las, indo da realidade da cena primitiva do Homem dos Lobos às interpretações e construções do Homem dos Ratos e do Caso Dora. Viderman parece também desesperar, em negativo, de certezas, interrogando inclusive seqüências tiradas de sua própria clínica.

Ele recusa a idéia de um inconsciente constituído por unidades de sentido articuladas, a serem encontradas na análise, funcionando como um referente direto do trabalho analítico, como garantia de certeza ou de verdade. Ao contrário, a insistência do autor se volta para o caráter de invenção imaginativa do analista nas interpretações; a interpretação criaria aquilo que ela designa, ao se formular: *"não há sentido de comunicação inconsciente fora daquilo pelo que ela passa a existir: a nominação pela palavra que interpreta"*. A ênfase dada por Viderman, na primeira parte do livro, ao caráter totalmente arbitrário da interpretação, foi muito questionada. A formulação do autor de que o que vem do inconsciente *"passa de potência simplesmente virtual, in-forme, ao ato próprio de uma existência formulada"* (na interpretação) pode levar o leitor a se interrogar sobre esta concepção do inconsciente como "potência virtual".

Ou seja, se podemos acompanhar Viderman em sua crítica a um inconsciente concebido como um texto linear, em que se encontram cristalizadas unidades de sentido, temos dificuldade em imaginar um inconsciente como força puramente virtual, tomando existência apenas na forma que lhe é dada pela fala na análise. Ora, nada é mais impressionante na experiência clínica do que o confronto com a tenacidade de certos sintomas, de seu poder em tolher possibilidades de vida que aparentemente nada impede, senão uma invisível, absurda, mas intransponível barreira. É no corpo a corpo com o sintoma, ao ter-se a medida de sua solidez, que podemos avaliar de um lado a eficácia, o poder terapêutico singular da Psicanálise, a nossa "magia lenta"; de outro, seus limites.

Se o inconsciente é virtualidade, se "é conhecimento absolutamente novo criado pela interpretação", de que matéria seria feito, de onde viria a força (formidável!) e a estrutura do sistema neurótico? E se não tivéssemos nenhum referente, nenhum encadeamento de sentido, significante, preexistente à análise, não somente induzido, mas também indutor de que ali toma a forma que lhe vai sendo dada, que também é forma e informador para estas formas, as produções de uma análise seriam simples frutos do arbitrário da imaginação do analista (a supor que a atividade imaginativa deste seja arbitrária) e seus efeitos baseados na sugestão.

Posição extrema da qual, no entanto, o autor acaba se demarcando nos desenvolvimentos ulteriores de seu livro, quando retoma as noções freudianas de traços mnêmicos e de fantasias originárias. A noção de traços mnêmicos remete a uma concepção da memória estilhaçada, múltipla, fragmentar, presente desde o primeiro modelo metapsicológico do inconsciente esboçado por Freud em suas cartas a Fliess e publicado na Interpretação dos Sonhos. Aqui a intuição teórica foi mais longe que a *demarche* clínica, pois ela não justifica a busca *da* cena, *da* lembrança, do Freud dos casos clínicos. O conceito bem mais tardio de fantasias originárias postula uma matriz fundamental na origem das fantasias e que corresponderia a uma memória anterior ao próprio sujeito. Viderman articula assim esses dois conceitos: *"há uma estrutura fantasística originária que fornece um quadro de referências onde os elementos históricos, as associações, as recordações e o vivido transferencial vêm dispor-se de maneira caleidoscópica, na evanescência fugaz do instante em que, na situação analítica, adquirem um sentido, por meio da palavra que a elas conferem".*

Trata-se de um livro vigoroso, muito rico em reflexão e saber, que aborda de maneira frontal, provocante mesmo, alguns problemas fundamentais da clínica psicanalítica. Ao ser publicado, a cerca de 20 anos, na França teve grande repercussão.

A Psicanálise fora do Lugar:

A Banalização dos Conceitos Psicanalíticos[1]

A Psicanálise conheceu, nas últimas duas décadas, uma verdadeira "explosão demográfica" na América do Sul e na França; este fenômeno, hoje em refluxo na França, continua em franca expansão entre nós. Poderíamos interrogar-nos sobre os efeitos e funções desta difusão na vida cultural *sensu latu* e sobre seus efeitos na psicanálise. Preferi, no entanto, dentro do tema proposto, procurar antes avaliar a incidência das "banalizações" sobre as modalidades de práticas clínicas e de conceituação das mesmas.

Num contexto de descrédito crescente da referência estrita a "escolas" e de heterogeneidade de propostas institucionais, quando não "anti-institucionais", de formação, poder-se-ia temer que esta difusão acelerada comportasse o risco de descaracterização da prática psicanalítica. Ora, este risco existe tanto no interior das instituições tradicionais como fora delas, e a multiplicação de formações alternativas pode oferecer condições fecundas que nem sempre vão no sentido de um afrouxamento, mas, ao contrário, por vezes, apresentam um maior rigor no trato das questões teórico-clínicas.

Independente de aspectos institucionais é preciso reconhecer que uma sólida tradição clínica constitui-se num terreno especialmente favorável para o desenvolvimento da Psicanálise, e não estou seguro que, em nosso país, possamos contar hoje com esta retaguarda salutar. Acho, por isso, que pode haver uma certa precipitação na

---

1. Trabalho apresentado em mesa-redonda no XIV Congresso Brasileiro de Psicanálise (Rio de Janeiro, 1993), o tema tendo sido proposto pelos organizadores. Este texto foi publicado na Revista de Psicanálise da Sociedade de Porto Alegre (SPPA), 1(2):61-8, 1994.

autoproclamação, tão ouvida nos últimos anos, de uma "Psicanálise Brasileira".

Na medida, no entanto, em que se desenvolva uma fecunda tradição clínica entre nós, esta terá evidentemente traços de nossas particularidades culturais. E, nesta direção, o convite para uma disposição mais afirmativa, no sentido de nos apoiarmos e de acreditarmos mais no que fazemos e pensamos, e a crítica à importação superficial de modelos cortados de suas fontes de elaboração, precisa ser mantido.

Isto, sem se perder de vista que a psicanálise só pode ter um desenvolvimento conseqüente, aqui como em qualquer lugar, na medida em que estiver inserida às diferentes tendências do movimento psicanalítico como um todo. Vicariar as nossas insuficiências de tradição clínica com iniciativas que criem ocasiões densas e continuadas de reflexão sobre a clínica que efetivamente praticamos, inclusive junto a analistas de lugares com mais tradição, é algo que eu não negligenciaria.

Gostaria, no entanto, de retomar o que dizia sobre o risco de descaracterização da prática psicanalítica, num contexto de rápida expansão da mesma, afirmando que se as garantias institucionais não são uma referência suficiente para assegurar que a psicanálise esteja "no lugar" e não "fora dele", é somente no terreno da interrogação dos conceitos que se poderá refletir sobre a especificidade psicanalítica de um tratamento.

A diversidade de bases conceituais presentes nas diferentes formalizações teóricas da clínica é um complicador para nosso problema. Ao mesmo tempo que representa uma grande reserva potencial de saber, desde que se as entendam não como sistemas estanques e auto-suficientes, mas como podendo ser solicitadas a "trabalhar", para usar a expressão cara a Jean Laplanche, a partir de qualquer um dos conceitos dos demais sistemas. Acredito que cada um dos sistemas dos ditos "avanços teóricos" da psicanálise, comportam, ao lado de seus pontos fortes, pontos fracos, inclinações próprias por onde se dá, em sua difusão, o redesenho caricatural, banalizado, das concepções originais. Tem-se a impressão, aliás, que estes avanços teóricos correspondem, por vezes, a uma reação contra a instalação na prática clínica e teórica de modos estereotipados de pensamento, que empobrecem a uma e a outra.

O analista "sem memória e sem desejo"..., mas sobretudo sem saber prévio, vem substituir o analista que sabia tudo explicar e que não hesitava em fazê-lo, de um certo momento do kleinismo; o Eu, reduzido à condição de lugar de todas as miragens e de fonte permanente de engodo por Lacan, contrapõe-se ao papel central atribuído ao Eu, na época, pela teoria e pela clínica da escola de Psicologia do Ego.

Na história recente, em nossa Sociedade (a de São Paulo), o impacto vivificador do pensamento de W. Bion deu lugar, em seus desdobramentos locais, a uma preocupação quase exclusiva com uma modalidade de defesa que é a intelectualização e a um horror correlato à teoria. O resultado, ao fim de uma década, foi uma sorte de vazio de referências conceituais, complicado por uma certa confusão entre a necessária inventividade do analista na escuta do paciente e na teorização do caso, e a suposição, a meu ver não megalomaníaca mas ingênua, de que qualquer articulação, às vezes pobre e, para usar o termo desta reunião, banal, deva pretender ao estatuto de uma recriação da psicanálise *ex-nihilo,* exigência creditada à criatividade e à liberdade de pensamento do analista.

Os impasses criados por esta evolução preocupou os próprios analistas que encontram na obra de Bion sua referência principal, obra que, paradoxalmente, é altamente elaborada no plano conceitual. A partir daí, continuo a dar minha versão pessoal das coisas, retomou-se, com afinco, a reflexão sobre o lugar da teoria. Foi preciso reconhecer que sem a explicitação de um certo número de conceitos não só não há diálogo possível entre analistas, como, na falta de outra referência que a livre inspiração, ditada pelo "sentir" de cada analista, evoluiu-se para uma prática de contornos evanescentes e para uma diluição empobrecedora do pensamento teórico-clínico. Subjetivismo extremado, em que cada um é suposto ter a sua psicanálise, a sua teoria, numa auto-suficiência que não encontra limites senão no contorno dos narcisismos pessoais ou de grupo.

Se deixarmos de lado o que eu chamaria jocosamente de "psicanálise do sentir", forma de degradação entrópica de um pensamento importante (o de Bion), podemos agora considerar esta espécie de musculação ou de cristalização das formulações conceituais, hoje quase ritualmente criticada e que tem ocorrido na difusão de outra obra de grande envergadura, a de Lacan. O movimento de banalização, neste caso, não se reconhece tanto na simplificação da teoria, mas num penoso descompasso entre as questões formuladas pelo autor, não imediatamente inteligíveis no plano da experiência empírica de cada um, e o tempo, necessariamente lento, para que possam ir fazendo sentido e adquirindo corpo, na prática da clínica. Esta, "a psicanálise intelectual", acaba reencontrando a modalidade da "psicanálise do sentir", aparentemente tão oposta a ela, quando passa a produzir um discurso que, dissociado das interpelações da experiência clínica ou a ela dirigidas, liberado deste lastro, desta inserção umbilical, se põe a gravitar sobre si mesmo, numa circularidade infecunda em que a linguagem não tarda em se desgastar pelo uso repetitivo das mesmas fórmulas.

O que se perde, então, é a "capacidade especulativa/fictícia" dos conceitos metapsicológicos e o que Fédida chamou de capacidade de "loucura conceitual" em que, segundo ele, reside a "atividade clínicotécnica do analista". É preciso, neste caso, poder recuperar a maleabilidade do pensamento e o uso imaginativo dos conceitos, de maneira que se restabeleça a sua função de permitir pensar as singularidades das situações clínicas. O rigor em nosso campo é inseparável da mobilidade imaginativa necessária à formulação do conceito, de maneira que este se mostre portador das potencialidades do pensamento clínico em que se nutre e que é capaz, por sua vez, de inspirar.

A condição para a necessária "loucura conceitual" depende, paradoxalmente, de um esforço sempre renovado de clareza dos conceitos. As transformações imaginativas que se possam imprimir a um conceito supõem e requerem o que chamarei de um princípio de inteligibilidade, operando em seu interior. Freud postula uma exigência de inteligibilidade (a elaboração secundária), operando desde o início no âmago do trabalho do sonho, e não apenas na elaboração da versão final, concatenada, deste. O que chamei de princípio de inteligibilidade no trabalho com os conceitos é algo, para mim, da mesma ordem, sendo, portanto, totalmente distinto do esforço reflexivo deliberado, por vezes compensatório de momentos de dificuldade na escuta, bem como de construções racionalizantes plausíveis, explicativas, que se situam no plano de uma lógica causal. Ora, o próprio *insight* contém uma dimensão de inteligibilidade que nada tem a ver com movimentos defensivos intelectualizantes.

A apropriação de conceitos psicanalíticos passa, porém, em diferentes momentos de acumulação de experiência clínica e teórica, por tempos de compreensão racional, em que são discernidos pelas formulações claras. É aqui que situo o interesse para o psicanalista de trabalhos realizados no âmbito de pesquisas universitárias. Não é a universidade mais um lugar em que a psicanálise está "fora do lugar"? As pesquisas ali desenvolvidas, além do interesse por outros campos do saber, podem também, deste ponto de vista, ter utilidade para o psicanalista, desde que este possa, em seguida, trazê-las para a penumbra movediça que, na mobilidade inventiva de sua escuta, pouco se preocupa com a contradição e com a precariedade fragmentária das construções que esta lhe inspira, podendo inclusive guardar, em relação a elas, uma certa dose de humor.

Espero ter indicado com isso um modo de ver sobre a função do conceito na psicanálise e alguns descaminhos em que esta função vai se perdendo. Quero, agora, retomar o nosso tema de maneira mais circunscrita, considerando estas referências fundamentais que são os conceitos de sexualidade, inconsciente e transferência.

Nietzsche diz em algum lugar que ele produz o trigo, enquanto os outros, no andar de cima, fazem a farinha. As concepções freudianas sobre a sexualidade, expostas nos "Três ensaios" são, sem dúvida, trigo e trigo de boa colheita. A botânica descritiva das condutas sexuais, normais ou patológicas, da sexologia psiquiátrica da época, dá lugar ao conceito de libido, quantidade transformável e deslocável numa gama a priori ilimitada de configurações fantasmáticas e que pode dar conta das mais diversas e sutis cristalizações do desejo sexual. Como sabemos, não só as atividades sexuais, mas toda e qualquer função do corpo, seja a função alimentar, as funções de excreção, o olhar, a voz e mesmo as emoções e os pensamentos, são passíveis de investimento libidinal. Ou seja, estas funções podem se tornar, em seu exercício, lugar de uma fruição equivalente ao prazer sexual, o que supõe uma dimensão fantasmática conflitiva, heterogênea e irredutível à função. Abertura conceitual que permite pensar o fato de que os sintomas neuróticos não incidem apenas sobre as funções sexuais, mas também sobre as não-sexuais: pensemos, por exemplo, na paralisia e na cegueira histérica, na anorexia mental, na inibição intelectual, na sexualização conflitiva do pensamento, na neurose obsessiva.

Este conceito não só cria possibilidades explicativas para a psicogênese dos sintomas, como instrumentaliza a metapsicologia para dar conta da mobilização destes no tratamento psicanalítico, ao introduzir uma dimensão quantitativa, não mais abstrata, como ocorria até então, além do conceito de pulsão, que lhe é correlato.

As pulsões são descritas como circuitos auto-eróticos que impõem uma exigência constante de trabalho psíquico e que respondem pela fixidez, pela tenacidade repetitiva do sintoma. Na autonomia radical que o caracteriza, o sintoma, de fato, impõe-se na experiência do neurótico como um quase-nada, como um grão de areia na engrenagem, refratário à atividade integrativa e elaborativa do Eu. O conceito de pulsão vem reforçar a postulação de uma heterotopia do psiquismo — a de um inconsciente tópico — congruente com o caráter autônomo, inacessível do sintoma, já que é próprio do funcionamento da pulsão ignorar a vocação unitarizante do Eu.

Embora a pessoa sinta uma penosa familiaridade em relação a seu sintoma, pois este já é uma elaboração familiarizante, integrativa, do estranho ao Eu, ele é vivido, na experiência da "miséria neurótica", como impossibilidade, como compulsão, que se impõe de uma forma que lhe é totalmente incompreensível e contra a qual nada pode. É esta inacessibilidade do sintoma à atividade psíquica voluntária do Eu que justifica o conceito de inconsciente, concebido como outro lugar irredutível ao Eu, bem como o de um circuito auto-erótico da pulsão, movido, numa atividade fragmentar, apenas pela busca de satisfação.

Pode-se pensar então o sintoma como tentativa sublimatória fracassada e a análise como uma nova chance dada ao trabalho de sublimação, graças aos efeitos de simbolização que a situação analítica propicia, ao dispor pela reativação transferencial da atualização dos conflitos pulsionais condensados no sintoma. O excelente trabalho de Joel Birman sobre a sublimação nos encorajaria a conceber, desta maneira, a natureza das mudanças terapêuticas propiciadas por uma análise. A concepção de Fédida de que a análise favorece o que ele chama de "instauração do outro no auto do auto-erotismo", formulação que isolada do texto soa hermética, nos coloca na mesma direção.

O que me interessa afirmar aqui é minha opinião de que os conceitos de pulsão e de inconsciente articulados introduzem uma tensão interna, indispensável na concepção do tratamento analítico. A sua negligência abre para um afrouxamento tendencial, tanto no plano da prática clínica como no de sua conceitualização, que vai na direção da restauração da familiaridade própria às relações interpessoais, baseadas, mesmo que o analista guarde uma certa reserva, em qualidades humanas, como a sensibilidade, a empatia, a simpatia pelo sofrimento do outro, a disponibilidade compreensiva e introspectiva, inclusive em relação aos próprios sentimentos, qualidades que são de grande valor na vida e na análise, que podem ser terapêuticas, mas que não são suficientes para assegurar as condições para que um processo analítico ocorra.

Nesta vertente degradativa, a análise passa a ser entendida como "relação entre duas pessoas" e os conceitos de transferência e de contratransferência reduzidos ao que estas possam perceber do que sentem e vivem no "aqui e agora" da interação, excluído o "estrangeiro irredutível" que a permeia. Como conceber a transferência sem supormos o pulsional-inconsciente em sua dimensão atemporal; sem supormos temporalidades subjetivas complexas que, insinuando-se na fala do analisando como indícios insistentes, a escuta do analista, em sua arte, acabará por apreender, Freud diria adivinhar? Como conceber o "aqui e agora" da situação analítica reduzido a uma acepção cronológica do tempo da sessão, sem ver ali a psicanálise transformada numa espécie de exercício de introspecção a dois, numa terapia da relação?

Não é meu propósito aqui questionar as diferentes doutrinas e concepções da análise, pois acredito que os conceitos a que estou dando tanta importância podem encontrar-se nelas formulados em outras linguagens conceituais. O que estou procurando localizar são os pontos por onde podem ocorrer a descaracterização, a banalização da psicanálise, e as formas que esta pode assumir.

Quando a uma fala do analisando o analista responde no mesmo plano, como se se tratasse de uma conversa qualquer, pensaremos que se trata de um momento resistencial do analista, a menos que corresponda, excepcionalmente, a uma intervenção tática. Ora, a banalização neste caso é uma forma de resistência à análise que, aliás, pode ocorrer e ocorre em um momento ou outro de qualquer tratamento psicanalítico.

Algumas formas de banalização mais caricaturais que descrevi não são senão, em última análise, modalidades mais maciças de resistência. Nestas condições há outra coisa no lugar da análise: ela está "fora do lugar"...

Não quero concluir antes de lembrar os desenvolvimentos que a teoria da libido sofreu para dar conta das perturbações na economia narcísica do Eu, a partir, em particular, do estudo das psicoses. Com a introdução do narcisismo, à oposição Eu-pulsão acrescentou-se a oposição libido do Eu-libido de objeto, mas sobretudo a oposição amor-ódio. Esta última é estreitamente ligada à dialética intersubjetiva constitutiva do Eu. O ódio é concebido como originariamente ódio do outro, do que não é Eu, enquanto que o amor é concebido, metapsicologicamente, como uma confluência de pulsões eróticas dessexualizadas e capturadas pelo Eu. Ora, é fácil perceber que o abandono da primeira oposição, Eu-pulsão, pela segunda, amor-ódio, que não é senão um desdobramento da primeira, poderia levar na direção que eu apontava a pouco de uma terapia compreensiva do amor, humana, demasiado humana, ao desconhecer os fundamentos pulsionais do amor e as armadilhas que lhe são próprias, já presentes na gênese intersubjetiva do Eu.

Bibliografia

BIRMAN, J. (1988). "Alquimia no sexual", em "Teoria da prática psicanalítica" (n° 6), Ed. Campus, pp. 65-92.

FÉDIDA, P. (1991). "Nome, figura e memória", Ed. Escuta, p. 46.

MENEZES, L. C. (1991). "Questões sobre o ódio e a destrutividade na metapsicologia freudiana." Revista Percurso, n° 7, pp. 17-23.

PARTE II

A Diversidade de Pensamentos na Psicanálise

Diferentes Teorias, uma Psicanálise[1]

Tanto o convite como a minha aceitação em participar do debate sobre este tema — a multiplicidade da ou na psicanálise — tiveram, sem dúvida, sua origem numa experiência bastante singular da qual fui um dos protagonistas, a cerca de dois anos. Na ocasião, respondendo a uma proposição da Diretoria da Sociedade de Psicanálise de São Paulo reuni-me durante um semestre, uma vez por semana, com dois colegas — um de formação kleiniana e o outro de formação bioniana, enquanto que eu vinha do meio francês. O objetivo era discutir, com base em um trabalho clínico apresentado por mim na Sociedade[2], as nossas diferentes concepções sobre o processo analítico. Desta discussão, evidentemente delicada e laboriosa, ao longo da qual cada um de nós foi levado a escrever textos para explicitar a sua argumentação, pouco foi possível, finalmente, transpor para o "relatório" que tínhamos de apresentar em um congresso[3] e no qual avançávamos, com base nesta experiência, algumas reflexões sobre os nossos diferentes enfoques teórico-clínicos.

O leitor de hoje não ficaria surpreso se, lendo este relatório, encontrasse modos de ver e linguagens teóricas muito distintas (Junqueira, Filho; Menezes & Meyer, 1988). No trabalho, objeto de nossa discussão, não teria dificuldade em encontrar, na minha com-

---

1. Trabalho apresentado no VIII Fórum Internacional de Debates, no Rio de Janeiro, em 10-14 de outubro de1989 e publicado na revista IDE (20) 50-54,1991.

2. Trabalho apresentado na Sociedade Brasileira de Psicanálise de São Paulo em dezembro de 1985, intitulado A histeria e o feminino - um caso clínico.

3. Relatório apresentado no XI Congresso Brasileiro de Psicanálise, em Gramado-RS, 1987.

preensão clínica do caso, a presença de uma certa temática edípica, mesmo quando o material mostra-se rico em conteúdos pré-genitais. Já o colega kleiniano, Luiz Meyer, encontra algo bem diferente. Num escrito seu (não publicado), quase tão longo quanto o trabalho original, este é submetido a uma espécie de reinterpretação bastante completa, fina e engenhosa, nos termos da teoria da relação de objeto, onde ele põe em evidência angústias arcaicas e defesas correspondentes.

Para o colega kleiniano são estas angústias que estão em primeiro plano no material dos primeiros tempos da análise relatada. E, em sua argumentação, as questões ligadas à sexualidade, à diferença dos sexos e ao complexo de Édipo emergem já tardiamente como resultados do processo analítico, num momento em que tanto o ego como o objeto já se encontram mais integrados face às angústias paranóides dominantes no início.

O colega de formação bioniana, Luiz Carlos U. Junqueira Filho, objeta que considerei a identidade sexual como um fim em si, enquanto que para ele este é um "meio através do qual todo indivíduo procura explorar e consolidar sua identidade global". Resulta que a questão da identidade sexual e da diferença dos sexos apresenta-se como irrelevante do ponto de vista de suas concepções teóricas, mais voltadas para os "mecanismos psíquicos básicos a serem enfrentados por todo ser humano no decurso de seu desenvolvimento, independentemente de seu sexo".

Tendo em vista pois estes "mecanismos psíquicos básicos", a diferença dos sexos "não constitui, de per si, fator determinante de poderosas experiências emocionais como nos sugere a extensa preocupação freudiana com o elemento incestuoso do Complexo de Édipo". Este fator determinante encontrar-se-ia no que Junqueira chama, baseado em Bion, de "dinâmica da inclusão-exclusão", concepção que o colega ilustra no comentário de um fragmento do material clínico e numa reinterpretação do mito de Édipo. De toda maneira, fica claro que para ele o que se chama de complexo de Édipo não designa senão uma "configuração emocional", a qual "encerra outras dinâmicas importantes além da sexual".

O que se revela assim é, pois, algo já sabido: temas centrais para a Psicanálise, ao menos a dos inícios, como o conflito intrapsíquico envolvendo as pulsões sexuais, a questão da sexuação e do complexo de Édipo, passaram a ter um peso bem menor, tornando-se objeto de concepções bastante distintas das originais em certos desenvolvimentos ocorridos em nosso campo. Ora, o que me interessa aqui não é retomar as afirmações divergentes mencionadas anteriormente, embora sabendo que cada uma delas pressupõe uma rica rede de concepções à deriva, parte submersa do iceberg, e que mereceria ser explorada na sutileza dos contextos clínicos e teóricos em que foi formulada, quer por Freud e os pioneiros, quer por Klein, quer, mais recentemente, por Bion. Outra coisa ainda é o que cada um de nós (no caso, os três debatedores) consegue fazer com estes pensamentos quando confrontado com uma reflexão teórico-clínica em torno de um caso. Para o que me interessa aqui tomarei, no entanto, a direção contrária à do exame das divergências. O que acabo de expor poderia, com efeito, ser tomado como argumento em favor da opinião, hoje insistente em nosso meio, sobre a incomunicabilidade ("incomensurabilidade") entre as várias teorias ou escolas psicanalíticas, dada a diversidade radical dos pressupostos teóricos e clínicos, a multiplicidade de sistemas conceituais e dos enfoques próprios a cada uma delas. Estes pressupostos têm sido chamados de "paradigmas", expressão usada por Thomas S. Khun, um físico e historiador das ciências, para designar "realizações científicas universalmente reconhecidas que, durante algum tempo, fornecem problemas e soluções modelares para uma comunidade de praticantes de uma ciência"(Khun, 1962). Deixo para os epistemologistas a velha e interessante questão sobre o estatuto científico da Psicanálise, questão que está longe de encontrar unanimidade entre estes, razão pela qual talvez conviesse que uma noção como a de "paradigma", na acepção de Khun, devesse ser usada com prudência e flexibilidade para pensar a diversidade de teorias da Psicanálise[4].

Apesar das aparências em contrário, penso que a experiência relatada contradiz a opinião de que "há várias psicanálises". De fato, o que nela me chama mais atenção é que, para além da diversidade de linguagens teóricas dos interlocutores, todos eles — o autor do trabalho evidentemente, mas também os outros dois, implícita ou explicitamente — não deixaram de reconhecer no caso relatado a descrição de um processo psicanalítico, as diferenças fundamentais aparecendo nas maneiras de dar conta teoricamente do tratamento. O que se impõe, portanto, em toda a sua estranheza é a conclusão de que um

---

[4]. Hélio S. Amâncio, em trabalho apresentado à Sociedade de Psicanálise de São Paulo, afirma que não é adequado falar de paradigma em psicanálise, e sim em pré-paradigma. Sobre a cientificidade da psicanálise, remeto o leitor ao meu texto A idéia de progresso em Psicanálise, na página 99 deste livro.

tratamento psicanalítico conduzido e relatado por um analista pode ser considerado como tal por outro analista, ainda que este tenha concepções muito diferentes sobre o que seja um processo analítico, assim como pressupostos metapsicológicos bastante distintos do primeiro. Nem mesmo a idéia, ditada pelo bom senso e por um certo espírito conciliador, de que o analista de cada escola "trabalharia" com um aspecto da mente, como se fosse uma área geográfica distinta, não encontra respaldo em nossa experiência. Se assim fosse, cada um dos colegas poderia até ter aceito que certas mudanças tivessem ocorrido na paciente, mas teriam ressaltado que nada havia se passado no nível previsto por seus parâmetros teóricos da clínica e que, portanto, a rigor, de seu ponto de vista, não poderiam considerar como psicanalítico o tratamento relatado.

Tal não foi o enfoque do colega kleiniano, que descreveu com riqueza de detalhes as progressivas transformações intrapsíquicas (do mundo interior) ocorridas ao longo do processo, nem do colega de formação bioniana que concluiu como segue uma de suas discussões críticas do caso clínico:

"Sou levado a acreditar que o trabalho analítico ajudou a paciente a elaborar suas angústias de exclusão em relação à parelha parental promovendo um equacionamento de seus conflitos edípicos e liberando-a para investigar e desenvolver a sua própria sexualidade. Esta tarefa parece ter contribuído para um estabelecimento global de sua identidade, permitindo até que ela se sentisse amadurecida para a maternidade. Neste momento, a paciente instala, a meu ver, os princípios de uma capacidade para pensar"; e, um pouco adiante, "minha experiência analítica tem me demonstrado que

> *a dinâmica de inclusão-exclusão subjacente aos processos de pensamento só se torna eficaz depois de ser testada com êxito nas funções alimentar e sexual. Como o trabalho (sobre o caso clínico) termina mencionando a função do pensar quase como um coroamento ao equacionamento dos conflitos anais, sexuais e orais, creio que ele se qualifica plenamente como um processo analítico bem-sucedido".*[5]

---

5. Texto inédito de Luiz Carlos Uchôa Junqueira Filho, escrito no decorrer de nosso trabalho.

Não é preciso mencionar que, obviamente, os colegas poderão ter tido restrições ou críticas de toda ordem, muitas delas discutidas entre nós[6], mas o que interessa ressaltar aqui é a constatação de uma certa comunidade possível na discussão clínica apesar das diferenças radicais, complexas e aparentemente intransponíveis — tanto mais intransponíveis, aliás, quanto menos conhecemos nossas próprias teorias[7]. Em suma, a experiência relatada é compatível com a idéia de uma unidade fundamental da Psicanálise como prática terapêutica específica.

Unidade que não encoraja, do meu ponto de vista, nenhuma espécie de laxismo em relação às exigências de pensamento na reflexão dos psicanalistas, quer procedam diretamente da clínica, quer da teoria; a unidade do campo psicanalítico, ao contrário, é a condição para que esta reflexão não se detenha demasiado cedo sob o pretexto de ter chegado às fronteiras de alguma "escola", em que a questão "já esteja bem resolvida" ou em que "não faça sentido".

Retomo agora, de outro ângulo, a minha argumentação. Vou referir-me a outro trabalho, apresentado em recente congresso, e que se propõe a mostrar justamente que a idéia de que "na clínica nos encontramos" é uma ilusão de ótica (Sousa & Francisco, 1989). Para provar isto, os autores realizam um exercício, já praticado antes por outros em relação ao caso Dora e ao Homem dos Lobos e, agora, aplicado ao Homem dos Ratos: trata-se, para estes autores, de definir e comparar "os paradigmas" que orientam a escuta de Freud e os que orientam a escuta de um kleiniano, no caso, D. Meltzer, e a de um lacaniano, O. Mosotta. Os autores concluem que embora nas três interpretações do caso o tema dos ratos seja referido ao pai, em cada uma trata-se de um "pai" bem distinto:

— "o pai de Freud é o pai castrador";

— "o de Klein é o pai-pênis que destrói o interior da mãe";

— "o de Lacan é o pai que assinala com firmeza a marca da castração".

Vejamos a primeira oposição, Freud e Klein. Os autores do trabalho afirmam que Freud privilegia a história do paciente, em particular naquilo que se refere à sua sexualidade (infantil), enquanto

---

6. Não é preciso lembrar que analistas da mesma "escola", ao considerar trabalhos de colegas seus, podem também ser levados a fazer críticas e restrições aos mesmos.

7. Noto, a propósito, que supervisões feitas com analistas de horizontes diferentes podem ser úteis e produzir "efeitos de supervisão" no supervisionado, como nos mostra a experiência. A sensibilidade clínica do analista se exerce através de seus referenciais (como se diz) e, às vezes, apesar deles.

que o psicanalista kleiniano enfatiza a ambivalência, a onipotência, a angústia, o temor da retaliação (angústias persecutórias); o conflito não é como para Freud com a sexualidade, e sim com a pulsão de morte, entendida como destrutividade.

Numa leitura mais atenta deste texto — o Homem dos Ratos — não é difícil perceber que Freud, de fato, tem em mente o modelo do desejo sexual e do pai interditor, castrador, mas o que mais o impressiona na análise deste paciente obsessivo é a intensa ambivalência afetiva em relação ao objeto e cuja fonte é o que Freud chama de "ódio inconsciente".

Freud, no texto, confessa-se perplexo diante desta estranha configuração afetiva em que no centro do conflito intrapsíquico se encontra uma tendência hostil; tenta ali uma solução provisória para o que chama de obscuro "componente negativo do amor", postulando que haveria um componente sádico da libido, muito precocemente desenvolvido. O problema continua a trabalhá-lo. Em 1913, é levado a postular uma fase pré-genital da libido, dominada pelo sadismo (fase sádico-anal); na mesma época, em Totem e Tabu, afirma que a origem do tabu encontra-se no mesmo terreno da neurose obsessiva, qual seja o da ambivalência, detendo-se na descrição do mecanismo de projeção pelo qual o ódio inconsciente (impulso de matar) projetado é a fonte do temor de retaliação, em particular, no tabu dos mortos.

O tabu seria então o precursor da consciência moral, cujas raízes encontram-se na luta contra a tendência que visa a morte do outro. Freud dá, neste texto, grande importância à angústia que impregna a consciência moral, afirmando que esta é, antes de mais nada, uma "consciência angustiada", e à culpabilidade que se encontra em seu centro. Em 1915, em Pulsões e suas Vicissitudes, Freud continua o esforço para cernir, em bases metapsicológicas, o ódio inconsciente. Neste trabalho, conclui que o ódio, em sua natureza, tem pouco a ver com a sexualidade, encontrando-se do lado das pulsões de autoconservação do ego. O problema encontra novos desenvolvimentos com a temática da pulsão de morte, assimilada por M. Klein como expressão da pulsão de destruição e, em o Ego e o Id, na importância dada à instância chamada de superego.

Este rápido sobrevôo nos permite ver em O Homem dos Ratos o Freud da etiologia sexual infantil das neuroses, levado a confrontar seus pressupostos teóricos sobre as psiconeuroses de defesa com o que encontra no trabalho clínico de um caso de neurose obsessiva, ou seja, a ambivalência e o ódio inconsciente ao pai e que constitui, no dizer de Freud, o eixo desta análise (e não "o pai que castra"). No texto, portanto, Freud se detém no que lhe é revelado pela análise do caso: a onipotência do pensamento, o conflito centrado na "destrutividade" (o sadismo precoce) e a angústia moral, assim como em desenvolvimentos posteriores sobre a neurose obsessiva e o tabu, no temor da retaliação a partir das tendências assassinas projetadas e na intensa angústia a elas ligadas (Totem e Tabu).

Penso, pois, que a oposição entre uma interpretação freudiana e uma interpretação kleiniana do mesmo "caso clínico", como compreensões radicalmente distintas, totalmente heterogêneas, não se sustentaria diante de um exame mais cuidadoso do pensamento do autor.

Alguns elementos de leitura, sumariamente indicados aqui, já são suficientes, creio, para mostrar um pensamento (o de Freud) às voltas com achados clínicos complexos que requerem reelaborações ao nível dos modelos metapsicológicos. Negligenciar estes movimentos e pontos de tensão nos reduziria a idéias feitas sobre "o que pensou Freud", numa leitura empobrecida, que só encontraria aquilo que, de antemão, se acredita que ali se encontra.

O que sobressai, então, como o "paradigma freudiano" não é senão, penso eu, um artefato, em que o pensamento clínico do autor é imobilizado numa visão esquemática, em que se perde a evolução do problema (no caso, o sadismo) e seus desdobramentos contraditórios, que introduzem uma certa heterogeneidade no interior da própria obra. Como é a partir destes desenvolvimentos que o problema foi retomado por M. Klein, não levá-los em conta seria impedir-se qualquer possibilidade de trânsito entre uma obra e outra[8].

A distância entre o "pai" de Freud e o de Lacan talvez seja um pouco menor, mas merece também algum comentário. A idéia do ódio contra o pai castrador, obstáculo à satisfação de desejos sexuais, como já disse, está sem dúvida presente para Freud em "O Homem dos Ratos", sendo, no entanto, insuficiente para dar conta do intenso amor pelo pai que em sua forma consciente é explicável como formação reativa ao ódio inconsciente, mas que também se revelara como tendência inconsciente, já na primeira sessão, em que Freud reconhece, nas associações do paciente, "elementos de homossexualidade".

Esta tendência "amorosa" em relação ao pai vai tornar-se muito

---

8. É verdade que no caso publicado Freud pouco teoriza sobre a relação à mãe ou ao corpo materno. Ponto que tem sido sublinhado também por autores não-kleinianos (9,10).

viva na transferência, aparecendo como uma sorte de busca do pai[9]. Freud interroga-se sobre os dois pares, amor e ódio pelo objeto, e inclinações "homo" e "heterossexuais", afirmando que independem um do outro. Chega-se aqui a um outro ponto problemático, incompreensível no esquema simples do pai odiado por ser interditor, já que fica evidente neste paciente, ao contrário, um insistente, irado, apelo a um pai que é, ao mesmo tempo, o "pai castrador". A resposta lacaniana de que o pai buscado é o "pai que assegura com firmeza a marca da castração, resposta que naturalmente se insere num sistema teórico próprio, não é pois, de maneira nenhuma, estrangeira ao "complexo paterno" do Homem dos Ratos descrito por Freud.

O argumento empírico da experiência relatada inicialmente impõe-se, creio eu, de per si, enquanto que a discussão em torno das questões suscitadas pelo texto do "Homem dos Ratos" exigiria, para ser mais probante, um seguimento cuidadoso e não apenas as indicações que me foram possíveis dar, nos limites deste trabalho, dos problemas postos à teoria psicanalítica pelo caso (o sadismo e o complexo paterno, por exemplo). Dado que foi meu propósito aqui insistir nas raízes comuns à teoria psicanalítica, não gostaria de deixar a impressão equivocada de que penso as teorias de Klein ou de Lacan como simples prolongamento das teorias freudianas, numa espécie de redução grosseira de umas às outras.

Creio que temos interesse não em minimizar diferenças e contradições, mas, ao contrário, pô-las a nu e segui-las nos sucessivos desenvolvimentos teóricos, inclusive no interior do pensamento de um mesmo autor. O aplainamento dos relevos, dos pontos de tensão, teria por efeito transformar a teoria psicanalítica em esquemas explicativos, fechados sobre si mesmos, cômodos para fins didáticos mas de pouco valor, quando não nocivos, para o enriquecimento e a liberdade do pensamento clínico dos psicanalistas.

Tais esquemas explicativos, simplificados até a caricatura e que têm sido inventariados sob o nome de "paradigmas", como organizadores seletivos do que o analista ouve daquilo que o paciente diz, correspondem, em minha opinião, à versão mais acabada de uma espécie de psicanalista-robô, com um formato próprio para cada "escola". Penso que tais psicanalistas não existem e, quando existem, não estão podendo ser psicanalistas; acredito que ao aderirem a tais

---

9. Posto (o pai), curiosamente, no mesmo plano que "a dama", o que contraria ou complica o esquema do pai castrador, em que a dama seria o objeto sexual e o pai o interditor.

ou quais modelos só conseguirão ser analistas na escuta singular de um paciente, na justa medida em que esta adesão contiver falhas, ainda que, eventualmente, contra a própria intenção do analista.

Sobre a pergunta — "na clínica nos encontramos?" — creio que não há nenhuma chance para que isto ocorra com o psicanalista-do-paradigma, nem de encontro com outro analista, nem com seu paciente; a única chance de encontro será com outro psicanalista-do-seu-paradigma.

Parece-me, em suma, que, se quisermos afirmar que há "várias psicanálises", não deveríamos esquecer de mencionar que também em Freud já há "várias psicanálises". Prefiro pensar a unidade do campo psicanalítico como campo heterogêneo que incita os psicanalistas a conviverem com as obscuridades, as ambigüidades, as conceituações aproximadas que seu objeto exige, deixando funcionar de maneira produtiva as incertezas. Face a estas, podemos, é verdade, ficar tentados a substituir o conforto, que hoje se tende a abandonar, da opção por "uma escola" (em geral, em sua versão local) pela busca precipitada de uma pseudo-clarificação, baseada num inventário ordenador das idéias e conceitos produzidos em diferentes horizontes da Psicanálise. Isto seria uma perda, pois difundidos nesta forma pasteurizada pouco deixariam para o trabalho instigante pelas diferenças nos sistemas de pensamento, diferenças que constituem justamente a riqueza potencial de nosso campo. A cada um de ir fazendo nele o seu caminho pessoal.

Bibliografia

BERNARDI, R. E. El poder de las teorias (El papel de los determinantes paradigmáticos en la comprensión psicoanalítica). Artigo citado pelos autores do trabalho sobre "O Homem dos Ratos".

GEAHCHAN, D. "La Mère comme figure du destin", na revista Études Freudiennes 15/16, pp. 55-57, Ed. Denöel.

HAWELKA, E. R. & HAWELKA, P. "L'homme aux rats — Journal d'une Analyse", Ed. Presses Universitaires de France (PUF), (1974).

JUNQUEIRA FILHO, LUIZ CARLOS; MENEZES, LUIS CARLOS & MEYER, LUIZ. Relatório da Sociedade Brasileira de Psicanálise de São Paulo. Revista Brasileira de Psicanálise, v. XXII, n.1, 1988, p. 91.

KHUN, T. S. 1962 "A estrutura das revoluções científicas". Ed Perspectiva, p. 13.

MASOTTA, O. Considerações sobre o pai em "el Hombre de las Ratas", em "El Hombre de las Ratas (Los Casos de Sigmund Freud 3)". Ed. Nueva Visión, B. Aires (1973) pp. 87-104.

MELTZER, D. "O Homem dos Ratos", em "Desenvolvimento Clínico de Freud". Ed. Escuta, 1989, pp. 85-94.

MENEZES, L. C. "O Homem dos Ratos e a questão do pai", no volume citado do 12° Congresso Brasileiro de Psicanálise.

SCHKOLNIK, F. "Acerca del concepto de curación". Rev. Uruguaya Psicoanal. 64, pp. 70-80.

SOUSA, PAULO LUIS ROSA & FRANCISCO, BRUNO SALÉSIO DA SILVA. 1989 "Paul Lorenz e a fantasia dos ratos: a clínica e os paradigmas." Este texto encontra-se no volume intitulado "Psicanálise: A Clínica", pp. 25 a 42. O volume foi publicado nos anais do XII Congresso Brasileiro de Psicanálise, Rio de Janeiro, 7-10 de setembro de 1989.

A Psicanálise na França: Uma "Escola Francesa"?[1]

É crescente o interesse em nosso meio pelo que se tem chamado de escola ou linha francesa de psicanálise, não sem uma certa hesitação. Sabe-se que não se trata exatamente dos seguidores de Jacques Lacan — os lacanianos, mas como então caracterizar os representantes desta "escola", dado que a única doutrina psicanalítica produzida na França foi a de Lacan? Esta contradição reflete bem uma ambiguidade que permeia não só a história, como também a natureza da produção psicanalítica francesa, qual seja a da complicada relação a Lacan, pessoa e obra.

Toda uma geração de analistas passou pelo divã do mestre, nos anos 1950-60, participando com grande elã dos seminários em que Lacan dava forma à sua doutrina. Em suas mãos, a já empoeirada obra de S. Freud ressurgia com uma acuidade, uma fineza de contornos e um alcance inesperados. Lacan faz a "sua" leitura da obra fundadora da psicanálise e, inspirado nela, pretendendo restabelecê-la em seu espírito, constrói a sua própria teoria.

Naquele momento, encontravam-se em torno de Lacan nomes hoje conhecidos como o de S. Leclaire, J. Laplanche, D. Anzieu, W. Grannof, J-B Pontalis, D. Widlöcher, O. Mannoni, G. Rosolato, V. Smirnoff, F. Perrier, para citar alguns. Com exceção de Leclaire e de Mannoni, todos, por ocasião de turbulentos processos de cisão (1953, 1963, 1969), acabarão afastando-se do mestre. Não pretendo entrar aqui nos meandros destes episódios em que, sob a fachada de rivalidades internas pelo poder, sem dúvida existentes, e de questões

---
1. Publicado na Revista Ensaios nº 1, 1988.

de grande interesse, ligadas a um longo processo de intervenção no cenário francês de uma comissão da Associação Internacional (IPA), que concluía pela necessidade de cessar a participação de Lacan na formação analítica, o que antes de mais nada estava em jogo, e de maneira aguda, era, para os discípulos, a questão crucial da relação ao mestre, ao seu nome e ao seu ensino.

O grande homem é, no caso, um personagem apaixonado, ciumento de sua doutrina, ostensivamente sedutor e que suporta mal a rebeldia de seus seguidores. A estes, o desafio de encontrar um caminho próprio, de desenvolver os seus objetos de interesse e de encontrar um estilo pessoal para pensar a clínica e a teoria. Procuram destacar-se da influência, sentida como siderante, do pensamento de Lacan, ao mesmo tempo que se deixam trabalhar, como podem, pelas marcas deixadas após a relação rompida com o antigo analista e mestre. Em 1979, quase 15 anos após a grande cisão, elas ainda estão presentes, como constata P. Fédida, em um texto sobre o "retorno a Freud":

"... nós ficamos hoje descontentes ao descobrir que o 'retorno a Freud' é prisioneiro das identificações imaginárias, positivas ou negativas, que Lacan suscitou sobre o seu próprio nome". (Fédida, 1979)

E, cerca de 25 anos depois, é assim que J-B Pontalis evoca o clima dos seminários de Lacan ("éramos uns cem"):
"Do lado do auditório: a paixão dos começos, a certeza de combater pela causa analítica — aquela que devem ter conhecido os pioneiros 'eleitos' de Freud — o sentimento, vivo e mobilizador, de assistir e de participar na elaboração, semana após semana, de uma teoria enfim digna de seu objeto...". (Pontais, 1979)

No entanto, algumas linhas acima, fala de Lacan como de um "mestre de linguagem" ("maître à langage"), que sabia utilizar-se de múltiplos recursos, como a "arte para utilizar as molas da transferência e do amor", uma "cultura incomparável", "o gênio da mise-en-scène", para assegurar a posição de mestre e para *"tornar, a qualquer preço, o outro... lacaniano, para fazê-lo falar na sua língua estrangeira"*.

O ex-aluno parece evocar, quase com nostalgia, o Lacan fonte de um poderoso movimento de renovação na psicanálise para em seguida estabelecer uma brutal restrição: junto a ele, só era possível falar a sua língua, pensar o que ele pensava. De maneira que *"o que fora, num primeiro tempo, a palavra de ordem de 'retorno a*

Freud' devia quase necessariamente conduzir a uma ida, no mais das vezes sem retorno, em direção a Lacan...", acrescenta, ferino, Pontalis (2).

O anedótico do desabafo do ex-aluno não nos deve esconder que o risco da "ida sem volta', isto é, das identificações alienantes, do mimetismo, da satelização do pensamento, é, na verdade, um risco mais geral, próprio à análise e, em especial, à análise de analistas, verdadeiro efeito colateral ("efeito hipnótico"), que se apresenta como o problema essencial na transmissão da psicanálise, com repercussões no funcionamento do saber e do poder (costumam ir juntos, no caso) dentro das associações e grupos de psicanalistas.

Os analistas franceses viram-se assim confrontados a este problema específico de nossa "ciência", de que os pontos de vista teóricos, o poder de discernimento e de julgamento do psicanalista são afetados por "restos" transferenciais dirigidos à pessoa do ex-analista, a tal supervisor ou/e a um grande nome como Freud, Klein ou Lacan. É certo que ninguém escapa inteiramente destes efeitos, a não ser, paulatinamente, ao longo de um percurso pessoal, necessariamente lento, laborioso, incerto e que constitui um verdadeiro prosseguimento de análise. O lugar desta é a atividade clínica do analista e também as discussões com colegas, a leitura e escrita de textos, que são momentos propiciadores de efeitos de análise, embora ao mesmo tempo, é verdade, ocasiões por excelência de resistência a ela.

É neste sentido que o que chamamos pelo nome, talvez impróprio, de "escola francesa" testemunha, em sua heterogeneidade, o trabalho de pensamento através do qual a nata de uma geração procurou constituir uma identidade de analista, tentando escapar tanto à sedução da verdade revelada pelo mestre, como à forma da transmissão estandartizada pelos modelos escolares dos regulamentos da IPA. Não é de surpreender, pois, que ela se caracterize por uma grande sensibilidade para o problema da formação do analista (todas as cisões giraram em torno deste tema), assim como para as questões correlatas da "autorização do analista" e de sua inserção na instituição de pertinência.

O conforto mútuo encontrado dentro das sociedades e grupos na identificação aos pares (ao ideal comum), na certeza das premissas teóricas e clínicas partilhadas às vezes até a estereotipia, ou a identificação à pessoa de um mestre e de seu ensino, são muletas das quais não podemos prescindir, a não ser em alguns momentos, por vezes, quando então... somos analistas.

Reconhecemos em afirmações deste tipo, que hoje soam com certa familiaridade, ecos do movimento francês. Para eles, o problema da formação não era uma preocupação acessória, uma questão de método de ensino ou de pedagogia da psicanálise, mas decorrência da concepção, forjada no bojo do "retorno a Freud" (ou... de Freud), *da função do ego na análise e, de uma teoria do inconsciente,* que não deixava margem para áreas do funcionamento do analista e da análise que pudessem estar preservadas dos efeitos do inconsciente.

Vale situar o contexto em que se desencadeia este vigoroso movimento de renovação teórica nos anos 50 e que pretende recentrar a prática analítica numa clínica do inconsciente. Neutralização, amortecimento da descoberta freudiana, que comprometia não só a prática da clínica, como a elaboração teórica, a transmissão e a gestão institucional, burocratizada, da coisa analítica. A perspectiva é polêmica, quase guerreira, e os grandes vilões são a "Psicologia do ego", corrente em franco desenvolvimento nos Estados Unidos[2], e o funcionamento da Associação Internacional (IPA), dominada pelos americanos e ingleses. A corrente da Psicologia do ego, depositária de uma ortodoxia freudiana, caucionada pela pessoa e obra de Anna Freud, impõe-se nos Estados Unidos em oposição às tendências heterodoxas de F. Alexander em Chicago, dos culturalistas, praticamente em ruptura com a psicanálise (E. Fromm, K. Horney, H. Sullivan), ou ainda W. Reich em sua última fase. Em Londres, os tempos revolucionários parecem ter passado para os kleinianos, alguns anos antes ameaçados de expulsão da Sociedade Britânica, mas que evoluem agora para um momento dogmático de sua história[3]. Na França, a Sociedade Psicanalítica de Paris (SPP) e seu Instituto, dirigidos por S. Nacht após a cisão de 1953, são vistos como uma extensão da psicanálise anglo-americana da IPA, sendo igualmente visados por Lacan.

> *"A Associação Psicanalítica Internacional encarnava, aos olhos de Lacan, ao mesmo tempo, a ego psychology, o american way of life, o final feliz e o amor genital"*, escreve V. Smirnoff. (Smirnoff, 1979)

---

2. Um de seus principais animadores é R. Loewenstein que viveu em Paris entre as duas guerras, tendo sido analista de Lacan e um dos fundadores da Sociedade Psicanalítica de Paris, em 1927.

3. "As cisões francesas dão prosseguimento às batalhas inglesas. Apesar da profunda diferença teórica das duas *demarches*, a aventura lacaniana está ligada ao acontecimento kleiniano. Há uma continuidade histórica entre os dois movimentos, dos quais um é a antecipação do outro, seu prelúdio", afirma E. Roudinesco em sua "Histoire de la Psychanalyse em France", v., I, p. 159, (Ed. Seuil).

A corrente da Psicologia do ego, orientada por objetivos adaptativos, é criticada por focalizar a análise no funcionamento do ego, utilizando-se da técnica dita de "análise das resistências"[4]. Trata-se de fortalecer o ego que poderá gozar de uma certa autonomia em relação ao inconsciente (o "ego autônomo"). Lacan começa por destituir o ego desta posição central, retomando a sua teoria do "estádio do espelho", momento paradigmático da constituição do ego no qual o sujeito encontra, pela primeira vez, em sua imagem refletida, a unidade das tendências discordantes, anárquicas, dissociadas que o habitam, e confunde-se com esta imagem unitarisante. Semente do ego que, no entanto, nunca escapará a uma dialética desta natureza, na qual o sujeito se toma por um outro, objetivando-se em sua própria imagem.

De maneira que, quando o sujeito, ao se buscar numa fala compulsiva sobre si mesmo, desenhando interminavelmente um auto-retrato introspectivo através do qual espera encontrar uma unidade imaginária, sem falhas, que coincida com ele-mesmo, está girando, ao infinito, no vazio alienante de uma busca destituída de qualquer momento possível de verdade. O ego é pois uma ficção unitarisante, objetivada em um discurso *sobre* si-mesmo, *sobre* "o que sou", *sobre* "o que quero". *"Literalmente, o ego é um objeto — um objeto que preenche uma certa função que nós chamamos aqui função imaginária"*, diz Lacan. (Lacan, 1953)

Se o analista situar-se ao nível do ego em sua escuta, isto é, ao nível desta fala sobre si mesmo em que o analisando procura encontrar-se (na mise-en-scène de si-mesmo, de seus mitos, de sua história), ele ficará surdo ao "eu do discurso", ao "sujeito do inconsciente", enrolando-se com o paciente nas pregas desta atividade imaginária, indefinidamente resistencial ao advento da "verdade do sujeito", da emergência disruptiva e insólita do desejo inconsciente. É indispensável, pois, para que haja escuta do inconsciente, que o analista não pense que "o ego do sujeito seja idêntico à presença que lhe fala". (Lacan, 1953)

Do "fortalecimento do ego" à "subversão do sujeito", a reviravolta é radical: singular retorno a Freud, que consiste em levar ao extremo o sentido de sua obra, toda ela construída sobre o postulado de uma heterogeneidade, de uma diferença fundamental entre o ego e o inconsciente.

Lacan reconhece que a lógica freudiana traz consigo a tentação objetivante, mas pensa que se isto ocorre é porque se toma o

---

[4]. Uma discussão crítica desta técnica poderá ser encontrada no artigo de G. Rosolato "L'analyse des résistances" na Nouvelle Revue de Psychanalyse, n. 20 (1979).

ego, o id e o superego, esquecendo que o postulado destas instâncias estava subordinado, em Freud, à metapsicologia elaborada por ele, na mesma época. (5)

Esta polêmica se resume bem na conhecida crítica de Lacan à tradução de uma frase de Freud, ao final de um texto de 1932, denominado "A decomposição da personalidade psíquica". A frase em alemão "Wo Es war, soll Ich werden" fora traduzida para o francês por A. Berman, em 1936, como "O ego deve desalojar o id". Com a tradução de Lacan, revela-se um sentido bem diferente, em que se restabelece, digamos, a primazia do inconsciente: "onde id estava, eu deve vir a ser"[5] (Lacan, 1966).

Destituição do ego, pois, e recolocação do problema do inconsciente, que entre os franceses, como é conhecido, encontra-se estreitamente ligado à linguagem. As concepções divergem entre os diferentes autores, mas em nenhuma a linguagem na análise será tratada como simples meio de comunicação, destinado a veicular informações entre duas pessoas. O mérito por ter resituado o problema pertence, de novo, à Lacan e é correlato de sua abordagem da função do ego. Doravante, a linguagem não será mais vista como um instrumento à disposição de um sujeito que, independentemente dela, sente e pensa, guardando (a linguagem) uma relação de exterioridade com este sentir e pensar. A linguagem passa a ser o lugar, a própria matéria em que se articula o sujeito (distinto do ego) na fala.

Não se trata mais do sujeito da psicologia, senhor de seus pensamentos e da linguagem que os exprime (o ego forte!), mas de um sujeito do inconsciente, que encontra realidade no fato que, quando alguém se põe a falar (no divã, por exemplo), outra coisa acaba se dizendo à sua revelia, como se dita por um outro, nele. É do lado deste Outro (com letra maiúscula na teoria lacaniana) que será elaborada uma teoria do inconsciente. Assim, no lapso, por exemplo, o grande Outro se insinua na fala, abalando a coerência e a unidade egóica em que se desenvolvia o discurso e introduz ali uma falha, por assim dizer gratuita, mas que o subverte totalmente, tornando-o, no tempo de um instante, irrisório. Cria-se uma situação de desnudamento, de ameaça de ridículo e de angústia em que, aos risos, se seguem interpretações sumárias, das quais todos participam para reassegurar-se contra esta benigna vacilação dos alicerces do ego.

---

5. Na tradução recente, editada numa coleção dirigida por J. B. Pontalis, ficou assim: "Là où était du ça, doit advenir du moi" — "Onde id estava (ou era) deve advir eu". (Freud, 1933)

O grande Outro que se insinua na fala é ainda linguagem em sua natureza, sendo concebido como rede, como estrutura, em que se encadeiam unidades significantes (as palavras, em sua materialidade fonética), articuladas de acordo com uma lógica bem definida. Resulta daí a noção de uma ordem simbólica, que teria um poder de determinação decisivo sobre os fatos do inconsciente (como o lapso, o sonho e o sintoma). Compreende-se que, para desenvolver uma teoria do inconsciente, posta nesta perspectiva, Lacan tenha sido levado a recorrer a concepções da lingüística estrutural (Saussure, Jakobson), transformando-as de maneira a adequá-las às necessidades do novo campo teórico.

Uma tendência, na evolução do pensamento de Lacan, consistiu na procura de bases conceituais mais claras para a sua teoria lingüística do inconsciente, através de uma linguagem lógico-formal precisa e rigorosa, em que se inscrevesse a lógica do significante, isto é, a estrutura do inconsciente apreendida em bases racionais, depurada de qualquer subjetivismo psicológico e, portanto, suscetível de uma abordagem científica objetiva.

Os diferentes autores da dita "escola francesa", de uma maneira geral, não adotam, sem reservas, a teoria lacaniana de um "inconsciente estruturado como linguagem". J. Laplanche, por exemplo, discordava de Lacan nesta questão, quando ainda era seu aluno, avançando argumentos teóricos em favor da tese de que "o inconsciente é condição para a linguagem", e não o inverso. Mais recentemente, Laplanche questiona o que chama de "um certo idealismo lingüístico" na evolução teórica do lacanismo.

A pouco tempo, P. Fédida teve a ocasião de expor em São Paulo o seu pensamento sobre a questão da linguagem na análise, no que permanece fiel, segundo ele, a Lacan. Fidelidade sim, se concordarmos com Fédida que referência não é reverência, que fidelidade ao espírito não é fidelidade à letra. Encontramos, sem dúvida, no que disse Fédida, o Lacan que fala em "reencontrar a vida escondida na linguagem" (Lacan, s.d.), ou que diz, sobre a experiência analítica, que esta "maneja a função poética da linguagem para dar ao desejo sua mediação simbólica" (Lacan, 1953), mas pouco se encontrará ali do sistema teórico de Lacan em sua forma mais acabada. Aliás, do ponto de vista de Fédida, Lacan interessa menos pela teoria que produziu do que como autor do que chama de "nova escrita" em psicanálise, ou seja, pelo poder de "renovação da linguagem" que emana de seus textos.

O que é comum aos autores franceses não é o recurso constante à teoria lacaniana do inconsciente, mas um pensamento teórico e clínico que, graças a Lacan, se tornou definitivamente sensível "à função e ao campo da fala e da linguagem na análise"[6]. Neste sentido, há sem dúvida retorno a Freud, pois numa leitura minimamente atenta da "Interpretação dos Sonhos", mas também de tantos outros textos, incluindo os relatos clínicos, não se terá dificuldade para descobrir um trabalho minucioso e original, através do qual o autor põe em evidência propriedades sutis da linguagem, operando nesta verdadeira fala do inconsciente, que são os sonhos, os lapsos e os sintomas, e da qual Freud está descobrindo a língua. No aparelho psíquico, em que se cristaliza a metapsicologia freudiana da época, o inconsciente é concebido, em consonância com estas descobertas, como um sistema complexo de traços ou restos mnêmicos, potencialmente portadores de sentido, funcionando como unidades de uma rede associativa. O investimento desses restos mnêmicos, marcas da "satisfação perdida" (ou do "objeto perdido"?), encontra-se na origem do desejo inconsciente (noção central na concepção freudiana, também "redescoberta" por Lacan).

Teoria freudiana do inconsciente coerente, pois, com um dispositivo clínico que encontra toda a sua originalidade numa regra aparentemente simples: a de que o paciente se disponha a dizer "tudo o que lhe ocorre, sem exclusão"... enquanto fala. Nada mais. É a regra da livre associação. A simplicidade, como sabemos, é aparente, pois "falar tudo o que ocorre" resulta numa diminuição de peso relativo do que, na fala, é orientado, como o relato ou a argumentação em que o sujeito sabe onde quer chegar, em favor do que ali é deriva, qual um barco sem piloto (ainda o ego!). O princípio da livre associação favorece a emergência do Outro (a "fala do inconsciente") em detrimento do discurso egóico. Podemos ainda assinalar, com Fédida, que a situação analítica tem um efeito potencializador sobre a fala, que passa a "carregar nela uma violência corporal que desconhecia e que é — no espaço e no tempo desta fala — chamada a existir como desejo inconsciente" (Fédida, 1977).

A atenção flutuante, condição para a atividade associativa do analista, assegura a este uma posição de escuta e sustenta a deriva associativa do paciente que, na ausência do jogo interativo próprio à conversa comum, terá a sua fala destituída da função comunicativa,

---

6. Título do célebre relatório apresentado por J. Lacan num congresso em Roma, em 1953.

informativa, ou seja, da modalidade defensiva da fala. A intervenção do analista, em sua função interpretativa, visa, ao contrário, um efeito de deslocamento, disruptivo do cenário fantasmático em que acredita mover-se o paciente (e que inclui transferencialmente o analista), produzindo o relance da atividade associativa e, por vezes, este instantâneo redimensionamento de si no jogo (imaginário) com o outro, que é o *insight*.

O analista, não sendo detentor de um saber prévio sobre "o inconsciente" do paciente, não dispõe de interpretações ao seu bel prazer. Será necessário lembrar que a interpretação é o resultado de um trabalho psíquico do analista, entregue à escuta flutuante da fala associativa do analisando?[7]

As intervenções do analista, situadas num plano explicativo, de compreensão psicológica do outro (qualquer que seja o modelo usado), trazem implícita a miragem voluntarista de um ego que se acredita distinto e senhor daquilo que pensa ou diz, dirigindo-se a um outro ego nas mesmas condições. Esta arraigada ilusão egocêntrica se trai em expressões da gíria "psi", quando se diz que o analisando "trouxe" tal sonho, tal problema, tal história, fórmula que, na boca do paciente, assinala imediatamente o convite, defensivo, feito ao analista, para que se ocupe com ele (ou seja, aliado ao "seu ego") do problema ou sonho que "está trazendo", de maneira a... deixá-*lo* em paz. O pronome grifado indica o que não é ele, o que lhe é estrangeiro e que deve ser deixado em paz, ou seja, o que nele é Outro, como sujeito do desejo.

Espero ter mostrado que a importância atribuída pelos franceses, em seu "retorno a Freud", à linguagem como o próprio lugar do inconsciente ou, pelo menos, como estando estreitamente articulada a ele, repercute em sua concepção da prática psicanalítica.

Ainda um traço comum aos autores franceses será encontrado na ênfase dada ao complexo de Édipo como referência central das organizações psicopatológicas e da estruturação psíquica. Proximidade de novo com Freud, ainda que Lacan, é verdade, se distancie deste, ao produzir uma profunda e audaciosa reformulação do complexo de Édipo freudiano. A versão lacaniana do complexo de Édipo dá conta de um mecanismo postulado por Lacan, ainda que apoiado em textos freudianos e que é fundamental para a compreensão da estrutura da psicose: a forclusão do Nome do Pai.

---

7. Na escola kleiniana, penso que coube sobretudo a D. Winnicott e a W. Bion chamar a atenção para isto.

A reflexão sobre a função do ego na análise, sobre o papel da linguagem em sua relação com o inconsciente e sobre o caráter de organizador fundamental do complexo de Édipo levou a deslocamentos que repercutem no conjunto da teoria psicanalítica produzida hoje na França.

A psicanálise sofreu neste país, graças a Lacan e a uma geração de analistas de talento, uma revitalização teórica de grande envergadura, restabelecendo a prática de uma reflexão exigente da coisa analítica e uma clínica voltada, em todo o seu rigor, para a escuta do inconsciente. A supervisão, a análise didática, a inserção do analista nas sociedades de psicanálise são consideradas por eles pontos críticos em que se situa a resistência à análise, isto é, ao inconsciente.

Procurei pôr em relevo a influência de Lacan sobre a chamada escola francesa de psicanálise, já que os traços mais característicos desta encontram nele a sua formulação primeira e a mais elaborada. Não foi possível, no entanto, dar aqui a medida do percurso e da exata distância tomada pelos diferentes autores franceses em relação à prática e à obra de Lacan. A forte presença, na reflexão francesa, de uma obra que tem-se mostrado inesgotável ao comentário e ao trabalho da clínica psicanalítica de cada um, como é o caso da obra de Freud, garante uma abertura e uma defasagem em relação à doutrina do mestre francês que, conforme o autor, pode ser bastante grande.

A referência constante a Freud não exclui, muito pelo contrário, é acompanhada de um interesse permanente, não só pelos pioneiros da época de Freud, entre eles a obra hoje clássica de Klein, como por autores de língua inglesa, como H. Searles, D. W. Winnicott, W. Bion, H. Kohut, O. Kernberg, entre outros.

Uma reflexão psicanalítica plurireferencial em suas fontes e diversa em seus desenvolvimentos não exclui uma certa unidade *a posteriori*, que procurei apreender aqui ao indicar alguns pressupostos comuns. Nestas condições, talvez se pudesse falar em "escola francesa", mas numa acepção próxima a que a palavra adquire na pintura, por exemplo. Esta designação seria, no entanto, inadequada se indicasse uma homogeneidade referencial (e reverencial) em relação ao nome de um fundador, como é habitualmente empregada. O que é característico da escola francesa é justamente uma certa relação do analista à análise que passa pelo questionamento dos efeitos de alienação e de resistência presentes na relação aos mestres fundadores e às suas teorias. Penso que nisto foram precursores, pois é bastante atual a tendência e a preocupação entre os analistas em falar em seu próprio nome.

Bibliografia

FÉDIDA, P. "À propos du retour à Freud", em Nouvelle Revue de Psychanalyse, n. 20 (1979). Ed. Gallimard.

FÉDIDA, P. "Corps du vide et espace de séance." Ed. Jean-Pierre Delarge (1977), p. 146.

FREUD, S. 1933 "Nouvelles conférences d'introduction à la psychanalyse." Trad. Rose-Marie Zeitlin. Ed. Gallimard (1984), p. 110.

LACAN, J. "Le Moi dans la théorie de Freud et dans la technique de la psychanalyse — Le Séminaire, livre II." Ed. Seuil (1978), p. 60.

LACAN, J. "Fonction et champ de la parole e du langage en psychanalyse", em "Écrits". Ed. Seuil (1978) p. 304.

LACAN, J. 1966 "La chose freudienne", em "Écrits". Ed. Seuil (1966), pp. 417-418.

LACAN, J. s.d. Homenagem de Lacan à F. Minkowska, citada por E. Roudinesco em sua "Histoire de la Psychanalyse en France". v. I, Ed. Seuil (1986), p. 426.

LACAN, J. "Fonction et champ de la parole et du langage en psycanalyse", em "Écrits". Ed. Seuil (1966), p. 322.

PONTALIS, J-B. "Le métier à tisser", em Nouvelle Revue de Psychanalyse, n. 20 (1979). Ed. Gallimard.

SMIRNOFF, V. N. "De Vienne à Paris", em Nouvelle Revue de Psychanalyse, n. 20 (1979). Ed. Gallimard.

A Idéia de Progresso em Psicanálise[1]

Cem anos de Psicanálise! Há um século eram publicados "Os Estudos sobre a Histeria" contendo o relato minucioso de alguns casos tratados pelo novo método de tratamento psicoterápico. Este derivava de uma concepção sobre a origem do sintoma, que inovava em relação às idéias em voga ao não atribuir a sua causa a alguma deficiência das funções psíquicas, contrariando pois as idéias dominantes na Psiquiatria da época, centradas no que consideravam ser perturbações de natureza hereditária e degenerativa. Enquanto o próprio Janet sustentava uma teoria deficitária da histeria, postulando uma insuficiência das funções sintéticas da consciência, Freud avança que — e aí residia a grande inovação — a representação patogênica, subjacente ao sintoma, era mantida fora da consciência graças a uma operação ativa de desconhecimento, ocorrendo no interior do próprio sujeito, com a função de protegê-lo contra a angústia, decorrente do caráter conflitivo da representação[2].

O novo método era congruente com esta maneira de ver: já que o que "faltava" não era senão um fragmento da experiência, um fragmento de algo que fazia parte da vida psíquica do próprio paciente, embora momentaneamente inacessível, era somente nela que poderia ser encontrado. A psicanálise aparece então como uma forma bastante estranha de anamnese em que se pede ao paciente

---

1. Trabalho apresentado no XV Congresso Brasileiro de Psicanálise, em Recife, 1995. Publicado na Rev. Bras. de Psicanálise (1995) v. XXIX, 3p. 559-570.

2. Negligencio aqui, deliberadamente, a noção de estado hipnóide, atribuída à Breuer e logo abandonada por Freud.

para falar ao médico de todas as lembranças e idéias em relação com o sintoma de que sofre. Desta forma, vencendo pela insistência os momentos de resistência, em que o paciente procura se esquivar de idéias que causam repulsa ou angústia por estarem em relação com o tema recalcado, é possível finalmente chegar a este, reintegrando-o na vida psíquica consciente e, portanto, liberando o paciente de seu sintoma. Se me permitem a brincadeira, este é o nosso "14 BIS". Ao menos na versão que acabo de dar. Momento da invenção não tão folclórico assim, pois são contemporâneos dele textos onde encontramos desenvolvimentos teóricos complexos e sofisticados dando conta do funcionamento e das mudanças psíquicas, em seus movimentos mais sutis, no interior do "novo tratamento"[3]. A metapsicologia freudiana, ao contrário do que acontece com o filhote humano, não parece ter sofrido muito de prematuração, tendo nascida como Atenas, toda armada da cabeça de Zeus (abstração feita, é claro, de sua "pré-história").

A grande novidade trazida pela psicanálise é de que o que falta ao paciente, em sua queixa, em seu sintoma, em seu sofrimento, só pode brotar das pregas do seu próprio ser, no interior de uma fala à qual se entrega junto a um "médico". Este será tão mais apto para ouvir os indícios que a ela levam quanto mais puder abdicar da pretensão ou da obrigação de saber *a priori* sobre a causa do sofrimento do paciente, assim como do remédio de que ele necessita. *Que reviravolta: o psicanalista, um médico às avessas!*

Novidade que não foi passageira, pois desde então não sofreu alteração. Podemos afirmar hoje, tanto quanto há um século, que é na suspensão de um saber preestabelecido sobre o que causa o sofrimento do paciente que reside a condição própria à escuta analítica, o fundamento ético incontornável do método, a sua marca registrada, o seu eixo. Este postulado pode servir como uma referência segura, como uma espécie de "fio vermelho", usando a alusão de Göethe[4], para nos conduzir através da movimentada história da Psi-

---

3. Refiro-me, naturalmente, a várias das cartas e croquis enviados à Fliess, ao "Projeto" e também às teorias metapsicológicas expostas nos "Estudos sobre a Histeria" e na "Interpretação dos Sonhos".

4. Uma coleção da editora Presses Universitaires de France, chamada "Le Fil Rouge", tornou conhecida esta passagem de "As Afinidades Eletivas" de Goethe: "Falam-nos de uma prática particular à marinha inglesa. Todas as cordagens da marinha real, da mais grossa à mais fina, são trançadas de maneira que um fio vermelho vá de uma ponta à outra e que não se possa retirá-lo sem tudo desfazer; o que permite reconhecer, mesmo os menores fragmentos, que eles pertencem à coroa".

canálise, cheia de paixões, de progressos, por vezes fulgurantes, mas também de descaminhos. Uma certeza partilhável sobre a "essência" do método psicanalítico é necessária para nos movermos mais à vontade no hoje tão falado babelismo da Psicanálise. Quem sabe, em vez de ficarmos confundidos com a multiplicidade de linguagens psicanalíticas possamos até poder trabalhar e nos deixar trabalhar um pouco mais por elas, sem ficarmos reféns das formalizações escolásticas, institucionalizadas, que se constituem inevitavelmente, como se virassem invenções patenteadas, com proprietários ciosos de uma espécie de reserva de mercado.

Ora, sabemos na prática que qualquer que seja a maneira de um psicanalista falar de uma situação clínica, qualquer que seja a linguagem teórica de fundo usada, podemos perfeitamente ser sensíveis tanto à sua perspicácia como às dificuldades que esteja encontrando no trabalho com o paciente de que nos fala. Perspicácia ou dificuldade em relação a que? Em relação àquilo que, como transferência, remete, vamos dizer assim, ao outro do outro, ou seja, ao recalcado, tomado aqui no sentido mais amplo possível, como algo que sendo da pessoa, não encontrou lugar nela, em sua vida psíquica, a não ser na forma ininteligível, circular (repetitiva) de um sintoma ou de uma fala sintomática, fechada sobre si mesma.

O analista não pode saber *a priori* de que sofre o paciente que o procura para um tratamento. O paciente pode ter muitas explicações para suas dificuldades, mas estas não resolvem nada, embora seja somente nele e dele que possa advir, ao longo de uma análise, o que se encontra emudecido no sintoma. Paradoxo que se resolve pela concepção de uma dualidade tópica do aparelho psíquico: este "inacessível" a si mesmo, no próprio sujeito, constitui-se no horizonte visado, asintoticamente, em todo e qualquer processo analítico.

As diferentes concepções freudianas do inconsciente, inclusive a oposição manifesto/latente a propósito dos sonhos, a cisão do sujeito testemunhada pela não coincidência entre o sujeito do enunciado e o sujeito da enunciação em Lacan, a concepção de mundo interno em M. Klein, a oposição entre partes não-psicóticas e partes psicóticas (com uma "barreira de contato" entre elas) em Bion, são diferentes formulações, o que não quer dizer que sejam coincidentes desta mesma exigência intrínseca ao método psicanalítico, inventado há cem anos, qual seja a de uma hipótese tópica.

Em sua versão inicial, esta cisão na vida psíquica do sujeito foi entendida como parcial, reduzida à representação traumática ou inaceitável, e reversível. Excluída da consciência, ela era reintegrável pelo tratamento, restabelecendo-se a continuidade da vida psíquica. Tratava-se mais de um incidente circunscrito que de ruptura radical com os pressupostos da psicologia clássica. Era possível reintegrar o inconsciente ao consciente, eliminando-o: o inconsciente, como corpo estranho, coincidia com o patológico.

Não vale a pena repetir que a feiticeira metapsicologia já via bem mais longe em sua bola de cristal, enxergando aquilo que só o estudo dos sonhos traria à luz. Qualquer que seja a multiplicidade e a justeza das derivações que a arte interpretativa do analista possa construir em função da rede associativa em que vem se inscrever o relato de um sonho, o seu "conteúdo" é intrinsecamente inesgotável: a via régia para o inconsciente termina sempre, nos diz Freud, num impasse, num ponto mudo, refratário a toda tentativa de "mise-en-sens", que ele chama de umbigo dos sonhos.

Ao ir buscar fora do campo da consciência o que dela havia sido rechaçado, Freud acaba tendo que postular a existência de um novo território psíquico, dotado de leis próprias de funcionamento, bastante diversas daquelas conhecidas pela psicologia da consciência. O recalcado não só está excluído da consciência, como encontra-se submetido a outro regime de funcionamento: o recalque (depois chamado de secundário) revela-se pois caudatário de um "recalque primário", postulado para dar conta da constituição deste novo território psíquico. O umbigo é o ponto de separação e de articulação com o corpo das coisas ou com as coisas (pulsionais) do corpo. Ali onde, ao serem pegas em redes de significação, encontram uma forma, um nome, uma autonomia, uma vida que desconheciam.

Era preciso situar de forma mais nuançada a natureza do processo, uma vez que este não mais consistia simplesmente em tornar consciente um inconsciente, visto agora como definitivamente irredutível e heterogêneo à consciência. O sintoma, como o sonho, produz-se em pontos de interpenetração destes dois "territórios" e destes dois modos de funcionamento e é neste nível, o do pré-consciente, que a análise opera. Como formação de compromisso, o sintoma é já prenhe daquele "saber" visado pela análise[5], e é a ele que esta vai oferecer uma possibilidade de abertura através das vivências, das significações e das palavras que, alojando-se na transferência, vão levar o sujeito pelos labirintos dos desejos e identificações que até então tentavam caminho, sem sucesso, em falas e explicações destinadas a se esgotar numa repetição sem fim.

Numa análise, analista e analisando produzem alguns encadeamentos explicativos, pequenas montagens fictício-teóricas, e, em alguns momentos, o paciente remaneja versões anteriores das estórias que se conta sobre si mesmo, mas passados os momentos fecundos destas produções, quando são expressão de reordenamentos em relação a experiências de insight, elas podem tornar-se repetitivas, verdadeiros sistemas de autocompreensão psicológica e que mal dissimulam, por vezes, a ansiedade que as alimenta. O analista pode ser então solicitado a partilhar deste "saber" que em sua origem fora descoberta, mas que agora está a serviço da resistência.

O inconsciente não fica muito tempo aberto. A vivência subjetiva de algo que se apresenta para o sujeito como verdadeiro, como uma verdade muito significativa de si e que independe de qualquer esforço de demonstração ou de autoconvencimento (o insight), não se mantém assim por muito tempo, sendo seguida de uma espécie de comentário, de movimento (auto)teorizante, de elaboração secundária por parte do paciente, como se este estivesse tirando as conseqüências, para si, da descoberta recém-vivida.

Acredito que seja essencialmente no prolongamento destes momentos teorizantes fecundos, inspirados, de uma análise, que se alimentam os trabalhos, pelo menos os mais decisivos, dos analistas. Estes vão, como sabemos, de relatos mais ou menos empíricos a propostas sobre novos conceitos e modelos, podendo chegar à construção de formalizações bastante acabadas, capazes de fornecer à

---

5. O sintoma está sendo entendido aqui como produto já de uma elaboração psíquica considerável, na linha da afirmação de Freud (cf. última página da segunda parte de Totem e Tabu) de que os sintomas neuróticos são formações de certa forma equivalentes às "grandes produções sociais da arte, da religião e da filosofia". Cabe pois a consideração de uma clínica voltada para pacientes, psicóticos ou "borderlines", que teriam fracassado na possibilidade de constituicão de um sintoma "tão elaborado" e que encontra eco não só nos trabalhos de Freud e contemporâneos dele (penso nos desenvolvimentos em torno do narcisismo, na retomada da noção de traumatismo em Além do Princípio do Prazer, em Abraham, Ferenczi, etc.), como também em autores pós-freudianos, como Winnicott e Bion, de um lado, Lacan de outro (o seu conceito de forclusão por exemplo). Os fundamentos do método no entanto permanecem, pois a repetição do traumático, as "falhas" de maternagem são marcas, inscrições, testemunhas de uma história singular, das quais o paciente é depositário e sujeito, e o analista aquele que *a priori* nada sabe.

clínica os princípios de sua racionalidade. Esta modalidade de constituição do "saber" em Psicanálise eu a encontro na leitura dos grandes autores. Pense-se, por exemplo, no Freud do "Homem dos ratos", do "Caso Dora" ou da "Interpretação dos sonhos", em Winnicott, em M. Klein, etc. Embora a tendência, quando se trata desta questão, seja de insistir na determinação da teoria preexistente sobre a escuta do analista na clínica, acho que isto é secundário, e sua importância reside mais enquanto dificuldade possível, resistencial, no funcionamento de um dado analista, em um dado momento. O acervo de saber constituído em nosso campo é essencialmente aquele que emana da experiência analítica em seu sentido mais largo.

Os grandes momentos de inovação na história da Psicanálise correspondem, obviamente, antes de mais nada, a respostas nascidas de exigências impostas pela clínica, sejam aquelas que foram se produzindo no interior da própria obra de Freud, na era dos primeiros psicanalistas, seja as que foram ocorrendo depois. Umas como as outras (inovações freudianas e pós-freudianas) mostraram, por outro lado, uma forte tendência a sofrer uma espécie de enclausuramento em sistematizações que as transformavam em teorias autônomas, por assim dizer, auto-suficientes, o que era acompanhado de um processo de implantação institucional em torno das mesmas. Talvez pudéssemos até comparar este curioso fenômeno da história da Psicanálise com o que eu dizia a pouco sobre os momentos de descoberta do analisando, cujos conteúdos, num outro tempo da análise, podiam se desvitalizar, transformando-se em fala-sintoma, como "saber constituído" fechado sobre si mesmo. A resistência à análise coexiste sempre com a análise: isto não é um pecado, mas algo inerente à natureza da coisa psicanalítica.

Talvez os movimentos inovadores não decorram apenas das exigências da clínica no sentido estrito, mas também de necessidades que emanam do próprio movimento psicanalítico em seus momentos mais resistenciais à análise. Somos contemporâneos, ou quase, dos efeitos de abertura que exerceram os pensamentos de Winnicott e de Bion sobre um kleinismo institucionalmente triunfante na Inglaterra e na América Latina, mas que, na época, se encontrava num processo de excessiva tecnização do fazer clínico, além de um certo dogmatismo doutrinário; ou de um Lacan, na França, contra a medicalização da psicanálise que, sob a influência das práticas e concepções da Psicologia do Ego, tendia a voltar-se para uma clínica ortopédica do Ego, cujas aptidões e recursos adaptativos carecia desenvolver em detrimento da viga mestra da invenção freudiana, qual seja a de que o inconsciente não é redutível ao Ego, nem ao do paciente, nem... ao do analista![6] A instauração de inovações, que representam evidentemente ganhos importantes para a Psicanálise, em sistemas auto-suficientes[7] traz consigo a idéia, partilhada pelos adeptos, de que o novo sistema representa uma superação definitiva das formalizações e conceitos anteriores, agora obsoletos. A idéia de progresso, no sentido em que é usada com relação aos avanços da Ciência e da Tecnologia, estará presente, às vezes até com certa ingenuidade e candura, no espírito do grupo.

Para além destas convicções partilhadas por diferentes correntes do movimento psicanalítico, há a velha e tão debatida questão da cientificidade da Psicanálise em estreita relação com nosso tema, qual seja o do sentido que pode ter neste campo a noção de progresso. É a Psicanálise uma ciência?

A pergunta é já em si intrigante. Não vemos químicos, escritores, músicos, filósofos, religiosos, obcecados com este tipo de problema em relação a suas práticas. É verdade que não parece ser coisa fácil definir o estatuto de uma prática que eu disse ser a de "um médico às avessas", um médico que tivesse de deixar no vestiário os seus conhecimentos, digamos, sobre o fígado de seu paciente, sobre sua semiologia e exames laboratoriais, diagnóstico, prognóstico e medicação a ser prescrita e que esta, ainda por cima, fosse a condição necessária para o correto atendimento do paciente.

A situação não é tão absurda assim. O analista deixa seus conhecimentos em suspenso porque sabe que serão inoperantes, os seus como os de quem quer que seja, inclusive os do próprio paciente, que poderá, aliás, ser um colega. O único "conhecimento" operante numa psicanálise é aquele que se produz no interior da trama transferencial, a partir da "sucata" associativa do analisando, dependendo tanto de momentos de insight como de uma lenta elaboração pré-consciente, a perlaboração. Este "conhecimento" mutativo corresponde a algo que é da ordem de uma vivência subjetiva única, e não a um saber, ainda que renovado, do sujeito sobre si mesmo

---

6. Reencontramos aqui o nosso "fio vermelho"...

7. Em "O homem dos lobos", Freud, em seu debate da época com Adler e com Yung, diz que estes seguem "o princípio da pars pro toto", de maneira que: *"De um conjunto de uma grande complexidade, destaca-se uma parte de fatores eficazes, proclama-se que são a única verdade e repudia-se então em seu favor a outra parte e todo o conjunto"* (Freud, 1918).

(este se reconstitui sempre no *a posteriori*, como elaboração secundária). O cerne da experiência analítica tem a ver com verdades (sempre pequenas) nas quais o analisando se reconhece de maneira imediata, direta. Se o essencial da experiência psicanalítica é intrinsecamente subjetivo, fugaz e singular, como restabelecê-la numa forma que tenha permanência no tempo, que seja objetiva e que possa ser inserida numa série ordenada segundo regras generalizáveis, condições necessárias para a constituição de um objeto passível de estudo científico?[8] A Ciência, todos sabemos, tem encontrado objetos de estudo menos dóceis aos seus métodos e mais exigentes em relação a teorias capazes de dar conta de indeterminações e que se referem portanto a um campo definido de configurações singulares. Acredito, no entanto, que uma diferença de natureza permanece, mesmo assim, entre Ciência e Psicanálise.

Vou recorrer a alguns desenvolvimentos de Michel Fennetaux, um psicanalista francês ligado ao filósofo J.-S. Desanti, que se propõe em uma obra relativamente recente a questionar se a Psicanálise encontra-se no "Caminho das Luzes?"(Fennetaux, 1989). Para este autor, os discursos em que toma forma qualquer projeto de conhecimento sobre aquilo que é, ou melhor, que "está sendo" ("l'étant")[9], seja ele científico ou não (há os conhecimentos religiosos, míticos, etc.), são sempre ordenados pelo que chama de paradigmas reguladores, espécie de matrizes ou de regras internas à sua produção. O paradigma regulador das ciências é o *paradigma do fenomenisável*. O fenômeno que a ciência estuda não é dado; tem de ser construído, definido segundo protocolos experimentais estabelecidos e determinados por hipóteses previamente formuladas, as quais contêm, de forma antecipada, as respostas submetidas ao veredicto experimental. O método científico supõe pois um enquadramento, uma forçagem, daquilo que "está sendo" ("l'étant"), de maneira que só pode conhecer o que estabeleceu de antemão como passível de ser conhecido (Fennetaux, 1989-a). O conhecimento científico tem portanto o inconveniente de reduzir o campo do conhecimento ao "fenomenisável".

---

8. Os modelos de aparelho psíquico, construídos por Freud ou por outros autores e que permitem dar versões teóricas do funcionamento do inconsciente, não podem ser entendidos sob um modo realístico, concreto, mas sim como ficções potencialmente produtoras de configurações aptas para permitir pensar a experiência clínica na diversidade de seus movimentos.

9. A referência à Heidegger é explicitamente revindicada pelo autor.

Retomemos a nossa pergunta: a experiência do inconsciente, enquanto *"irrupção na fala de um dizer subjetivante"*, é fenomenisável? A resposta de M. Fennetaux é decididamente negativa. *"A emergência subjetiva supõe uma 'de-construção' das certezas egóicas, das lembranças encobridoras, das fantasias, etc., nunca acabada, inacabável mesmo, como diz o soll[10]: ela não é, com efeito, calculável, isto é, ela não pode ser nem antecipada, nem precipitada e é somente a posteriori que se pode apreendê-la com pertinência em seus momentos..."*(Fennetaux, 1989-c). A finalidade última da análise não é *"uma conquista da consciência sobre o inconsciente, a redução de um em proveito da extensão concomitante do outro mas, ao contrário, uma deflação das pretensões paranóicas do Ego à transparência e à auto-referência e um consentimento à incompletude como condição da consistência subjetiva"* (Fennetaux, 1989-c).

Se não podemos pensar a idéia de progresso em Psicanálise sem nos interrogarmos sobre a natureza do saber ou conhecimento que ali se produz, prossigamos mais um pouco nesta direção. A experiência do inconsciente, efêmera e singular, é secundariamente retomada pelo Ego que a reconstitui de acordo com as modalidades de funcionamento que lhe são próprias: compulsão à coerência, à unicidade, à continuidade e à totalização dos fatos, que são dispostos segundo coordenadas de espaço e tempo, estranhas ao inconsciente.

Pontalis, referindo-se ao sonho, observa: *"ao se transformar em narrativa, tentará se inscrever numa lógica temporal; sua narração será pontuada por 'antes', 'depois', 'e aí', 'e então'. Ele se verá dotado de um começo e de um fim, se organizará, como um filme em seqüências, quando sabemos (e temos a tendência a desconhecê-lo) que um sonho é apenas extraído de uma série de imagens, todas elas dadas no presente"*(Pontalis, 1992-a).

As representações inconscientes, sob a égide dos processos primários, ignoram, da mesma forma que a pulsão, postulada como essencialmente parcial e auto-erótica, qualquer preocupação com a coerência ou com a conciliação e a articulação de materiais hetero-

---

10. Palavra retirada da frase de Freud nas "Novas Conferências", célebre depois de Lacan: "Wo Es war, *soll* Ich werden", e que está, no contexto citado, sendo objeto de comentário pelo autor. A sua tradução é objeto de divergências, mas pode corresponder a algo assim: "Onde era Id, deve advir Eu". Em uma edição dirigida por Pontalis, a tradutora, Rose-Marie Zeitlin, opta por "Là où était du ça, doit advenir du moi"(Freud, 1933).

gêneos, operando fora de uma perspectiva construtivista, inerente à idéia de progresso e de desenvolvimento. Nesta última, reconhecemos sim o modo de funcionamento do Ego[11]. Há o Ego dos processos secundários, mas também o Ego que nos foi revelado pela teoria do narcisismo. Esta trouxe para dentro dele as pulsões sexuais, dessexualizadas e reunificadas, agora a serviço das aspirações unitárias do novo mestre; ali aglutinam-se para dar origem à forma primeira e inquietante, para não dizer arriscada, do amor, o amor de si. O amor narcísico transforma o que era um modo de funcionamento que podia ser entendido como "razoável", pois baseado no princípio da coerência e da harmonização dos fatos em conjuntos integrados, num sonho louco e poderoso de que é possuído o Ego: o desejo de ser todo, de ser único, de ser tudo (... para o outro). Ou ainda de querer trazer tudo a si[12]. Seu grito de guerra,"nada me será estranho", "tudo deverá me ser conforme", e sua arma, a onipotência narcísica dos pensamentos: em suma, "o mundo será feito à minha imagem e semelhança". Este sonho encontrará expressão no animismo e na magia, nas religiões e, finalmente, nas ciências[13].

O inconsciente faz parte deste objetivo do Ego, pois lhe é tão estranho e ameaçador em sua linguagem e em seu funcionamento "anarquista" quanto a realidade externa. O Ego será incansável em suas tentativas para domesticá-lo, para torná-lo familiar e para reintegrá-lo (que tentação transformar o inconsciente numa psicologia razoável!). A psicanálise como ciência do... inconsciente talvez seja a forma mais definitiva que possa tomar o sonho paranóico, anexionista do Ego.

A análise leva à relativização desta busca de certezas ao proporcionar a experiência do inconsciente. Isto implica num trabalho de luto, condição para o convívio com o estrangeiro, com o imprevisível

---

11. Os aspectos da clínica mais centrados nas perturbações do Ego são os que mais solicitam uma linguagem, tanto na clínica quanto ao nível dos modelos e conceitos teóricos, em que a idéia de "um desenvolvimento", assim como de "aquisições gradualmente alcançadas", acaba ocupando uma posição central. Os riscos do retorno a uma visão pré-psicanalítica do paciente, "deficitário em relação a alguma aptidão psíquica" e, em consequência, objeto de "infantilização" ou de "primitivização" (em contraste com o analista), não podem ser substimados, inclusive com o que possa comportar de enfoques insidiosamente normativos, pedagogisantes e construtivistas.

12. M. Fennetaux, no livro já citado, afirma que "na raiz da racionalidade há um 'trazer a si' e um 'trazer para si' daquilo que "está sendo"(2d).

13. *"se admitirmos a história da evolução das concepções do mundo do homem evocada a pouco, onde a fase animista é substituída pela fase religiosa e esta pela fase científica, não teremos dificuldade em seguir os destinos da 'onipotência dos pensamentos' através destas fases."* Citação de Freud, em Totem e Tabu (Freud, 1913).

e com o incompreensível, inclusive aquele que habita em si mesmo. O "mito do objeto perdido" tem a ver, sem dúvida, com o trabalho de luto, interminável, deste sonho primordial do narcisismo. Podemos pensar, a propósito disto, na história impressionante que nos contou Freud, a do assassinato do pai da horda, que podia tudo e ao qual nada faltava em momento nenhum ou, quem sabe, também, na história da perda do Paraíso por Adão e Eva, com a condição de dar-lhe um leve retoque sacrílego, de que estes teriam igualmente assassinado o Deus-Pai todo-poderoso e criador de todas as coisas. Podemos imaginar, nas duas estórias, que, no instante subseqüente, se instalou no vácuo criado um pesado silêncio, carregado de angústia. Ao olhar para os lados, os filhos parricidas não encontravam senão o mutismo das coisas, agora destituídas de todo encanto, visceralmente indiferentes e estranhas.[13]

Em Totem e Tabu, Freud diz que este silêncio foi rompido pelo "primeiro poeta épico" que soube fazer as coisas falarem de novo, retomando assim a criação de um mundo que os filhos irão inventando e no qual mesmo os deuses encontrarão lugar. Ora, levarão mais a sério suas invenções, conseguindo esquecer a perda primeva, apesar de sempre renovada, do Ser-Todo, chegarão a acreditar em impérios de mil anos; ora, estarão mais perto "desta falta", tão presente ali, embora encoberta, quanto nos tempos imemoriais, passados e futuros, nos quais eles próprios não estavam e não estarão presentes, mas que mesmo assim neles se encontram, no que sentem e dizem em suas estórias.[14]

É neste sentido que entendo Pontalis quando este diz que "a linguagem, sempre, para cada um, está de luto. É nossa grande, nossa permanente enlutada. Mas estar de luto pode-se entender de duas maneiras. Seja como a manutenção, a todo preço, do laço de amor e de ódio com o objeto perdido, seja como transformação da perda em

---

13. A "perda do objeto", nestas duas versões, decorre de um assassinato pelo sujeito. Uma disposição ambivalencial primária na estruturação do Ego foi bastante sublinhada não só por Freud, em sua teoria sobre a gênese narcísica do ódio, desenvolvida em "Pulsões e suas vicissitudes" (Freud, 1915), como por M. Klein, para a qual o Ego se constitui sob um fundo de angústias paranóides, e por J. Lacan, que tão bem soube mostrar a essência paranóica, constantemente sitiada, do Ego (Menezes, 1991). "Primeiro perseguido-perseguidor, em seguida presa do luto. Esta é nossa terra natal", escreve J-B Pontalis, num artigo bastante antigo sobre o pensamento de M. Klein (Pontalis, 1965).

14. Refiro-me nesta passagem, talvez não muito clara, à trama necessária de desejos de outros, voltados para a existência de alguém, isto é, ao desejo simplesmente de que ele exista ou de que venha a existir. São outros que o precedem, os pais em particular, ou que vêm depois (nem que seja nas fantasias do sujeito) e cujo desejo independe em grande parte do desejo narcísico mais fundamental do sujeito, o de sua própria existência. Ferimento narcísico básico, em relação com o complexo de Édipo e com as "fantasias filogenéticas".

ausência"(Pontalis, 1992-b).

Pensar, pois, as teorias psicanalíticas em sua produtividade imaginativa, em seu poder ficcional é consistente com a natureza da prática analítica. Cristalizá-las em sistematizações vertidas numa linguagem técnica, mecanizada, e que acenam com a promessa de um saber capaz de dar conta do objeto visado, emana de uma miragem obsessiva e situa-se decididamente do lado da resistência à análise.

Maud Mannoni fala de uma operação de anexação da psicanálise pela psiquiatria, referindo-se, parece-me, a coisas que se passam nos Estados Unidos e que resultam no que ela chama de superpsiquiatras. Pela sua descrição, trata-se de médicos, talvez de excelentes médicos, mas que devem ter dificuldades para ser o "médico às avessas" de que eu falava, embora eventualmente ativistas zelosos do progresso e trabalhadores incansáveis no esforço de processar e de acumular conhecimentos (Mannoni, 1979). O importante, o que busca um analista, não se encontra muito longe; é algo que está por ali, ao alcance da mão... basta ter o tempo (interno) de vê-lo.

No mesmo sentido, pode-se dizer que a Psicanálise é sempre contemporânea de si própria. O que importa é, em cada lugar: quais suas questões hoje, seus pontos de impasse, onde a compulsão à repetição a faz patinar, de que recursos de linguagem e de pensamento dispõe para poder, ao reencontrar a ausência, dar lugar à fala do "primeiro poeta", aquele que diz o que ainda não foi dito, pelo menos não daquele jeito, numa fala que vem do silêncio, da perda, e não do frenesi ruidoso do "progresso", sempre apressado... para ir aonde?

Volto, para concluir, ao forte texto de Pontalis, ao qual já me referi neste trabalho, "A estação da Psicanálise":

"*Qual é o ensinamento que nos traz a Psicanálise?*" pergunta-se. "*É que o tempo não passa*", pois o sonho, que é seu paradigma, "*desliga o tempo*".

Pontalis recorre ali à imagem de uma "quinta estação", que não é nem um pouco estranha ao nosso tema:

"*Lá onde ele comanda* (e poderíamos designar este 'ele' como o fantasma, a fantasia que, em sua onipotência imaginária, desafia a natureza das coisas), *lá onde ele comanda, floresce uma quinta estação que produz ameixas na macieira e fram-*

---

15. Esta frase foi tirada do romance Bella, de Jean Giraudoux, e o comentário inserido entre parênteses é de Pontalis.

boesas no carvalho"¹⁵. Esta estação "é estrangeira não a toda linguagem, mas ao todo da linguagem, estrangeira à linguagem como discurso, estrangeira a todo pensamento muito articulado"¹⁶ (Pontalis, 1992-c).

Bibliografia

FENNETAUX, M. (1989). "La Psychanalyse, Chemin des Lumières?" Ed. Point Hors Ligne (Paris); 2a — p. 101-116; 2b — p. 123; 2c — p. 115; 2d — p. 114.

FREUD, S. (1913). "Totem et Tabou". Ed. Gallimard (1993), p. 208.

FREUD, S. (1915). "Pulsions et destins des pulsions", em "Métapsychologie". Ed. Gallimard (1974).

FREUD, S. (1918). "L'homme aux loups"em "Cinq psychanalyses". Ed. Presses Universitaires de France (1975), p. 363.

FREUD, S. (1933). Nouvelles Conférences d'Introduction à la Psychanalyse. Ed. Gallimard (1984), p. 110.

MANNONI, M. (1979). "La théorie comme fiction". Ed. Seuil.

MENEZES, L. C. (1991). Questões sobre o ódio e a destrutividade na metapsicologia freudiana. Rev. Percurso n. 7, 1991, p. 17-23.

PONTALIS, J-B. (1965). "Nos débuts dans la vie selon Melanie Klein", em "Après Freud". Ed. Gallimard (1971), p. 181.

PONTALIS, J-B. (1992). "A Estação da Psicanálise", em Jornal de Psicanálise, v. 27, 1994, n. 52; 4 a — p. 97 ; 4 b — p. 105; 4 c — p. 106. (Sociedade de Psicanálise de São Paulo.)

---

16. Esta outra frase, também citada por Pontalis, é de Pascal Quignard.

Freud e Jung:
A Teoria da Libido em Questão[1]

"*Sabemos que entre nós analistas, nenhum de nós deve ter vergonha de seu pedaço de neurose. Mas aquele que, conduzindo-se anormalmente, grita sem parar que é normal, desperta a suspeita que lhe falta a intuição da doença. Eu lhe proponho pois que rompamos totalmente nossas relações privadas.*" (Carta escrita por Freud a Jung em 3 de janeiro de 1913.)
Resposta de Jung:
"*Eu me dobrarei ao seu desejo de romper nossa relação pessoal porque eu nunca imponho a minha amizade. Quanto ao resto é o senhor, sem dúvida, que melhor saberá o que este momento significa para si. O resto é silêncio.*" (Correspondance, 6.1.13)

Fim melancólico e doloroso de uma correspondência que, durante anos, fora intensa, constante, efusiva entre o criador da psicanálise e seu delfim, seu príncipe herdeiro. Para Freud não é difícil saber "*o que isto significa*"; aliás, ele próprio o diz na carta citada, ao se referir à reativação de "*decepções anteriores*", em que a alusão ao rompimento com W. Fliess é evidente. Quanto ao que essa ruptura "*significa*" para Jung, como não perceber que ele conclui a sua carta citando as últimas palavras do príncipe Hamlet, moribundo, depois de ter conseguido, enfim, matar o rei?

Jung, desde 1911, dedicava-se a um trabalho que avançava com lentidão, o livro "Metamorfoses e Símbolos da Libido". Procedia ali a

---
1. Texto apresentado em mesa-redonda sobre o tema: "O soma: fonte de dissidências" na II Bienal da Sociedade Brasileira de Psicanálise, publicado em Corpo-Mente, uma fronteira móvel. Org. Luiz Carlos U. Junqueira Filho. Ed. Casa do Psicólogo (1995), pp. 321-332.

uma ampla revisão da teoria freudiana da libido. Freud, por sua vez, escrevia um livro que também evoluía devagar (1911-1913) e que era, dizia ele nas cartas, um ensaio sobre a origem das religiões e sobre os totens. Tratava-se, é claro, de "Totem e Tabu". Em novembro de 1911, isto é, cerca de um ano antes da ruptura, Freud reage assim à leitura dos manuscritos da primeira parte de "Metamorfoses..." (ainda bem pouco inovadora, em relação à segunda parte que virá depois): "... é um dos mais lindos trabalhos que já li". No entanto, escreve pouco adiante, fico às vezes com a impressão de que "o cristianismo limita muito o seu horizonte" e de que "há mais acima das coisas que nelas". Em sua resposta Jung diz o quanto "é opressivo" encontrar-se no mesmo terreno que Freud, qual seja o da mitologia e o da religião (Correspondance, 13.11.11). Isso não o impede de se mostrar ousado, saindo de sua reserva. Escreve que na segunda parte do livro tomara "audaciosamente posições em relação à teoria da libido", dando-lhe uma nova extensão em relação aos "Três Ensaios", de maneira a poder aplicá-la à demência precoce (esquizofrenia).

O Professor se inquieta. Escreve a Jung que teme que, sobre aquele assunto, venha a ocorrer "um mal-entendido entre nós", uma vez que "para mim, somente a força pulsional da pulsão sexual pode ser chamada de libido" (Correspondance, 30.11.11).

O assunto é evitado na correspondência: Jung diz a Freud que seu trabalho avança "penosamente", que não lhe consegue dizer por carta o teor de suas novas idéias, mas que não deve preocupar-se por causa de sua "longa e invisível estada na nuvem religioso-libidinosa" (Correspondance, 25.2.12).

Nos meses que seguem, *Hamlet*-Jung (o primeiro e único presidente da IPA até 1913) acaba saindo da posição defensiva e acanhada. Em setembro faz uma série de conferências nos Estados Unidos, nas quais expõe "concepções que divergem em parte com as admitidas anteriormente; refiro-me em particular à teoria da libido", como relata ele próprio a Freud, após seu retorno em novembro de 1912 (Correspondance, 11.11.12).

Jung sente-se acuado e ferido por não encontrar, por parte de Freud, um bom acolhimento a suas idéias inovadoras; um Freud que, inclusive, se encontra no mesmo terreno que ele, com "Totem e Tabu". Põe-se a fazer, em suas cartas, acusações a Freud, a quem recrimina de querer infantilizar e subjugar os seus seguidores usando de interpretações selvagens, além de não ter feito ele próprio análise, sendo dominado pela necessidade de poder e, em função disso tudo, não conseguir ser objetivo na apreciação das idéias dele, Jung. Ao mesmo tempo, Jung se propõe a Freud para ajudá-lo a vencer esses *"complexos"*. O eixo das recriminações é pois o do pai tirânico que tolhe, intimida e esmaga os filhos, impedindo-os de realizar seus projetos pessoais e de ter independência de pensamento.

Deixemos agora de lado essas indicações sobre o furor transferencial que permeava o confronto entre os dois homens, para considerar o conteúdo da divergência no plano da teoria: o seu ponto central era a teoria da libido desenvolvida por Freud nos "Três Ensaios sobre a Teoria Sexual" e, em particular, o conceito de pulsão que se encontra em seu miolo. Este conceito se impõe como articulação incontornável entre corpo e psique. Ele tangencia, em deriva, o corpo, ao mesmo tempo que assegura, na vida psíquica, o funcionamento de um lugar descentrado em relação à psicologia, imediatamente acessível, da consciência, ou seja, o inconsciente.

Vou agora retomar algumas elaborações conhecidas de Freud sobre a sexualidade, para situar o conceito da pulsão no terreno em que se originou, procurando mostrar que a ambigüidade que nele se encontra não é arbitrária, mas, ao contrário, está presente na natureza do próprio objeto considerado. Vou considerar em seguida as modificações propostas por Jung e sua incidência no conjunto da teoria e da prática psicanalítica. Deste ponto de vista, penso que o exame dessa *dissidência* pode ter não só um interesse histórico, mas também a sua parte de atualidade, dada a tendência contemporânea em negligenciar a natureza pulsional do inconsciente.

A pulsão sexual é a única, como confessa Freud, mesmo em seus escritos tardios, que a psicanálise conseguiu pôr em evidência na clínica. Depois de ter elucidado na "Interpretação dos Sonhos" a mecânica fina a que são submetidas as representações psíquicas no trabalho do sonho, Freud, nos "Três Ensaios", procede a uma minuciosa dissecção da sexualidade humana. Esta revela que a libido, isto é, o apetite sexual, é pouco conforme ao que se poderia esperar de um instinto biologicamente determinado. Os ardores sexuais, é verdade, emanam e se satisfazem inteiramente no corpo, nos genitais, nas sensações epidérmicas das mucosas e da pele, na excitação do olhar ou da palavra dita ou ouvida e os caracteres sexuais do corpo são determinados pela fisiologia hormonal. Mas é também inegável que os objetos buscados para a satisfação sexual, bem como as modalidades de satisfação, inscrevem-se numa gama tão variável e tão variada de uma pessoa para a outra, assim como em momentos diferentes da vida de uma mesma pessoa, que uma concepção da sexualidade humana terá necessariamente de considerar essa mobilidade caprichosa, demasiado fina para ser compatível com explicações redutíveis a variações no registro anátomo-fisiológico do corpo. Ou seja, embora a sexualidade humana inscreva-se inteiramente no corpo, ela não é compreensível se não pudermos postular para ela uma economia própria, regida por uma lógica que não coincida com a lógica da realidade biológica do corpo. Situação estranha, mas incontornável. Para dar conta dela, Freud criou o conceito de pulsão (*Trieb*), "conceito-limite entre o psíquico e o somático". Pedra angular da construção freudiana, a pulsão pode ser entendida como limite no sentido do que delimita, do que fica na fronteira da psicanálise com outros campos: ultrapassada essa fronteira, estaremos em território estrangeiro, seja na biologia, na psicologia, na religião, etc. Mas, o que é algo que se encontra "*entre*"? Não é psíquico, nem somático; mas então, é o quê? É psíquico e somático ao mesmo tempo. Mas então, por que "*entre*"? Entendo que esse "*entre*" dá conta, no interior do conceito, das características daquilo que conceitua, sendo inerente ao objeto conceituado, uma vez que, de fato, se a sexualidade humana é impensável sem o corpo, ela é ininteligível com base apenas nas leis biológicas que regem o funcionamento deste.

Estas formulações de Freud sobre a sexualidade encontram, retroativamente, sustentação em todas as descobertas psicanalíticas acumuladas até então, referentes à dinâmica em jogo na formação e nas transformações (pelo tratamento) do sintoma neurótico. Basta lembrar a transgressão da realidade anatômica das áreas de inervação, encontrada pela psicanálise no tratamento da conversão histérica, a qual obedece a uma anatomia imaginária, cujo recorte é aquela da linguagem, e não o da anatomofisiologia. O erotismo fica ali pego na região do corpo dito, do corpo insinuado sedutoramente pela fala (de alguém, de outros?), o que de resto é congruente com um tratamento inteiramente baseado na fala e no sentido.

É preciso, pois, poder preservar o paradoxo lógico presente nesse conceito, jogar com ele, mas sem perder o caráter indecidível quanto à oposição corpo biológico — vida psíquica. Inclinar-se para o lado de sua vertente biológica, instintualizar a pulsão resultaria na dissolução da concepção freudiana do aparelho psíquico, constructo em que se pretende dar conta de algo que, sendo descentrado em relação à psicologia da consciência, só pode ser inferido quanto às suas modalidades de funcionamento e quanto à sua natureza e que é o inconsciente. Uma concepção biológica da pulsão faria dele (do inconsciente) uma espécie de prolongamento, de epifenômeno do corpo biológico, com o qual teria então uma continuidade de natureza: seria necessário, nesse caso, poder explicar como, em que momento, a economia do desejo se autonomiza para passar a obedecer a uma lógica tão distinta da que *rege* o funcionamento do corpo; a menos que se embaralhem as coisas e que se recuse ver essa diferença, presente, no entanto, em tudo aquilo com que o analista trabalha e em que se fundamenta o seu fazer clínico. A psicanálise se transformaria então em um capítulo da biologia, embora isso não seja sequer concebível, pois os fatos, os métodos, a lógica que preside nossos procedimentos, nossas construções metapsicológicas, elaboradas para dar conta do que fazemos e do que encontramos, têm uma especificidade própria, totalmente heterogênea à biologia.

Inclinar-se, ao contrário, para a vertente psicológica da pulsão, o que em geral acontece com o abandono desse conceito, resulta na perda de uma referência que assegura ao inconsciente a sua inserção no corpo. Com isso, perde-se a concepção do que o aparelho psíquico é, em última análise, um dispositivo de transformação da pulsão, concebida como força que, sendo constante (não é possível fazê-la desaparecer), faz funcioná-lo. A pulsão mimetiza, deste ponto de vista, os instintos biológicos, com os quais mantém estreitas relações. Pensemos no instinto alimentar que, libidinizado, se torna presa de um conflito pulsional na anorexia mental ou no estiolamento dos instintos biológicos, por falta de investimento libidinal, na depressão anaclítica (o hospitalismo descrito por Spitz). Deixar de lado a dimensão pulsional do inconsciente transforma este num prolongamento da psicologia da consciência, e a psicanálise tende a se perder na relação interpsicológica, introspectiva, compreensiva, entre duas pessoas, isto é, dando lugar para um certo voluntarismo terapêutico, pré-psicanalítico. A sugestão passa então para o primeiro plano e, nessa perspectiva, a identificação do paciente ao ideal do *eu,* encarnado pelo analista, pode tornar-se um ponto cego não analisável.

O inconsciente é pois concebido por Freud como heterogêneo em relação ao corpo biológico e, ao mesmo tempo, heterogêneo com relação à consciência psicológica: obedece a uma lógica própria, como lugar de processamento da pulsão. A fixação ou, talvez, se pudesse dizer, a constituição da pulsão em seus *representantes representativos* está no fundamento do modelo freudiano do inconsciente. A sua plasticidade, a possibilidade de transformação e de voltar-se para objetos e representações substitutíveis, podendo pois sofrer deslocamento e condensação, é o que torna possível o recalque, a formação e a resolução do sintoma, mas também a transferência. Como se poderia, com efeito, pensar o erotismo passional, em geral discreto mas poderoso que, na diversidade de suas formas, impregna a transferência, com base num instinto sexual biologicamente determinado?

Resta mencionar ainda que, situada *"entre"* o somático e o psíquico, a pulsão tem de ser entendida também em sua posição *"entre"* o biológico e o cultural. Lembro que no primeiro parágrafo da "Psicologia das Massas", depois de afirmar categoricamente que em psicanálise não há, a rigor, psicologia individual, Freud enumera as funções *"do outro"* como modelo, como objeto, como ajuda (amparo) e como adversário (o outro do ódio narcísico).

Para mim foi instigante, nesse sentido, a observação de André Green, na abertura desta Bienal, de que não há símbolos no cérebro e que esses requerem um *cérebro* confrontado com outro, de que os símbolos só se produzem nessa relação. Poder-se-ia perguntar se o caráter tão misterioso do *"entre"* da pulsão não poderia se esclarecer um pouco se pensássemos que na sua constituição intervém o outro, e no sentido mais largo, a cultura. Um ponto de vista que, aliás, encontraria amplo respaldo na teoria de sedução originária de Laplanche e, também, é claro, nas concepções de Lacan.

Espero ter mostrado que ao se desfazer o nó conceitual representado pelo conceito de pulsão, o conjunto do que Freud construiu sob o nome de psicanálise se afrouxa e se desfaz. De certa forma, é o que Freud diz a Putman, o velho neurologista, quando Jung acabara de fazer suas "Conferências Americanas", num momento em que a ruptura com o '*delfim*' era iminente: "eu não poderia aceitar sua modificação na questão da libido, porque todas as minhas experiências falam contra esta concepção" (Correspondance, 28.11.12). *"Todas as minhas experiências"*, ou seja, tudo o que ele havia construído em vinte anos.

Vejamos agora em que consistem as modificações "heréticas" de Jung. Cito "Metamorfoses e Símbolos da Libido", onde Jung escreve: "No lugar da teoria sexual dos "Três Ensaios" pareceu-me mais adequada uma concepção energética que me permitiu identificar a expressão 'energia psíquica' com o termo 'libido', e prossegue pouco adiante: "... o que constitui a essência da libido são as necessidades corporais tais como a fome, a sede, o sono, a sexualidade, os estados emocionais e os afetos" s(Jung, 1953, p. 147). A libido corresponde, pois, não só ao *"interesse erótico"*, mas ao *"interesse em geral"* (aqui faz alusão a uma passagem do *Schreber* de Freud). A libido é posta, portanto, por Jung no mesmo plano das necessidades corporais; a natureza singular da sexualidade humana, fundamento do conceito de pulsão, desaparece ao ser reduzida a um instinto entre outros. Abarca tanto manifestações de necessidades fisiológicas (fome, sede, necessidades sexuais) como, sem transição, emoções e afetos, localizáveis imediatamente na psicologia da consciência. A oposição corpo-psique volta a ser uma alternativa de dois termos, deixado de lado o terceiro, com sua ambigüidade, o de pulsão. Fisiologia e psicologia são postas indiscriminadamente no mesmo "saco" nessa *extensão* da teoria da libido, em que Jung parece ignorar o alcance do que está desconsiderando, ao reduzir a pulsão sexual à fisiologia, ao instinto sexual.

Afirma que "é óbvio que não há uma separação entre libido e fome" ou "entre instinto de autoconservação e de conservação da espécie" (Jung, 1953, 148). Passo seguinte: os fenômenos da biologia e da psicologia são deixados para trás, e Jung, psicologizando o biológico, nele introduz uma intencionalidade metafísica, na forma do que chama de *instinto vital contínuo.* Os instintos dos organismos, e aqui ele se refere a todos os seres vivos, são a expressão particularizada do instinto vital. O que é este instinto vital? Uma *vontade de existência* que anima todos os seres vivos: os movimentos desses com vistas a satisfazer suas necessidades vitais são expressão objetiva de algo que, interiormente, é da ordem do *querer, da aspiração, do tender a.* As motivações psicológicas, expressão interior da intencionalidade instintual, são pois o motor da vida psíquica. O instinto sexual não é senão uma das modalidades dessa vontade de existência. Cito ainda esta passagem de Jung em que reaparece claramente a dicotomia mente/corpo: *"O instinto é uma misteriosa força vital, de caráter em parte psíquico e em parte fisiológico...* (Jung, 1953, 151).

Mais do que um retorno à psicologia da consciencia pré-psicanalítica, podemos já aqui pressentir a constituição de um sistema filosofante, crítica que Freud dirige tanto a Jung quanto a Adler. Note-se, a propósito, que a dissidência com Adler também teve como pomo da discórdia a teoria da libido.

Essas poucas indicações das renovações propostas por Jung permitem entender, creio, a que se referia Ferenczi em seu artigo crítico quando diz: "Ao assimilar o conceito de libido ao de energia psíquica (...) ele [Jung] lhe dá tais dimensões, que este se volatiliza integralmente ao mesmo tempo e se torna, por assim dizer, supérfluo" (Ferenczi, 1913).

Freud, no contra-ataque enérgico dirigido a Adler — mas sobretudo a Jung — neste verdadeiro escrito de combate (há fogo na casa!) que é "Sobre a História do Movimento Psicanalítico" (1914), escreve: "A modificação junguiana afrouxou a conexão dos fenômenos com a vida pulsional" — e, pouco adiante: "A libido sexual foi substituída por um conceito abstrato, do qual se pode afirmar que permaneceu tão misterioso e inapreensível para os sábios como para os loucos" (...) Um novo sistema ético-religioso foi assim criado (3a). Freud recrimina Jung de ter permanecido surdo à "potente e primitiva melodia das pulsões".

Sabemos que para Freud o sonho, o sintoma dos neuróticos, a sublimação, o recalcamento, a transformação no contrário, a transferência são produções que se encontram no curso dessa *"melodia das pulsões"*, melodia da qual o sujeito não pode fugir, sendo obrigado a dançar de acordo com a música, isto é, a transformá-la. É nesse terreno que se situa a concepção freudiana sobre a origem do sofrimento neurótico e de seu tratamento pela psicanálise. Ora, a nova concepção da libido de Jung leva a uma concepção também diferente sobre a etiologia e o tratamento das neuroses: a libido, assimilada a um instinto, adquire a rigidez e a função adaptativa deste, não sendo mais transformável. A neurose é, diz Jung, um "transtorno da adaptação patológica" e se explica "mais pela atitude com relação ao instinto que com base numa modificação deste". Recusa-se a aceitar a "teoria sexual das neuroses" (Jung, 1953, p. 151), preferindo "uma teoria psicológica" desta. Isso implica também no seu ceticismo com relação a uma sexualidade infantil: a criança encontra-se para ele numa fase pré-sexual.

Ora, como sabemos, Freud tomara a atividade de sucção da criança como modelo do caráter auto-erótico da pulsão. Jung, sempre coerente com sua nova concepção de libido, afirma que "não vê nenhuma razão para considerar o prazer da nutrição como sexual", uma vez que, sendo essa uma atividade "vitalmente necessária, a natureza não poderia deixar de conceder-lhe... um prêmio de prazer" (Jung, 1953, p. 174). O prazer ligado às atividades orais nada tem de sexual; é um prazer embutido no instinto, que, por ser tão necessário ao funcionamento do organismo, foi dotado pela natureza de um ganho adicional. Como pôde Jung ter negligenciado aqui as satisfações orais, que não implicam nenhum aporte alimentar, que não estão subordinados à necessidade fisiológica e aos seus mecanismos (variação da glicemia)?

Jung, que acredita estar rompendo a camisa-de-força do pansexualismo freudiano (como aceitar "o primado de um só instinto"?), vai sendo pego na rigidez das funções adaptativas do corpo. Quando Jung fala em transformação da libido, devo precisar, refere-se ao que chama de concepção genética, isto é, coisas que foram um dia sexuais, deram origem, numa mudança qualitativa, irreversível, a coisas que não têm mais nada a ver com o sexual. É o caso do fogo, inventado nas épocas pré-históricas, porque implicava no movimento de fricção; sexual, portanto, Ou da música; que na origem fora sexual[2], mas que hoje, atribuir-lhe um caráter sexual, seria "uma generalização sem valor e de mau gosto", tão absurdo quanto fazer da catedral de Colônia um capítulo de mineralogia só porque esta é feita de pedras (Jung, 1991, p. 122). Argumento que Ferenczi inverte, dizendo que, por ser uma obra de arte, a catedral de Colônia não deixou por isso de ser feita de pedra para passar a existir sob a forma de idéia artística. O debate incide aqui sobre um dos arranjos da melodia das pulsões, o da sublimação.

A sublimação se refere ao elevado, ao dessexualizado, mas é ainda pulsão, podendo ressexualizar-se, de maneira que as amarras ao corpo permanecem. Freud pôde, por isso, terminar o seu escrito polêmico em defesa da pulsão: "desejando feliz ascensão para aqueles que o mundo subterrâneo da psicanálise tornou-se incômodo"(Freud, 1991, p. 122). Aliás, quando mais tarde ele próprio se entrega a concepções especulativas que lembram as de Jung, ao falar de pulsões de vida, não abandona de forma alguma a sua teoria original da pulsão sexual, a ponto que a pulsão de morte, correlata da primeira, pôde e tem sido interpretada, por um autor como Laplanche, como um desenvolvimento daquela.

Podemos, a partir daqui, perguntar-nos: o que ainda resta das concepções freudianas, depois que Jung mexeu na peça fundamental que é a teoria da libido? O inconsciente? Ora, privado da pulsão, fica reduzido a um agenciamento de representações. Jung diz que "não se trata de representações herdadas, mas da disposição inata à

---

2. A música fora originariamente algo de caráter sexual, tendo sido transformado posteriormente em outra coisa que adquiriu "independência funcional" em relação a essa origem biológico-adaptativa.

formação de representações paralelas ou de estruturas universais, idênticas, da psique", a que chama de "inconsciente coletivo". "Chamei de arquétipos a essas estruturas. Correspondem ao conceito biológico de pautas de comportamento" (Jung, 1953, 171). Nesta concepção, é claro que o sonho não encontra no desejo, na realização deste, o motor de sua produção. Como Adler, escreve Freud, Jung negligencia o trabalho do sonho, limitando-se à consideração dos "pensamentos latentes". Negligencia, pois, o principal, que é o desejo inconsciente. Chegamos dessa forma, com Jung, a um inconsciente sem pulsão e sem desejo.

E o tratamento psicanalítico?

Este consiste, como nota Ferenczi, em "mostrar o caminho da realidade diante do qual eles [os neuróticos] recuaram" (Ferenczi, 1913). Sem pulsão, sem desejo, sem o inconsciente pulsional e irredutível à consciência, sem o conflito intrapsíquico, sem as temporalidades do infantil e sem a transferência, aonde poderíamos chegar senão a uma terapia moral? E senão ao sistema que Jung, defensor e militante de primeira linha da jovem psicanálise, chamou, com razão, não mais de psicanálise, e sim de psicologia analítica?

Uma dissidência em torno do soma sim; da redução do soma erógeno da pulsão ao soma biológico, da metapsicologia à psicologia compreensiva e introspectiva da consciência.

Bibliografia

FERENCZI, S. (1913) — "Oeuvres complètes". Ed. Payot (1978), v. II.

FREUD & JUNG — "Correspondance". Ed. Gallimard (1975),v. II.

FREUD, S. (1914) "Sur l'Histoire du Mouvement Psychanalytique". Ed. Gallimard (1991).

_____ (1914). "Pour Introduire le Narcissisme", em "La vie sexuelle". Ed. PUF (1973).

_____ (1914). "Extrait de l'Histoire d'une Néurose Infantile" (L'Homme aux Loups), em "Cinq Psychanalyses". Ed. PUF (1975).

JUNG, C. G. (1912) "Transformaciones y Símbolos de la Libido". B. Aires, Ed. Paidos (1953).

Psicoterapia e Psicanálise[1]

O debate aqui retomado ocorreu há quase dez anos. Não é, portanto, contemporâneo do contexto atual, em que o tema tem sido considerado na perspectiva desta inquietação a que se tem chamado de crise da psicanálise. Desta forma, as considerações feitas na época pelos seus participantes não estão "contaminadas" pela angústia atual, daí talvez seu interesse.

No que me diz respeito, não vou retomar o que disse, pois, no essencial, não tenho razões para discordar dos pontos que espontaneamente fui levado a formular naquela conversa. Talvez apenas mencionar algum aspecto mais relevante.

Sempre tive dificuldade para aceitar qualquer concepção de um ato ou de um processo psicanalítico que fosse estritamente baseado nas características do enquadre ("setting"). Há condições que são, em princípio e *a priori*, desejáveis, e todos sabemos quais são: certamente eu não diria que são suficientes para que haja análise (e, com certeza, ninguém o diria), mas, e aí podem começar as discordâncias, eu nem mesmo penso que sejam, a rigor, indispensáveis, definidoras de um processo analítico.

As condições de um considerável isolamento sensorial e motor tanto para o paciente como para o analista favorecem, sem dúvida, como sabemos, o que Freud chamou de regressão formal, ou seja,

---

1. Este escrito encontra-se como desdobramento de uma conversa sobre Psicoterapia e Psicanálise promovida pelo Jornal de Psicanálise e publicada no v. 23, 46 (1990) pp.7-26 desta revista. O presente texto corresponde à intervenção inicial do autor em reunião científica da Sociedade Brasileira de Psicanálise de São Paulo, ocorrida em maio de 1999, em que o mesmo tema foi retomado entre os mesmos interlocutores da discussão de 1990.

discursos muito articulados do paciente sobre si mesmo, sobre os acontecimentos, etc., assim como as modalidades de pensamento do analista tendem a se tornar mais frouxas, mais permeáveis. Esta condição é favorecida pelo fato de o paciente deitar no divã, embora a desestruturação que esta disposição induza possa, como também sabemos bem, ser em alguns casos excessiva, o paciente sendo invadido por uma angústia insustentável ao ficar privado de olhar e do olhar do analista.

Mas, mesmo na condição ideal, quando a regressão é limitada, como acontece mais freqüentemente, contrabalançada por narrativas sobre eventos do cotidiano, sonhos, discursos introspectivos, etc., o divã torna possível uma menor interatividade realística e raciocinante com o analista. Com isso ocorre uma certa desrealização deste, abrindo-se o processo para uma certa flutuação entre realidade e fantasia, por onde vão se insinuando, regressivamente, os movimentos transferenciais, instaurando-se assim o terreno próprio a uma psicanálise. O analista estará atento para estes, também favorecido por uma modalidade de funcionamento psíquico que, como disse, esta disposição física favorece.

O consultório, o divã, a regularidade e continuidade dos encontros, a discreção (disposição predominantemente receptiva, não intrusiva) e a reserva do analista são, e nisso creio que estaremos todos de acordo, condições facilitadoras para que se instaure e se reinstaure a atividade analítica.

É claro, no entanto, que nada pode substituir o tato e a sensibilidade clínica do analista, nem sua capacidade de improvisar no manejo de uma análise, o que inclui o manejo de elementos do enquadre. O enquadre é bem comportado, mas o inconsciente, as organizações psíquicas não o são; dito de outra maneira — a vida psíquica não é coisa fácil, e cada um se estrutura como pode. Pontalis é muito afirmativo quando diz que qualquer modo de funcionamento, por precário e "inadequado" que seja "para uma análise", corresponde à única estratégia de sobrevivência encontrada pelo paciente.

Ferenczi, nos anos 20, era particularmente enfático e combativo na defesa deste modo de ver as coisas e não hesitava em pô-las em prática, modificando inclusive as condições do enquadre. É verdade que se preocupava com os entusiastas de suas tentativas, nem sempre impregnados do rigor clínico-metapsicológico que sustentava a sua prática, assim como as variações nela introduzidas.

Um pouco depois, Klein revolucionou a psicanálise alterando bastante as condições do enquadre para adaptá-lo à análise, então incipiente, de crianças. O curioso é que, apesar das grandes modificações do enquadre, ela atém-se mais rigorosa e radicalmente aos conceitos fundamentais que sustentam a prática analítica (transferência, fantasias, instintos ou pulsões, conflitos, defesas, neutralidade-reserva do analista), que os seus opositores.

Winnicott, em reação ao tecnicismo reinante, numa fase posterior da prática kleiniana, não hesitou em introduzir modificações no enquadre, sempre que entendeu serem estas necessárias para que a análise pudesse ocorrer. Isto, particularmente, em situações em que o enquadre habitual parecia dificultá-la ou então quando, em função das realidades do paciente, este não podia ser mantido. No caso conhecido como "The piggle", por exemplo, a paciente tinha sessões a pedido, já que morava longe de Londres.

R. Diatkine, em colaboração com S. Descobert, publicou a análise de uma criança de 3 anos, considerada pré-psicótica (na terminologia deles), com uma sessão semanal, também por morar longe de Paris. Os autores reproduzem na íntegra o relato de 52 sessões, com comentários teóricos bastante rigorosos, no intuito de mostrar que ali se passara efetivamente uma análise. É verdade que a analista era experiente e talentosa.

Lacan também inovou bastante no que diz respeito a mudanças no manejo do enquadre com a intenção de favorecer as análises. Criou as famosas sessões com tempo variável. Estas, é verdade, foram se tornando muito curtas e, de novo, como acontecia com Ferenczi, podemos nos interrogar se todos os seguidores destas inovações o fizeram e o fazem também no sentido de favorecer a análise. Não se trata de discutir isto aqui, mas de mencionar apenas um outro grande analista que não hesitou em mexer no enquadre.

Não se pode esquecer, aliás, que o primeiro a fazê-lo foi o próprio Freud, como gostava de lembrar Ferenczi, introduzindo uma data para o término de certas análises, para "pressionar" o paciente cuja análise estava estagnada. Mas dizia que este pulo só podia ser dado uma vez (como "o pulo do leão"). Ou, quando em resposta ao pedido de Ferenczi para ter com ele algumas semanas de análise, um pouco antes de Primeira Guerra, Freud diz que vai lhe dar quatro sessões de análise por dia, mas que está convidado para fazer as refeições com a família Freud e que espera que Ferenczi disponha de tempo para conversarem bastante fora das sessões. Ou, ainda, no relato do caso do "Homem dos ratos"; não acreditamos em nossos olhos ao lermos algo sobre arenque oferecido pelo analista ao paciente durante uma sessão, e isto sem maiores explicações para o leitor! Seria longa a lista de grandes analistas que introduziram modificações nas condições do enquadre. Mas é claro que se pode ficar preocupado com o quanto esta liberdade inventiva do analista em relação ao enquadre e à necessária condição de reserva psíquica dele exigida na sessão poderia ser transformada num "fazer qualquer coisa" nas mãos de um analista inexperiente ou auto-suficiente e o quanto isto poderia inviabilizar facilmente toda e qualquer possibilidade de que uma psicanálise viesse a ocorrer. Se mesmo quando reunidas as melhores condições as análises podem, por vezes, estagnar, romper-se, cronificar-se ou limitar-se a um percurso relativamente limitado, fazer "análise transgressiva" de per si não é o que vai garantir um melhor desfecho.

A liberdade interior do analista em suas análises dependerá de sua sensibilidade pessoal para cada caso, e aí aparece toda a importância da análise, e eventual reanálise do analista, além de seu empenho em discutir e refletir, no convívio com outros analistas, sobre a psicanálise, inclusive recorrendo à modalidade de trabalho da escuta supervisiva junto a um colega. Princípios técnicos muito prescritivos talvez possam até ser úteis para o analista menos experiente mas a longo prazo, são prejudiciais à necessária maleabilidade do analista.

É por isso que a exacerbação de ideais institucionais ou o militantismo de escolas (hoje em declínio) são sempre fonte, a longo prazo, de um enrijecimento do pensamento do analista, inconveniente para seu trabalho clínico. É no convívio dito científico (na verdade, sempre também, de alguma forma, político) com seus colegas que estes ideais, com seus corolários prescritivos de compromisso identificatório com o grupo, tendem a se afirmar, mas também a se diluir, na forma de questionamentos, levando ao alargamento dos horizontes de um pensamento crítico que possa relativizar e desfazer preconceitos. Daí o valor da constante interação que os analistas tendem a buscar entre si e que passam por caminhos, por momentos, penosos e conflitivos.

Este trabalho do analista, de forma a conquistar uma liberdade maior em relação a suas identificações grupais, é importante, pois não se pode trabalhar com um paciente senão nas condições que são as suas (do paciente). Isto é uma obviedade, mas que vale a pena ser afirmada diante das particularidades com as quais certos casos nos confrontam. Foi um destes casos "problemáticos" que apresentei para discussão, no ano passado, nos seminários com D. Meltzer, e no qual muitos colegas aqui presentes participaram. Este tinha a particularidade de que o analista, por um bom tempo, parecia poder fazer muito pouco pela análise. O analisando repetia fórmulas feitas de análises anteriores, de longa duração, com falas mortas que encobriam sua fragilidade, atemorizado ao extremo. Estas tinham um efeito sinistro sobre mim e demorei algum tempo para entender que qualquer expectativa em relação a ele, inclusive as expectativas de produção psíquica que com razão me atribuía, tornava-se de imediato um imperativo esmagador e exasperante para ele; ele respondia a esta urgência vivida procurando atendê-la sem ter com quê, exceto as "falas mortas".

Houve também, a propósito de outra apresentação de caso no ano passado, uma discussão reflexiva interessante, produtiva, envolvendo principalmente o Pierre Fédida e o Luiz Meyer. A questão era do "timing". Tratava-se de um caso em que parecia ser predominante na transferência uma "vivência simbiótica erotizada" e discutia-se sobre a conveniência de modalidades mais ou menos incisivas de interpretação. Limitar-se a sustentar esta transferência arcaica, com o risco de eternizar a situação ou intervir, explicitando movimentos pulsionais mais violentos subjacentes? O risco, neste caso, sendo o de estar rompendo prematuramente uma condição transferencial necessária para a paciente e que só poderia ir se desfazendo muito paulatinamente.

Não falei em psicoterapia, mas é evidente que, em condições como a dos casos mencionados, podemos nos perguntar, em dado momento, se estamos fazendo mais um "holding" psicoterapêutico que uma análise ou se este é parte incontornável de um processo analítico (intrinsecamente) "complicado".

Queria agora dizer alguma coisa sobre a preocupação atual entre nós, na Sociedade de São Paulo, com a prática de psicanalistas em instituições de atendimento psicoterápico, psiquiátricos ou outros. Antes de mais nada é bom lembrar que a psicanálise, uma prática rigorosamente fundamentada no plano conceitual, nasceu e historicamente sempre esteve no terreno da vida aqui na terra, com os pés bem no chão. Freud suspeitava desta forma de resistência à análise, que é a deriva na vertente mística ou pseudo-mística (bom, tinha tido a sua dura experiência com Jung, a quem "desejou boa ascenção"...às nuvens), e alertou contra os riscos de se pensar o inconsciente como algo "longínquo e misterioso".

Os analistas nunca foram monges; isto não faz parte da vocação da Psicanálise. Parece que chegou a haver, nesta Sociedade, uma certa sacralização da psicanálise, mas isto já está virando coisa do passado. Lembro de uma eleição muito disputada para a diretoria da SBPSP em que uma colega, procurando ganhar-me para seus pontos de vista, falou-me escandalizada sobre a Bienal, um colóquio promovido pela Sociedade e que reunia psicanalistas com estudiosos de outros campos do saber e da arte. Parecia que este seria o seu argumento definitivo para ganhar minha adesão: até que ponto tínhamos chegado, misturando-nos assim às "pompas do mundo"! A Psicanálise, que nascera, por assim dizer, "violentando" a Cultura, encontrava-se, nesta versão, revestida de uma pureza virginal inesperada, agora exposta aos riscos de ser "violentada"... pela Cultura!

Desde a sua fundação, no entanto, a Sociedade de São Paulo sempre teve um número considerável de psicanalistas inserido tanto nas universidades como em centros de psiquiatria e de assistência social. Há inclusive hoje uma tendência crescente em valorizar esta presença de seus membros em instituições terapêuticas, começando-se a cogitar até mesmo em iniciativas de abertura de uma clínica pela própria SBPSP. Penso que não há motivo para preocupação nesta correção de rota e que não é por aí que corremos o risco de perdermos, pelo caminho, a nossa psicanálise.

Neste caso estaremos até retomando uma tradição iniciada com a Policlínica de Berlim, criada por M. Eitingon em 1920 e dirigida, nos primeiros anos, por ele mesmo e por K. Abraham. Tratava-se de uma fundação destinada tanto à formação analítica — foi o primeiro Instituto de Formação da história — quanto a tornar acessível para o maior número possível de pessoas, em especial das classes desfavorecidas, o tratamento pela psicanálise. Para E. Roudinesco, a Policlínica de Berlim correspondeu à concretização do sonho de uma psicanálise de cunho social, defendida por Freud no congresso da IPA de 1918, em Budapeste.

Gostaria, antes de concluir, de dizer ainda alguma coisa sobre o tema da filiação, ao qual, aliás, se referiu Jansy B. de Souza Mello nas recentes trocas que tivemos, via internet, sobre a formação em nosso Instituto. Alguém se surpreendeu com esta observação dela, parecendo ter entendido que filiação significaria estar se subordinando a um mestre, tendo de fazer e pensar como ele. Esta seria uma forma de identificação, que eu chamo de imaginária e que, de fato, se muito maciça, não seria nem um pouco desejável. Mas a filiação da qual falava a colega referia-se, sem dúvida, assim a entendi, a marcas simbólicas estruturantes, passíveis de serem apropriadas e transformadas pelo desejo e pelo pensamento de cada um. São marcas que nos inserem numa cadeia de gerações em que nosso presente se tece, trabalhado por formações de ideal, sendo pois habitado tanto por sonhos de um futuro como por restos de um passado.

O tema da filiação concerne ao legado deixado pelos que nos antecederam, questão complicada que cada um resolve a sua maneira e como pode, mas que é incontornável. Legado supõe que o(s) pai está morto, não fisicamente (isto importa menos aqui), mas que os tenhamos "mortos e enterrados" e que de seu luto, talvez sempre assintótico, possamos arriscar-nos a pensar "com a nossa própria cabeça", sustentados por esta herança, enfrentando as incertezas a que seremos — é nossa vez — confrontados.

Refiro-me ao cotidiano da clínica, ao diálogo com os colegas, às respostas que nosso tempo histórico possa exigir de nós. O "líder", evocado por alguém neste diálogo pela internet, é uma figura que viria preencher o vazio, mas também tirar a margem de liberdade conquistada por este trabalho de luto. Este implica na difícil desistência em ir buscar junto a alguém providencial todas as respostas para nossas perplexidades.

Se o tema do legado e da filiação é incontornável e requer uma resposta, a resposta pode ser a de pura e simplesmente negá-lo; e afirmar que não existem, abandonando valores, ideais, legados, para nos constituirmos num presente sem passado e sem futuro, num presente desenraizado, fora do tempo.[2]

Esta poderia ser uma maneira de ver a problemática de que nos falam ser a do tempo presente, um tempo indefinidamente presente, tempo narcísico se tanto, pois nenhum narciso gostaria de se ver transformado num produto a ser consumido e destinado, por sua vez, a consumir outros produtos. Inserção numa cadeia de produtos, enquanto produto, e não numa cadeia de gerações, enquanto sujeito humano, que tenha algo a dizer sobre o que é e sobre o que deseja[3].

Ver a Psicanálise inserir-se numa cadeia de produtos e não de gerações seria uma triste ironia, momentâneo (pois não creio que durasse) triunfo do que se poderia chamar de pulsão de morte.

---

2. Estas afirmações precisam ser situadas no contexto de um debate de viva atualidade naquele momento.
3. Veja neste sentido o artigo de Sônia Azambuja "A formação analítica em nossos dias: um analista para nossos tempos", Rev. Bras. de Psicanálise. v.32,4 (1998) p. 675-684.

Parte III

O Ódio e a Destrutividade na Teoria do Narcisismo

O Homem dos Ratos e o Lugar do Pai[1]

Dos cinco grandes casos clínicos publicados, em dois deles Freud trata de pacientes homens, ainda jovens (entre 20 e 30 anos), que apresentavam importantes inibições tanto na vida amorosa e sexual como na vida profissional, com uma acentuada inibição em especial no que diz respeito à gestão dos bens, herdados do pai, e entregues, em ambos os casos, aos cuidados da mãe. Refiro-me aos casos que ficaram conhecidos como o Homem dos Ratos e o Homem dos Lobos. A dependência financeira da mãe, no primeiro deles, aparece já nas notas da entrevista inicial, quando Freud escreve que, tendo indicado as suas condições, o Dr. Lanzer (o Homem dos Ratos) lhe dissera *"que precisava falar com a mãe. Volta no dia seguinte e aceita"*.

Freud pouco informa sobre a sintomatologia atual do Homem dos Lobos, detendo-se na descrição de manifestações neuróticas ocorridas na infância do paciente, caracterizada por sintomas fóbicos e por uma neurose obsessiva que se prolongara por vários anos. Na infância do Homem dos Ratos, Freud encontra também o que ele chama de uma *"neurose obsessiva completa"*.

A análise do Homem dos Lobos gira em torno de um sonho de angústia ocorrido... aos 4 anos de idade (!): no sonho, o menino estava deitado em sua cama quando a janela se abre e ele vê seis ou sete lobos sentados sobre uma árvore (uma nogueira), imóveis. Desperta, então, invadido por *"grande terror"*, *"evidentemente"* — é o que diz o paciente — *"terror de ser comido pelos lobos"*.

---

1. Texto apresentado no XII Congresso Brasileiro de Psicanálise, Rio de Janeiro, 1989 e publicado na revista Percurso, 3 (5/6): 7-13, 1991.

No caso do Homem dos Ratos, que na infância tinha desejos ardentes de ver mulheres se desnudar, desejos que se acompanhavam de um afeto penoso ligado à idéia de que *"o pai poderia morrer"* e de atos de defesa contra esse afeto (a *"neurose obsessiva completa"*), não é num sonho, mas no relato de um suplício, que se encontra o elemento central da análise. O *"grande terror"* suscitado pelo relato não é o de ser comido por um animal feroz, mas o de ratos penetrando pelo ânus.

A angústia que interrompe o sono não se produz no interior de um sonho, mas no preciso momento em que, na segunda sessão, o paciente se põe a fazer o relato do suplício, ouvido por ele mesmo, cerca de dois meses antes, da boca de um capitão, que simplesmente contara o que havia lido num livro[2].

Durante o relato (... de um relato) da tortura, em sessão, o paciente parece totalmente tomado pelo conteúdo do que diz, como se suas palavras tivessem adquirido a atualidade alucinatória própria das imagens no sonho. O poder usual das palavras em evocar imagens e cenários de uma ação parece de tal forma aumentado no curso desse relato, que elas se transformam no lugar alucinatório da ação que descrevem, como num sonho desperto, sem imagens. Enquanto fala aparece em seu rosto uma *"expressão estranha"* que Freud, com fineza, descreve como a do *"horror de uma volúpia por ele mesmo ignorada"*[3].

Sabemos desde "A Interpretação dos Sonhos" que um pensamento, ao entrar nos processos oníricos, transforma-se em acontecimento no imediato da cena do sonho, e as palavras são nele tratadas como coisas, quer dizer, liberadas das relações estreitas em que se mantêm na estrutura da frase — podem desdobrar-se em efeitos semânticos e em associações por homofonia ou por similaridade de sentido as mais bizarras.

---

2. Os tradutores de "L'Homme aux Rats - Journal d'une Analyse" sugerem que se trata do livro de Octave Mirbeau, de 1899, Le Jardin des Supplices. Encontraram ali a seguinte dedicatória: *"Aos padres, aos soldados, aos juízes, aos homens que educam, dirigem, governam os homens, dedico estas páginas de assassinato e de sangue"*. Os autores nos informam que no livro a tortura, descrita com detalhes, é praticada com um grande rato, privado de alimentos durante dois dias (Freud, 1907). Remetem, a este propósito, ao artigo de Leonard Shengold no Int. Journal of Psycho-Analysis. v. 52, p. 277.

3. J. Laplanche encontra neste caso clínico a ocasião de apreender ao vivo e como que em *status nascendi* a dimensão pulsional do que virá a ser o superego na teoria freudiana. *"O superego apresenta-se como um rato, gozador, cruel, a própria imagem da pulsão. De sorte que o conflito moral torturante, conflito de nível elevado, não faz senão encobrir uma luta 'cruel e lúbrica' em que o castigo supremo está sempre agregado ao gozo supremo."* (Laplanche, 1980)

As palavras, postas assim a serviço das exigências do conflito pulsional, sob o jugo dos processos primários, revelam um surpreendente poder de significação e de jogo no interior da língua[4]. É o que acontece com a palavra *"Ratte"* (rato) no relato do suplício, se julgarmos pela multiplicidade de cenas e de áreas da *"sensibilidade complexual"* do paciente a que ela remete (e nela se condensam) no decorrer do trabalho psicanalítico[5].

A infiltração do processo secundário pelo processo primário é testemunhada pela vivência quase alucinatória do conteúdo do relato do suplício (numa espécie de sonho branco), levando Freud a dizer, diante deste *"excesso de transferência"*, que, ao contrário do capitão, ele próprio, Freud, não tinha tendência à crueldade e não queria torturá-lo, o que não impede que o paciente, no final da sessão, *"num estado de estupor e confusão"*, o chame de *"meu capitão"*. Da mesma maneira, o caráter imperioso de uma injunção como *"você vai devolver as 3 coroas e 80 ao tenente A"*, que é próprio dos sintomas da neurose obsessiva, traz a marca da vida psíquica inconsciente. Esta injunção, subtraída aos efeitos corretivos da atividade consciente de pensamento, de reflexão ou da consideração de dados da realidade, tira o seu caráter compulsivo do conflito pulsional primário de que é expressão e exerce sobre o sujeito a força coercitiva que deriva deste investimento. O pensamento obsessivo, apesar da aparência em contrário, está em ruptura com a atividade consciente de pensamento, sendo inacessível a este, de maneira que, como escreve Freud, *"os pacientes ignoram o enunciado de suas próprias obsessões"*.

Não há dúvida de que se o sonho é a *"via régia"*, o sintoma obsessivo, como abertura sobre o inconsciente (senão como inconsciente a céu aberto), oferece um novo ângulo de acesso a este. É Freud quem afirma que, *"na neurose obsessiva, os fenômenos psíquicos inconscientes irrompem às vezes na consciência em sua forma a mais pura, a menos deformada..."*(Freud, 1909). Não é meu propósito, no entanto, arriscar-me a ir mais além nas árduas

---

4. O que foi descoberto e amplamente demonstrado por Freud em sua Interpretação dos Sonhos.
5. Ratte — rato; Rate — prestações, dividendos, que evoca a dívida do pai num jogo (Spielratte — rato de jogo, jogador) e também o "complexo do dinheiro" em relação com a analidade; heiraten — casar, que remete à questão conflitual do casamento do pai e do seu próprio; Ratz — criancinha do dialeto vienense, equivalência com o filho que sua "dama" não pode ter; rato, como animal que transmite doenças, evoca a sífilis e o pênis, por proximidade metonímica de sentido.

questões metapsicológicas que começam a despontar. Por isso volto à aproximação que começara a fazer entre o *"sonho dos lobos e o relato dos ratos"*.

O *"sonho dos lobos"* foi interpretado como expressão de uma fantasia inconsciente do coito entre os pais (realmente observado ou não) e no qual aparece também o desejo inconsciente do menino, atualizado no sonho, de ocupar o lugar da mãe neste coito, recebendo pelo ânus o pênis do pai. A angústia resultaria do horror diante do desejo que assim se revela, ou melhor, se constitui no interior do sonho e supõe, segundo a teoria sexual vigente, a perda do pênis.

O suplício dos ratos, relatado para Freud em meio ao *"horror de uma volúpia por ele mesmo ignorada"*, não é incompatível com a representação de uma cena primitiva em que o paciente fosse objeto do coito paterno, lugar ocupado aqui pela figura transferencial do *"capitão cruel"* e... pelo próprio Freud. É preciso, no entanto, levar em conta que, nesta análise, Freud encontra menos uma disposição passiva inconsciente em relação ao pai, como no Homem dos Lobos, que uma tendência, recalcada, à revolta e ao ódio contra o pai: no episódio do relato do suplício, Freud insiste num movimento de revolta e desafio ao capitão e suas crueldades, movimento que encontra o seu paradigma na cena infantil (três a quatro anos), em que o menino, ao ser castigado pelo pai, o impressiona pela fúria com que reage contra ele. Enquanto todo o trabalho na análise do Homem dos Lobos reduziu-se a levá-lo, segundo Freud, a admitir as suas aspirações homossexuais inconscientes em relação ao pai, na análise do Homem dos Ratos o pivô da neurose encontra-se no *"ódio infantil contra o pai"*. Num caso, a hostilidade contra a figura paterna é mobilizada defensivamente contra o desejo homossexual inconsciente; no outro, o ódio inconsciente é primário, a intensificação do amor pelo pai sendo uma compensação reativa. São configurações diferentes do *"complexo paterno"*: numa, conflito entre aspiração homossexual e *"masculinidade narcísica"* (segundo a teoria sexual inconsciente, em que a satisfação pelo pai supõe a perda do pênis); na outra, conflito entre o ódio inconsciente e o amor pelo pai.

Freud mostra-se perplexo diante da intensa ambivalência e da importância do ódio na neurose obsessiva, escrevendo que a relação do *"fator negativo do amor à componente sádica da libido lhe é totalmente obscura"* (Freud, 1909). O ódio inconsciente ao pai é aqui vinculado por Freud à figura do interditor, que impede a satisfação das aspirações sensuais do menino na forma do que chama de *"complexo nodal das neuroses"* que, pouco tempo depois, receberá o nome de complexo de Édipo. Embora essa explicação se repita ao longo do texto, não parece suficiente a Freud para dar conta da estrutura desta neurose, em que o elemento determinante é não uma fantasia libidinal, mas o ódio recalcado.[6] A título de *"conhecimento provisório"* postula que o ódio inconsciente seja expressão de um sadismo *"constitucionalmente muito forte"* e, portanto, *"reprimido de maneira muito precoce e muito intensa"* (Freud, 1909). A idéia de regressão a uma fase pré-genital sádico-anal e a desintricação pulsional serão desenvolvimentos posteriores em relação com este problema.

Os conflitos afetivos, escreve Freud, apresentam-se por pares, de sorte que o ódio pela *"amiga"* (note-se a designação relativamente assexuada desta mulher que, ao longo da exposição do caso, é designada como *"a dama", "a amiga", "a prima"*) vem junto com um maior amor pelo pai e vice-versa. Nesta gangorra compensadora dos afetos, a amiga e o pai parecem situar-se no mesmo plano, e não em lugares distintos, não permutáveis, em que um ocupasse a posição de objeto do desejo erótico e o outro, a de interditor ou obstáculo à realização do desejo, disposição absolutamente necessária na lógica do complexo de Édipo (*"complexo nodal"*).[7]

Voltemos ao relato do suplício dos ratos, cena primitiva centrada não tanto numa *"fantasia homossexual passiva, masoquista"*, como quer B. Grumberger (Grumberger, 1986) (o que a aproximaria do conteúdo do sonho dos lobos), mas numa penetração sádica do pai (e da dama), em que o sujeito parece menos identificado ao capitão cruel que ao próprio rato, que penetra e morde o ânus do pai e da dama. Esta hipótese leva em conta uma certa simetria entre os objetos edípicos a pouco mencionada, como se a fantasia se compusesse menos em torno da polaridade masculino-feminino (como no sonho dos lobos) que na oposição ativo-passivo, própria da pré-genitalidade (fase sádico-anal). Penso que o que está em jogo ali não é tanto a *"oscilação normal entre o homem e a mulher"* (como objeto de amor) a que se refere Freud, mas uma oscilação *"anormal"* caracterizada pela instabilidade, pela indefinição

---

6. O ódio ao interditor e os desejos de morte que lhe são dirigidos não são da mesma natureza que fantasias sádicas ou sadomasoquistas em relação ao pai.

7. Embora em outro contexto, em que se refere ao Homem dos Lobos, a seguinte afirmação de G. Rosolato não é estranha ao que digo aqui: *"o obsessivo explora sutilmente um índice de realidade que lhe permite se inserir (s'ancrer) no Édipo e de ficar igualmente independente dele"*. (Rosolato, 1969)

das posições masculino-feminino na fantasia do coito e em relação às quais o sujeito pudesse se identificar.[8]

O pai interditor é não só objeto de amor, mas também de suspeita e de desconfiança, o que transparece abundantemente ao longo desta análise. O pai é um Spielratte (rato de jogo), que perdeu no jogo o dinheiro destinado a despesas militares que ficara sob sua guarda, enquanto suboficial; não casou com a mulher que queria, mas com a mulher rica; em uma lembrança de infância, é o pai que o leva a roubar algumas moedas do porta-moedas na bolsa da mãe; a conduta sexual do pai durante a carreira militar é objeto de dúvidas (representada — a dúvida — pelo rato como símbolo da infecção sifilítica). A *"incerteza inconsciente"* em relação ao pai aparece no episódio da conversa com o tio, por ocasião dos funerais da tia, um ano e meio depois da morte do pai, que estaria na origem de sua descompensação neurótica (inibição para o trabalho, remorsos e obsessões). Nessa ocasião o tio exclamara: *"Outros homens se permitem todo tipo de coisas, mas eu, eu vivi para esta mulher"*, o que fora interpretado pelo paciente como uma alusão ao pai, de quem se põe a suspeitar de infidelidade conjugal. Durante uma sessão, tem a fantasia de que o médico da família está violando sua irmã Rita. Recorda então que, quando ela tinha 10 anos, o *"papai"* devia ter feito algo inconveniente com ela. Ele ouvia gritos vindo do quarto, depois o *"papai"* saiu dizendo: *"Esta menina tem mesmo uma bunda de pedra"*.

Tudo isso, evidentemente, nos é dito pelo paciente, e Freud vê nessas críticas a expressão da hostilidade inconsciente do paciente contra o pai. Expressão da hostilidade, sem dúvida, mas não da hostilidade contra o pai interditor, e sim contra o pai que falha, que é insuficiente em sua função interditora e, portanto, ordenadora da situação edípica. As más condutas atribuídas ao pai não são propriamente a causa da *"insuficiência paterna"* (haveria risco de se cair aqui numa posição moralista, normativa, bastante ingênua), mas a tradução, a expressão dessa *"insuficiência"*, que é um elemento determinante, fundamental, na estrutura da neurose obsessiva. A *"falha paterna"* é uma falha interna, estrutural, e como tal é fonte permanente de ódio da neurose obsessiva, pois dela resulta um impasse na elaboração do complexo de Édipo, condição para o sujeito situar-

---

8. Mesmo na forma invertida do complexo de Édipo, como no caso do Homem dos Lobos, não será necessário distinguir o pai interditor (agente da castração, previsto "filogeneticamente") do pai objeto de amor, numa fantasia de conteúdo homossexual ou sadomasoquista?

se em seu desejo (que se apresenta como indefinidamente inacessível a ele)[9] e alcançar uma posição identificatória estável.

Vale notar que o *"pai insuficiente"* é o pai edípico já derrotado num confronto que não ocorrerá, porque já houve. É o que pensa G. Rosolato, para quem o obsessivo evita a abordagem direta da castração e, portanto, a resolução do complexo de Édipo, compondo a fantasia de que esta já ocorreu: o pai já foi morto e a mãe possuída, de maneira que *"a castração não poderá mais ocorrer; persiste apenas a culpabilidade"*. (Rosolato, 1969)

Neste triunfo prematuro e infeliz sobre o pai edípico, o obsessivo pode encontrar apoio numa cumplicidade narcísica com a mãe[10]. Para S. Leclaire, aliás, na neurose obsessiva o menino será sempre portador da marca do *"desejo insatisfeito da mãe"*(Leclaire, 1971), que ele, e não o pai (tido por insuficiente), deve preencher. De maneira que a estratégia defensiva do obsessivo diante do complexo de Édipo o torna fatalmente prisioneiro da condição de herói, mas de um herói de calças curtas — o herói da mamãe.

No caso do Homem dos Ratos, o pai que surge da fala do paciente é um homem que foge ao pagamento de sua dívida com a geração anterior (ao contornar a interdição paterna), mostrando-se ora amiguinho do menino, rouba com ele algumas moedas da mãe, ora tomado por acessos de raiva brutais contra as crianças, de modo que o filho parece não encontrar nesse pai senão um rato *"viciosamente perverso"* como ele próprio (a terceira personalidade do paciente, segundo Freud). O paciente está em busca da referência que lhe permita recalcar o rato pulsional (pênis imundo e sádico, pré-genital), para apropriar-se, por identificação edípica, de sua herança... a de um homem dotado do pênis.

O pai assustado pela intensa fúria do menino (3-4 anos), num episódio em que fora duramente castigado por ele, profetizara que se tornaria ou um assassino ou um grande homem. A partir de então, o pai nunca mais o castigou, e o paciente diz ter-se tornado covarde, de medo do próprio furor.

No episódio da obsessão dos ratos, ele é o rato *"assassino"* que penetra e morde o ânus do pai, mas é também o *"grande homem"* em

---

9. *"Um véu, tão transparente quanto intransponível, parece separar o sujeito obsessivo do objeto de seu desejo"*, escreve S. Leclaire (Leclaire, 1971).

10. É conhecida a afirmação de Freud sobre a única relação perfeita, a da mãe com o filho homem. Fantasia do obsessivo, esta perfeição sem falhas faz contraponto à "insuficiência", à "falha paterna".

sua tentativa vã de pagar uma dívida impagável, de preencher um lugar deixado vago nele mesmo. Para Freud, uma terceira alternativa fora esquecida na profecia do pai — a da neurose. Essa, no entanto, parece reduzir-se à oscilação sem fim entre as duas primeiras.

Gostaria de chamar a atenção para um momento da análise em que o paciente *"se ataca"* à pessoa (e ao corpo) de Freud, de sua mulher, de sua mãe e de sua filha, de um modo que não deixa de evocar a figura do rato como *"este animal dos esgotos"*, que *"morde e rói"*. Ocorrem-lhe fantasias e sonhos em abundância, que Freud chama de *"transferências repugnantes"*, em uma sorte de orgia incestuosa (transferencial). Cito alguns exemplos: ocorre-lhe em sessão a idéia de que *"a Sra. Freud vai lambê-lo no cu"* ou a fantasia de que *"a filha de Freud está chupando um dos secretários do tribunal, um tipo nojento que está nu"*, ou o sonho: *"o corpo nu da mãe de Freud com duas espadas enfiadas no peito, devorada em seu baixo-ventre e em seu sexo por Freud e suas crianças"*, ou ainda esta fantasia em que manda Freud trazer sua filha ao quarto *"para que ele a lamba"*.

O paciente exaspera-se com o que pensa e, tomado de horror e culpa, fica perguntando ao professor se não vai espancá-lo, expulsá-lo para sempre dali, preocupação que o leitor, aliás, com certeza, não está longe de partilhar. Freud não demora, a cada vez, em encontrar um sentido para tais fantasias e interpretá-las para o paciente, como se estivesse matando uma charada e, aliviado, estivesse dizendo a ele (e a si mesmo): ora, era apenas isso. Por exemplo, na fantasia das duas espadas no corpo da mãe, cujo sexo está sendo devorado por Freud e seus filhos, a associação das espadas com o coito e o casamento (entre outras) leva Freud a dizer-lhe que o sentido era claro: *"a beleza de uma mulher seria devorada pela relação sexual e pelo casamento"*, e a acrescentar em suas notas: *"desta vez ele riu muito dele mesmo"*.

Freud resiste bravamente aos assaltos dos ratos, tomados de furor lúbrico, que irrompem *"nas transferências"*, submetendo-o a duras provas. Mas eles acabam volatilizando-se um a um, ao serem tratados como enigmas e decifrados.

Uma outra dúvida, referida ao pai e retomada pelo próprio paciente em suas intermináveis hesitações em relação à escolha da mulher com quem casar (a prima amada[11] ou a pretendente rica do

---

11. *"Cada vez que tinha que dar um passo que o aproximasse do objetivo de seus desejos, sua resistência se manifestava pelo sentimento de não amá-la tanto assim, no fundo..."*, observa Freud (Freud, 1909).

casamento arranjado pela mãe), apresenta-se com muita intensidade na análise. O paciente, em dado momento, passa a ter a convicção de que Freud o trata bem porque quer casá-lo com sua filha. Um sonho permitirá ao analista perceber e interpretar esse movimento transferencial.

O paciente que, com 29 anos, tivera sempre uma vida sexual pobre (a sua primeira relação sexual fora aos 26 anos) passa, depois do início da análise, a ter relações sexuais freqüentes com uma costureira, com quem, segundo Freud, *"sua potência sexual é excelente"*. Observação que, nas notas de Freud, é imediatamente seguida da frase: *"hoje ele ousou atacar sua mãe..."*.

A possibilidade de acesso e efetivação de seus desejos viris em relação à mulher é fruto do trabalho de elaboração da questão do pai, que, muito claramente, estava ocorrendo nessa análise. Lembro, a propósito, que, por ocasião das manobras militares, ele estaria sob *"grande tensão libidinal"* e ficara tentado a ter uma aventura amorosa com uma jovem atraente no albergue e também com a funcionária do correio que adiantara, por ele, o pagamento de seu reembolso postal. A *"tensão libidinal"*, como sabemos, refluiu no *"delírio"* dos ratos; ele tortura-se durante toda a viagem de retorno a Viena com a necessidade de efetuar o pagamento do reembolso postal, lutando com a idéia compulsiva de retornar imediatamente à cidade, onde está o correio, para pagar a moça. Este pagamento, no entanto, deveria ser feito no cenário montado em seu espírito, não diretamente, mas por intermédio de dois homens, interpostos entre ele e ela, numa flagrante inversão da situação edípica, já que o interditor ou rival do triângulo se torna aqui um mediador necessário.

A configuração particular do complexo paterno, que emerge dessa análise, suscita alguns problemas em relação à primeira versão do complexo de Édipo (embora ainda não batizado assim) das cartas a Fliess e da Interpretação dos Sonhos: desejos de morte em relação a um pai que é obstáculo à satisfação de aspirações incestuosas pela mãe. Se para Freud o elemento central dessa neurose (Homem dos Ratos) reside no conflito defensivo contra o *"ódio inconsciente pelo pai"*, tal ódio não visa eliminar o pai, mas, ao contrário — está em busca dele, na tentativa de reconstituí-lo ou de mantê-lo através da mobilização de um erotismo arcaico. No caso do Homem dos Lobos, o elemento matricial da neurose é também uma fantasia erótica em relação ao pai; o pólo pulsional do conflito defensivo, no entanto, não é o ódio, mas um *"amor homossexual"* pelo pai.

Na trama do complexo paterno encontramos, pois, como elemento dinâmico da neurose, ora amor, ora ódio, ora desejo pelo pai — elementos difíceis de articular no complexo de Édipo, a menos que, talvez, se comece pela distinção entre, de um lado, o par amor-ódio, inerente a qualquer relação ao objeto que, sendo *"não eu"* (um outro portanto) é o eterno rival de "mim mesmo como objeto de amor" (Freud, 1914; Freud, 1915) e, de outro, a noção de desejo e de seu correlato, a interdição.[12]

Vale dizer que a distinção entre estes dois planos aparece não só no texto sobre o Homem dos Ratos, em que pai e dama se encontram no mesmo lugar como objeto da ambivalência afetiva, mas também, e com insistência, ao longo do relato sobre o pequeno Hans, em que o medo de perder a mãe, o pai ou a irmã em função de tendências hostis inconscientes contra estes *"outros"* amados, está presente ao lado da angústia pelo próprio pênis ameaçado, digamos, *"filogeneticamente"* pelo interditor.[13]

Com a distinção entre os pares amor-ódio e desejo-interdição, chego a um resultado que é bem modesto ao final deste exercício de leitura, ainda mais se tivermos em mente os importantes desenvolvimentos que esses temas sofreram depois de Freud: Melanie Klein chegou à concepção da posição depressiva como elaboração da ambivalência originária em relação ao objeto, embora, é verdade, tenha perdido um pouco "o pai" pelo caminho; Lacan, com sua teoria sobre a identificação primária (o estádio do espelho), trouxe um esclarecimento fecundo ao problema do narcisismo. Sabemos que, dispondo deste elo teórico, ele foi levado a dar uma versão do complexo de Édipo em que o desejo e a interdição (função paterna!) vêm recortar, de forma fundadora e estabilizadora, o amor e o ódio, sempre potencialmente explosivos, contidos na fascinação narcísica do objeto/eu originariamente incerto de suas fronteiras.

---

12. Distinção que nos leva, de imediato, à interrogação sobre os conceitos de objeto, bastante diferentes, que se encontram sucessivamente na teoria das pulsões, formulada nos "Três Ensaios" e na teoria do narcisismo. Do ponto de vista metapsicológico podemos considerar relevante a questão de saber se quando falamos do "objeto" de amor ou de ódio estamos falando da mesma coisa que "objeto" de desejo ou "objeto" da pulsão.

13. Papel de interditor-rival, aliás, que o pai (de Hans) recusa obstinadamente ocupar em suas "conversas" psicanalíticas com o filho e no qual, no entanto, Hans insiste com a mesma obstinação...

Bibliografia

FREUD, S. (1907) "L'Homme aux rats — Journal d'une analyse", tradução de E. R. Hawelka e P. Hawelka. Ed. PUF (1974), p. 43.

FREUD, S. (1909). "Remarques sur un cas de névrose obsessionnelle (L'Homme aux Rats)", em "Cinq Psychanalyses". Ed. PUF (1975) p. 225, ou: Ed. Std. Bras. v. X p. 197.

_____. (1914). "Pour Introduire le Narcisisme", em "La Vie Sexuelle". Ed. PUF (1973), p. 81, ou: Ed. Std. Bras. v. XIV, p. 89.

_____. (1915). "Pulsions et Destins des Pulsions", em "Métapsychologie". Ed. Gallimard (1974), pp. 11-44, ou: Ed. Std. Bras. v. XIV, p. 137-162.

FREUD, S. (1909). "Remarques sur un cas de névrose obsessionnelle (L'Homme aux rats)", em "Cinq Psychanalyses". Ed. PUF (1975), p. 244, ou: Ed. Std. Bras. v. X, p. 244.

_____. Idem, p. 248, ou: Ed. Std. Bras., p. 230.

_____. Idem, p. 255, ou: Ed. Std. Bras., p. 241.

GRUMBERGER, B. (1986) "Al margen de El Hombre de los Ratos", em "Los casos de Sigmund Freud: El Hombre de las Ratas". Ed. Nueva Visión, p. 131.

LAPLANCHE, J. (1980) "Problemáticas I: A Angústia". Ed. Martins Fontes, p. 286.

LECLAIRE, S. (1971) "Démasquer le réel." Ed. Seuil, Points (1983), p. 147.

_____. Idem, p. 154.

ROSOLATO, G. (1969) "Essais sur le symbolique." Ed. Gallimard (1974), pp. 48 e 49.

O Ódio e a Destrutividade na Metapsicologia Freudiana[1]

No tempo de uma década, iniciada em meados dos anos 1890, Freud construiu um imponente sistema teórico para dar conta do sofrimento neurótico: as neuroses foram descritas em quadros nosográficos, fruto da observação fina de suas manifestações, mas, também, produto do enorme poder heurístico oferecido pelas concepções metapsicológicas iniciais. As muitas pontas do iceberg fornecidas pela observação interligavam-se com incrível docilidade à sua teoria do aparelho psíquico. A viga-mestra dessa teoria era a noção de conflito defensivo, um conflito intrapsíquico que supunha uma diferenciação tópica e o jogo contraditório de forças que nunca resultava no desaparecimento de uma delas; a tendência vencida, embora excluída da vida psíquica consciente pelo recalque, não só guardava o seu vigor, como adquiria, por assim dizer, ao menos potencialmente, uma nova virulência. Tornava-se como que indestrutível, transmitindo ao sintoma uma consistência que o tornava refratário a qualquer forma de tratamento psicológico que se baseasse apenas em atitudes compreensivas, admoestações, ponderações de bom senso, etc.

O estudo dos sonhos permitiu a descoberta de um modo de funcionamento do pensamento inconsciente totalmente distinto do que, até então, era conhecido como atividade psíquica. Tratava-se de um pensamento primário, caleidoscópico, dominado pela busca exclusiva e imediata do prazer e da realização do desejo, verdadeiro

---

1. Texto apresentado no Departamento de Psicanálise do Instituto Sedes Sapientiae em abril de 1991 e publicado na revista Percurso, 3 (7): 17-23, 1991.

mundo dos sonhos, rebelde às exigências da realidade, funcionando na recusa constante, por assim dizer alucinatória, da espera e da falta a que constantemente o sujeito está confrontado em sua vida real. Todos os elementos sintáticos, que dão conta desses impedimentos no pensamento consciente, cedem o lugar a uma gramática simples e desreal feita somente de substantivos, investidos, desinvestidos e sobreinvestidos (condensação e deslocamento), sempre a serviço do princípio do prazer.

Freud tornava assim compreensível o caráter repetitivo e irrefreável do sintoma neurótico, capaz de introduzir duravelmente impedimentos mutiladores, aparentemente absurdos, em vidas que em si eram cheias de possibilidades e que, em todo caso, não continham nada que justificasse no plano da realidade as inibições, os impasses, o sofrimento causado pela doença psíquica. O tratamento psicanalítico que permitia o acesso aos conflitos subjacentes no sintoma, baseado na fala associativa do analisando e na atenção flutuante do terapeuta, era congruente e apoiava-se inteiramente nessas concepções sobre a psicopatologia das neuroses e sobre o funcionamento psíquico.

Em 1905, com os "Três Ensaios sobre a Teoria da Sexualidade", Freud completa o seu sistema teórico-clínico — a sua metapsicologia — ao introduzir o conceito de pulsão para designar o fundamento da força tenaz introduzida pelo recalcado no sintoma neurótico, assim como em qualquer outra produção psíquica marcada pelo selo do inconsciente. A pulsão não é uma força genérica. Freud a situa no cerne da sexualidade, concebida como abrindo-se sobre toda a gama do erotismo corporal na forma de uma "energia", maleável e transformável, que ele chama de libido.

O conflito defensivo comporta, de um lado, o eu como instância recalcante, do outro, do lado do recalcado, fantasias de desejo eróticas, sexuais, em que a pulsão se faz presente pelo seu traço mais saliente: o de ser uma pressão constante.

Se fiz este longo, e ao mesmo tempo rápido, sobrevôo do sistema teórico produzido até então por Freud, foi para dizer que, embora ali se encontrem os conceitos fundamentais da teoria e da prática da Psicanálise, este sistema, apenas constituído, começou a encontrar dificuldades para dar conta, plenamente, de certas configurações encontradas na clínica, a começar pela neurose obsessiva, estudada no caso conhecido como o Homem dos Ratos (1909).

A análise revelou como peça central desse caso de neurose obsessiva o ódio inconsciente, recalcado, contra o pai. Era característico deste paciente o que Freud chama de "coexistência crônica do amor e do ódio em relação à mesma pessoa", isto é, a ambivalência afetiva. Freud conclui que este traço "é um dos caracteres mais freqüentes, mais acentuados e, por isso mesmo, um dos mais importantes provavelmente de neurose obsessiva". E, para além da neurose obsessiva, Freud afirma que "o ódio mantido pelo amor no inconsciente" desempenha também "um grande papel na patogênese da histeria e da paranóia". (Freud, 1909)

Duas observações são aqui necessárias:

1. Se o recalcado, e portanto o inconsciente, é de natureza sexual libidinal, o que pensar da gênese de uma neurose baseada no recalque do ódio? Qual a relação do ódio com a teoria da libido ou, ainda, qual a natureza pulsional do ódio?

2. É preciso notar também que ao colocar o ódio do lado do recalcado Freud põe, do lado do recalcante, o amor. A oposição eu-pulsão sexual é deslocada para a oposição amor-ódio: a causa do recalque do ódio sendo o amor pela mesma pessoa.

Estes problemas obviamente não escapam a Freud. Perplexo, ele afirma conhecer muito pouco sobre a natureza do amor e, em particular, sobre a relação que qualifica de "totalmente obscura" entre o "fator negativo do amor" e a "componente sádica da libido".

Confrontado à dificuldade recorre primeiro ao poeta, citando a passagem do Banquete, de Platão, em que Alcebíades fala de seu amor ambivalente: "muitas vezes eu sinto o desejo de não mais vê-lo entre os vivos. E, no entanto, se isto acontecesse, eu sei, eu seria ainda mais infeliz".

Limita-se, em seguida, a sugerir "a título provisório" que o ódio inconsciente esteja relacionado com um sadismo constitucionalmente muito forte e precocemente reprimido. Freud atém-se, pois, à sua teoria da libido, ao situar o ódio ao lado da pulsão sádica, mas a relação entre ódio e sadismo permanece para ele um enigma. Esse enigma passará a funcionar como um grão de areia na engrenagem de sua metapsicologia e, talvez não seja exagero dizer, que este grão de areia vai ser responsável por todos os deslocamentos e remanejamentos metapsicológicos que se produzirão a partir de então na obra de Freud.

Antes de ir adiante, vale lembrar que em 1896, quando ainda vigorava a teoria de sedução, Freud tinha atribuído a etiologia da neurose obsessiva a uma experiência sexual da infância, vivida não sob forma passiva como na histeria, mas de maneira ativa: tratava-se de uma "agressão praticada com prazer, de uma participação vivida com prazer, a atos sexuais" (Freud, 1896). A intuição do prazer na agressão, de uma sexualidade agressiva, da importância pois do sadismo na neurose obsessiva, já está presente nessa teoria. Freud não se atém ainda à ambivalência nem à idéia de um ódio inconsciente, embora destaque a auto-recriminação, ou seja, a culpabilidade inconsciente que passará a ocupar um lugar crescente, tanto na teoria como na clínica, a partir da análise do Homem dos Ratos (1909)[2].

Nos "Três Ensaios" (1905), Freud refere-se a uma "pulsão de crueldade", considerada por ele como um "fator do comportamento sexual" da qual, até hoje, afirma ele, *"não foi possível fazer uma análise aprofundada"*. Menciona nesse texto *"o perigo"* de uma *"associação entre pulsões eróticas e a crueldade"*, formulação que testemunha a ambigüidade em situar essa pulsão parcial: ora é um *"fator da componente sexual"*, o que é vago, ora é expressão da erotização da crueldade. (Freud, 1905)

Em 1911, Freud publica o seu primeiro grande trabalho sobre uma psicose, conhecido como o Caso Schreber. A violência pulsional subjacente ao quadro é atribuída não à exacerbação de pulsões destrutivas, mas a uma "explosão de libido homossexual". O ódio paranóico seria secundário ao amor homossexual de Schreber por seu médico, correspondendo a um contra-investimento denegatório, defensivo. O delírio de perseguição resulta da projeção do ódio, numa seqüência que se resume assim: "eu não o amo, eu o odeio", a que se segue uma segunda denegação: "não sou eu quem odeia, é ele que me odeia, por isso me persegue".

Freud já havia assinalado, em um artigo de 1896, a importância do mecanismo de projeção na paranóia, bem como a existência de "uma alteração do eu" nessa patologia (Freud, 1896). No Caso Schreber, Freud precisa a natureza da "alteração do eu", situando-a em relação à noção de narcisismo, ou seja, à idéia de uma sorte

---

2. Na Interpretação dos Sonhos, Freud menciona a análise de um paciente obsessivo que já não saía de casa tomado pelo medo de vir a matar as pessoas que passavam por ele. Este homem passava o seu tempo procurando álibis para o caso de ser acusado por qualquer dos crimes cometidos na cidade. Vivia sob a pressão, diz Freud, de pulsões assassinas inconscientes contra o pai.

de balanceamento entre a libido narcísica investida no próprio eu e a libido de objeto. Na predisposição à paranóia, haveria uma labilidade maior dos investimentos de objeto, que tenderiam a ser totalmente abandonados num primeiro tempo, a libido refluindo para o eu; o delírio corresponderia então a uma tentativa de reinvestimento objetal de reconstituição do mundo.

A mesma "alteração inicial" é atribuída ao eu na origem da melancolia em "Luto e Melancolia" (1915); o investimento de objeto "é pouco resistente" também nesta psicose (Freud, 1915) e, diante de uma decepção, de uma perda, de um ferimento narcísico infligido pelo outro, a libido se retira do objeto, voltando-se para o eu, num movimento que Freud chama de "identificação narcísica", já que resulta aqui na introjeção do objeto.

Na melancolia, como na neurose obsessiva, a ambivalência em relação ao objeto é muito acentuada[3]. O amor pelo objeto se satisfaz sob um modo arcaico pela incorporação do objeto, ou seja, pela identificação narcísica, enquanto o ódio se volta para o próprio eu, cindido entre uma parte que se compraz em atacar e a outra em ser atacada. Prefigurando o conceito de super-eu da segunda tópica, o objeto introjetado está carregado de ódio e encontra uma evidente satisfação sádica nos sofrimentos que inflige ao eu.

Ódio e sadismo, este entendido como pulsão libidinal, continuam a andar juntos, quase superpostos, mas com o conceito de narcisismo será possível formular uma articulação e, portanto, uma diferenciação entre ambos. É o que Freud faz em Pulsões e suas Vicissitudes (1915), ao trazer uma primeira resposta para o difícil problema com que se depara no Homem dos Ratos, qual seja o do lugar a dar ao ódio em sua metapsicologia (Freud, 1915).

Neste texto Freud distingue o sadismo, pulsão parcial da teoria da libido, do ódio cuja gênese se situa na oposição eu (sujeito)/objeto (mundo exterior) e que fora posta em evidência nas psicoses como oposição libido narcísica/libido de objeto. Por objeto entende-se aqui o outro do eu narcísico, o não-eu, o estrangeiro-semelhante, concepção diferente da de objeto da pulsão descrita nos Três Ensaios, como aquilo que é necessário, contingencial, para a satisfação da pulsão[4].

---

3. Em Totem e Tabu (1913) Freud trata exaustivamente do problema da ambivalência entre amor e ódio e da culpabilidade, traçando um paralelo entre os tabus dos "povos primitivos" e a neurose obsessiva.

4. Próximo da noção de objeto parcial de K. Abraham e M. Klein e de objeto "a" de Lacan.

Na gênese do eu haveria um momento em que este atribuiria a si-mesmo todas as fontes de prazer, enquanto o mundo exterior, isto é, o objeto, o outro — aquilo que não é eu — seria inicialmente indiferente e, em seguida, fonte de desprazer[5]. Essa situação se mantém graças à introjeção do que no outro é apaziguador, prazeroso e à projeção do que nele próprio é excitação, perturbação, portanto desprazer. O ódio é originariamente expressão da hostilidade do eu contra este outro ameaçador, como fonte de desprazer, é o movimento do eu visando afastar, eliminar, destruir o objeto perturbador. A relação primeira, originária ao outro, seria pois uma relação de ódio, e não de amor (Freud, 1915; Freud, 1913).

Somente num terceiro tempo o amor aparece na relação ao outro: é quando o objeto é reconhecido como fonte de prazer, o que leva o sujeito a procurar aproximá-lo de si, a preservá-lo, num movimento que corresponde ao amor.

Seqüência genética que deve ser compreendida também estruturalmente, de maneira a entendermos que todo amor ao objeto é ambivalente em seu fundamento: o reconhecimento do objeto, do outro como diferente, é uma concessão laboriosa, sempre provisória do eu narcísico. Este, em seu íntimo, nunca deixa de estar desconfiado do que Ferenczi chama de "malícia do objeto", ou seja, a sua teimosia em não se adequar completamente às necessidades e desejos do eu, em se mostrar distinto dele. Se dissermos, inspirados em Melanie Klein, que o eu se constitui sobre um fundo de angústia paranóide ou, inspirados em J. Lacan, que o eu é em sua essência paranóico porque constituído na própria alienação, no engodo, numa relação de incerteza identitária originária, creio que não teremos nos afastado muito da intuição freudiana sobre a origem narcísica do ódio.

O objeto é, pois, uma fonte primária de sofrimento narcísico que precisa ser contrabalançado pelo amor, pelo investimento libidinal. Essa relação primária de ódio fica particularmente evidente nas psicoses: seja na paranóia em que o sujeito vai até a destruição física do objeto; seja na melancolia em que recorre ao suicídio para eliminar o outro; seja na esquizofrenia e na esquizoidia, em que toda manifestação de um outro é vivida como uma ameaça iminente.

Na neurose obsessiva o objeto é preservado por uma forma de amor arcaico, em que a finalidade libidinal se assemelha ao objetivo

---

5. Noto que deste ponto de vista é também importante a outra grande polaridade da vida psíquica, o eixo prazer-desprazer.

do ódio, já que a satisfação pulsional própria ao sadismo consiste em maltratar, em torturar, ainda que sutilmente, o objeto de amor. É como se este objetivo pulsional impedisse o ódio de atingir os seus fins, quais sejam, a eliminação ou o desinvestimento do objeto. A erotização do ódio, ao contrário, preserva o vínculo ao objeto, mas também transfigura o ódio numa força pulsional.

Em suma, em "Pulsões e suas Vicissitudes", Freud situa as raízes pulsionais do amor nas pulsões sexuais, o amor *"coincidindo com a tendência sexual em sua totalidade"*; o ódio se situa do lado da "luta do eu por sua conservação e afirmação" (Freud, 1915). Portanto, o ódio não corresponde, a rigor, a uma pulsão, a não ser referido à idéia, de pouco alcance, das pulsões de autoconservação. O ódio só adquire um caráter propriamente pulsional se erotizado, ou seja, na medida em que proporcione satisfações sadomasoquistas.

Com a reviravolta de 1920 e a introdução do conceito de pulsão de morte, o suporte que a oposição libido narcísica-libido de objeto fornecia para uma teoria sobre a natureza do ódio torna-se desnecessário, ainda que esta oposição seja retomada em cada uma das obras que seguem "Além do Princípio do Prazer". Ao postular um conflito fundamental entre tendências de vida e tendências desagregadoras, destruidoras, voltadas para a morte, a problemática da oposição amor-ódio vai naturalmente coincidir com essa nova oposição pulsional. Se o ódio, assim como o que lhe era correlato — a ambivalência, a culpabilidade e o sentimento moral — ficava numa posição marginal, sendo muito difícil de inseri-lo e de compreendê-lo à luz da primeira teoria das pulsões, agora, ao contrário, este se torna como uma decorrência natural da pulsão de destruição, um dos pólos do novo dualismo pulsional.

A pulsão de destruição é, na verdade, um dos destinos possíveis da pulsão de morte. Esta, diz Freud em "O Problema Econômico do Masoquismo" (1924), pode ser defletida para o exterior graças à libido narcísica, quer dizer, voltar-se contra o objeto na forma da pulsão de destruição". A pulsão de destruição coincide aqui, em suas finalidades, com o objetivo do ódio na teoria narcísica do ódio.

O segundo destino da pulsão de morte é ainda a pulsão de destruição, mas desta vez erotizada, dando origem ao sadismo, à pulsão sádica. Esta formulação correspondente à do ódio na teoria anterior, exceto que aqui o sadismo seria sempre decorrente da associação entre libido (Eros) e pulsão de destruição (pulsão de morte) e não mais propriamente uma modalidade da libido.

Finalmente, a pulsão de morte pode permanecer "no organismo" ligado à libido na forma de um masoquismo primário, chamado por Freud de masoquismo erógeno. A concepção de um masoquismo primário não encontra equivalente na primeira teoria das pulsões, a menos que retomemos a noção de co-excitação sexual dos "Três Ensaios". Freud diz ali que qualquer emoção como a angústia, o medo ou mesmo a dor, pode produzir excitação sexual. Em "Pulsões e suas Vicissitudes", ele escreve que *"infligir a dor* (ao objeto) *não desempenha nenhum papel nos objetivos originariamente visados pela pulsão. Para a criança sádica, infligir dor... não é o que ela visa"*(Freud, 1915). É somente depois de experimentada em si mesma a excitação sexual ligada à dor — por co-excitação —, quer dizer, a satisfação masoquista, que infligir dor ao outro, agredir, fazer mal, passa a ser um objetivo pulsional. Laplanche nota, com razão, que o primeiro tempo sexual é o masoquista. O tempo propriamente sádico supõe um tempo masoquista anterior, de maneira que já neste texto, ainda no quadro da primeira teoria das pulsões, há a noção de um masoquismo primário.

Confesso, pois, que não consigo ver o que o conceito de uma pulsão de destruição acrescenta para a elucidação do problema que nos ocupa, qual seja, o da origem, da natureza e dos destinos do ódio. Quanto à origem e à natureza do ódio, parece-me bem mais fecunda a teoria anterior, que põe em relação ódio e narcisismo. Quanto aos destinos do ódio, não há dúvida de que, nos textos posteriores a "Além do Princípio do Prazer", há uma nítida consolidação do espaço crescente que vinha sendo ocupado pelo sadismo e pelo masoquismo na metapsicologia freudiana. O sadismo e o masoquismo parecem estar de alguma maneira presentes, desde então, em todas as modalidades da libido. Freud afirma, em 1924 (Freud, 1924), que *"o masoquismo erógeno toma parte em todas as fases do desenvolvimento da libido e empresta delas a sucessão de roupas psíquicas que reveste"*: *"a angústia de ser devorado"* ligada à organização oral, o *"desejo de apanhar"* à fase sádico-anal e até mesmo as fantasias de castração da fase fálica comportando uma satisfação masoquista.

A oposição entre o super-eu, objeto carregado de sadismo, introjetado no eu e um eu potencialmente masoquista, passa a ter grande importância na compreensão da culpabilidade inconsciente na melancolia, na neurose obsessiva ou na reação terapêutica negativa[6]. O conflito defensivo, antes limitado ao confronto entre o eu e os dese-

---

6. A tensão entre o eu e o super-eu (o outro introjetado) transpõe para o cenário intrapsíquico a oposição geradora de ódio narcísico entre o eu e o outro.

jos inconscientes, situa-se agora também no interior do eu; o eu sendo considerado em grande parte inconsciente passa a ser o "novo teatro", na expressão de Freud, onde se desenrolam os conflitos intrapsíquicos. Teatro interno ao eu (um "mundo interno"?) onde se põe em cena o jogo das relações de amor e de ódio entre o eu e o outro, agora introjetado[7].

Em Além do Princípio do Prazer, obra em que Freud introduz a idéia de pulsão de morte, o tema que o ocupa não é a destrutividade, e sim a compulsão à repetição presente nos sonhos da neurose traumática, mas que ocorrem igualmente em qualquer análise, sonhos que não correspondem ao princípio do prazer, que não visam à realização do desejo. Neles o que se repete são experiências penosas, de sofrimento psíquico; são, diz Freud, *"cicatrizes narcísicas"* deixadas pelas humilhações infligidas no contexto do complexo de Édipo, que tendem à repetição também na transferência. O que Freud põe em primeiro plano nesse texto é a noção de traumatismo psíquico concebida como machucado, transbordamento, ferida do eu narcísico e a necessidade de ligação psíquica dele decorrente. Ele dedica, nessa obra, apenas duas páginas à ambivalência afetiva e ao sadismo; depois de formular a teoria de uma pulsão de destruição derivada da pulsão de morte, afirma que tal idéia pode *"não fazer sentido"* e dar *"uma impressão francamente mística"*. (Freud, 1920)

Freud refere-se ali ao trabalho de Sabina Spielrein "A destruição como causa de devenir", publicado anos antes (1912). Neste trabalho, a autora afirma que *"há algo no fundo do indivíduo que por paradoxal que possa parecer à primeira vista, o leva a fazer mal a si mesmo e que lhe dá prazer nisto"* (Spielrein, 1913, p. 220), *concluindo pela existência de uma "componente destrutiva do instinto sexual"* ou ainda de um "*instinto sexual de morte, de um instinto de* destruição oposto ao instinto de vida" (Spielrein, 1913, p. 235 e 257). A componente destrutiva seria a causa da ambivalência amor-

---

7. Vertente da obra de Freud que se abre para as concepções de Melanie Klein, mas que precisaria ser temperada se levarmos em conta um tema fundamental das teorias de Freud e que não discutimos neste trabalho, qual seja, o do complexo de Édipo. De fato, não podemos esquecer que para Freud a culpabilidade, assim como a origem da moral, da religião e da organização social, se assentam sobre o mito ou a fantasia do assassinato do pai (Freud, 1913). O super-eu sendo "herdeiro" do complexo de Édipo. O sentimento de culpa decorre em Freud não só do temor pelo que possa ocorrer ao objeto da ambivalência amor-ódio, numa relação interpessoal (cf. por exemplo o caso do Pequeno Hans — ref. 12), mas também da interdição, suprapessoal em sua natureza, do incesto. Os dois planos estão presentes na obra de Freud, e sua articulação é, para mim, ainda um problema (cf. meu estudo sobre o Homem dos Ratos).

ódio nas relações de objeto, bem como da pulsão sadomasoquista. Este trabalho da ex-analisanda de Jung contém, pois, a intuição precursora de um masoquismo primário, ao instalar no fundo do indivíduo um *"prazer a se fazer mal"*. É interessante citar aqui uma passagem do comentário de Federn, feito na época, a este trabalho:

> *"... sem que nada lhe autorize (ela) supõe, na base de tais processos de destruição e de transformação, uma pulsão particular, e os remete pois a um objetivo perseguido enquanto tal pelo indivíduo, em vez de ver ali manifestações acompanhando fenômenos de origem sexual, ou decorrendo deles."*

E Federn conclui dizendo que o método da autora é perigoso por buscar explicações *"em causas longínquas"*, e não em *"determinações mais imediatas"*, o que a aproxima *"dos grandes pensadores místicos"* (Federn, 1913).

E não se poderia dizer o mesmo da pulsão de destruição de Freud?

Devo observar que o meu objetivo aqui era o ódio, e não a pulsão de morte; por isso, essa só foi considerada na medida em que entrava na relação com o tema — o ódio e o sadismo — enquanto pulsão de destruição. A interpretação que fez Lacan da pulsão da morte, por exemplo, refere-se não à destrutividade, mas ao recalque primário, o que não estava em meu propósito discutir.

Bibliografia

FEDERN, P. (1913). "Compte rendu", em "Sabina Spielrein entre Freud et Jung". Ed. Aubier Montaigne (1981), pp. 261-262.

FERENCZI, S. (1926). "Le Problème de l'Affirmation du Déplaisir", em "Oeuvres Complètes", v. III. Ed. Payot (1974), p. 393.

FREUD, S. (1909). "L'Homme aux Rats", em "Cinq Psychanalyses". Ed. PUF (1975), pp. 254-255. Ed. Std. Bras. v. X, p. 239-241.

_____. (1896). "Nouvelles Remarques sur les Psychonévroses de Défense", em "Névrose, Psychose et Perversion". Ed. PUF (1974).

_____. (1905). "Trois Essais sur la Théorie de la Sexualité." Ed. Gallimard, Folio (1988), pp. 88-90. Ed. Std. Bras. v. VII, p. 197-198.

_____. (1911). "Le Président Schreber", em "Cinq Psychanalyses". Ed. PUF (1975), p. 308. Ed. Std. Bras. v. XII, p. 85-86.

_____. (1915). "Deuil et Mélancolie", em "Métapsychologie". Ed. Gallimard (1974), p. 158. Ed. Std. Bras. v. XIV, p. 281.

_____. (1915). "Pulsions et Destins des Pulsions", em "Métapsychologie". Ed. Gallimard (1974).

_____. (1913). "La Disposition à la Névrose Obsessionnelle", em "Névrose, Psychose et Perversion". Ed. PUF (1974), p. 197. Ed. Std. Bras. v. XII, p. 408.

FREUD, S. (1924). "Le Problème Économique du Masochisme", em "Névrose, Psychose et Perversion". Ed. PUF (1974), pp. 291-292. Ed. Std. Bras. v. XIX, p. 204-206.

FREUD, S. (1913). "Totem e Tabu." Ed. Payot, PBP(1968), p. 163. Ed. Std. Bras. v. XIII, p. 170.

_____. (1909). "Le Petit Hans" (1909), em "Cinq Psychanalyses". Ed. PUF (1975). Ed. Std. Bras. v. X, p. 54.

FREUD, S. (1920). "Au-delà du Principe du Plaisir", em "Essais de Psychanalyse". Ed. Payot, PBP (1975), p. 102. Ed. Std. Bras. v. XVIII, p. 74-75.

LAPLANCHE, J. (1977). "Vie et Mort en Psychanalyse." Ed. Flammarion (1977), pp. 137-143.

MENEZES, L. C. "O Homem dos Ratos e a Questão do Pai." Revista Percurso n° 5 (1991).

SPIELREIN, S. (1913). "La Destruction comme Cause du Devenir", em "Sabina Spielrein entre Freud et Jung". Ed. Aubier Montaigne (1981).

"Além do Princípio do Prazer":
Inflexões na Técnica[1]

Assim como as águas dos rios e o que elas carregam em seu movimento fluem seguindo a inclinação do terreno, assim como a eletricidade desloca-se no interior de uma diferença de potencial, tudo o que se passa no psiquismo humano é regido pela busca do prazer e pelo seu corolário, evitar o desprazer[2]. Princípio diretor do funcionamento desta montagem, deste modelo útil para a teoria a que Freud chamou de aparelho psíquico e que encontra a sua expressão mais manifesta no comportamento das pessoas que, em princípio (...), procuram constantemente obter e conservar aquilo que lhes dá bem-estar e satisfação, afastando-se, desvencilhando-se, do que possa ser fonte de sentimentos penosos.

Até aqui nada de muito especial, nada que pudesse causar estranheza a um biólogo, por exemplo, pois é próprio ao modo de funcionamento de qualquer ser vivo procurar as condições mais adequadas, mais satisfatórias, para o seu funcionamento, fugindo das que lhe são impróprias ou nocivas. Lembro de uma observação ao

---

1. Este texto foi apresentado em uma mesa-redonda sobre o artigo de Freud "Além do princípio do prazer", realizada no Departamento de Psicanálise do Instituto Sedes Sapientiae em novembro de 1995. Foi publicado no livro "Freud: um Ciclo de Leituras", org. Sílvia Leonor Alonso e Ana Maria Siqueira Leal, Ed. Escuta, 1997.

2. Freud encontra certa dificuldade em dar conta do funcionamento do princípio do prazer no inconsciente, pois o prazer é uma sensação que só pode ser apreendida na experiência consciente. Sabemos que, desde o Projeto, é um critério econômico, o do aumento de excitação, de tensão, que dá conta deste problema, sendo a tendência do aparelho psíquico em reduzir o quantum de excitação, o que corresponde ao princípio do prazer. No texto que está sendo objeto deste comentário Freud aborda esta dificuldade e sugere que o aspecto qualitativo do prazer poderia depender do ritmo das variações no tempo da tensão.

microscópio, dos tempos do curso colegial, de uma lâmina contendo uma população de protozoários: a temperatura em dois pontos da lâmina sendo diferente, as bactérias evidentemente concentravam-se na região cuja temperatura lhes convinha mais. Guardando ainda por um momento o bom humor ingênuo e a evocação de banalidades, poderíamos pensar que para nossa espécie, que dispõe de um leque muito amplo de maneiras de obter satisfação, deveria ser fácil viver bem (sabemos, depois dos Três Ensaios que, pelo contrário, "é aí que reside o problema", mas também o que torna possível cuidar dele). Claro que como tudo o que existe e, em particular, no que diz respeito a nossos colegas do mundo biológico, nossa espécie está também exposta às agressões que o mundo físico, em sua cruel inocência, lhe inflige e que são fontes de sofrimento. Há para todos os seres vivos a dura luta pela vida, pois estes são formações com alta performance, mas frágeis, o que é resumido por Bichat em sua conhecida formulação de que "a vida é o conjunto de forças que resistem à morte".

Alta performance quer dizer que os seres vivos dispõem de um certo número de recursos ("conjunto de forças") para atender às suas necessidades, ou seja, que não estão desarmados nesta "luta pela vida". As observações de Lorenz, inclusive em condições laboratoriais, de certas espécies de peixes de corais, mostram isto, dando particular destaque, no plano comportamental, à função das condutas agressivas dirigidas contra seus congêneres na manutenção dentro de um dado território de uma população numericamente compatível com a quantidade dos alimentos ali disponíveis. Sem isto, a espécie não conseguiria sobreviver: indivíduos de uma mesma espécie lutam e se matam para que a espécie sobreviva. Ele diz que os seguidores de Freud, com sua "noção de pulsão de morte", teriam dificuldade em compreender que a conduta agressiva está aqui a serviço da manutenção da vida (Lorenz, 1969).

Esta "noção" tendo adquirido desdobramentos e interpretações bastante diversas na clínica psicanalítica, não creio que isto seja verdade para todos os psicanalistas. Lorenz teria lido com muito interesse um livro de Nathalie Zaltzman (Zaltzman, 1994) e suas reflexões sobre os esquimós de Thulé. Vivendo em condições as mais adversas, eles devem, segundo suas previsões das condições meteorológicas, regular o tamanho do grupo social em função dos recursos alimentares mínimos para a sobrevivência física de seus componentes, tendo que recorrer, para isto, ao infanticídio e ao homicídio calculado. Psicanalista e não Etologista, a autora é levada a pensar as situações extremas (incluindo aí a escuta de sobreviventes dos campos de extermínio), com ênfase nas respostas psíquicas que se encontram no plano da necessidade, como urgência vital, para além embora não estrangeiras, aos impasses do desejo.

    O caso clínico que ilustra suas teses refere-se a uma analisanda que, segundo ela, investira um dos filhos não só no plano do desejo, mas também no da necessidade. Ela monta com ele uma cumplicidade, inacessível em uma primeira análise, que visa negar a morte, na ficção de que juntos formavam um par imortal. Este vínculo não-erótico camuflado só vai aparecer, na urgência da segunda análise, iniciada quando o filho, agora com vinte anos, está atingido por uma leucemia. A natureza deste modo de investimento do filho encontra suporte num elemento nunca tocado da história do início da vida da paciente: os pais divorciaram quando era bebê, mas o pai quis casar novamente algum tempo depois porque a ex-mulher, a mãe, estava acometida por uma doença mortal; pareceu-lhes então que precisavam casar de novo para assegurar proteção para a filha. A certidão do primeiro casamento dos pais fora, sintomaticamente, perdida pela paciente que não conseguia tomar as providências necessárias para obter outra, fato que lhe trazia complicações burocráticas intermináveis. As teorias infantis sobre a morte (relativas à diferença não dos sexos, mas do animado e do inanimado) sustentam, segundo a autora, uma cena primária marcada pela morte em sua origem. A convicção da paciente de que se tivesse agora um neto, o filho se salvaria é entendida como deslocamento desta função de suporte "fisiológico" ocupada pelo filho, o que lhe daria a possibilidade de não precisar mais morrer para poder desenredar-se dela.

    A autora, em muitas passagens, tem uma concepção da pulsão de morte que corresponde a algo ativo, enquanto exigência de trabalho psíquico e, portanto, de trabalho analítico. Esta é de difícil percepção porque se encontra encoberta pela trama que, num outro plano, é rica em fantasias, histórias, dramas alimentados pelos conflitos libidinais, desejantes, não aparecendo senão na urgência de experiências-limite. Creio, no entanto, entender que, para ela, é em "acontecimentos" que agem como exteriores à vida psíquica ou então que permanecem encapsulados, apenas esboçados enquanto tentativa abortada de elaboração, não chegando a adquirir o estatuto de fantasias conflitualisáveis; é neles que se encontra o efeito mortífero que, no caso relatado, acaba pondo em jogo a própria vida física do filho.

Interessa-me reter aqui a observação de N. Zaltzman referente à situação analítica e à transferência. Ela diz que *"este modo de investimento de primeira necessidade, em sua crueza não-erótica"*, pode estar presente, embora de maneira não muito visível, em muitas análises. Neste caso, o analista pode funcionar como *"objeto material bruto, fora de qualquer ligação afetiva, fora de qualquer significância..."*, a relação analítica sendo marcada por uma *"aridez a-libidinal"*, nesta *"dimensão da vida psíquica onde o objeto tem uma valência de necessidade não-erótica"*.

Não esqueci o texto de Freud que devo aqui comentar, mas vou continuar referindo-me a autores contemporâneos, pois o meu propósito é considerar este texto mobilizador das referências metapsicológicas da Psicanálise na perspectiva de suas incidências sobre a técnica, sobre o fazer clínico.

Num texto sobre a reação terapêutica negativa (Pontalis, 1980), como em tantos outros de sua autoria (Pontalis, 1977), Pontalis testemunha também de situações-limite (nos limites do analisável) em que a linguagem, instrumento por excelência do trabalho analítico, como que entra em pane. É como se o que opera no interior da fala, trazendo associações inesperadas, momentos de insight, o lento trabalho perlaborativo, seguido de modificações que até então resistiam tenazmente em cenários-sintoma (de transferência), a atividade imaginativa do analista e sua sagacidade sensível na atenção flutuante, capaz de flagrar movimentos transferenciais a partir de uma soma de indícios sutis no interior do *setting*, é como se, em suma, o trabalho analítico se revelasse inadequado, na verdade, impraticável.

Não que o trabalho analítico assim descrito se refira a uma concepção do fazer analítico marcado por defesas intelectualisantes, evocadoras de uma postura insensível e "inautêntica" do analista, dita também rígida ou ortodoxa, em suma, "freudiana"(!). A neutralidade analítica, fundada na necessidade de preservar a situação analítica das necessidades narcísicas e libidinais do analista, dos seus conflitos e defesas, de maneira que este eterno analisando que ele é se dê o tempo interno de trabalho psíquico, naquilo que foi globalmente chamado de contratransferência — a neutralidade assim entendida, não pode ser confundida com neutralização do analista.

Com estes pacientes, ou com estes momentos de uma análise, diz Pontalis: *"a única mudança reconhecida como válida seria uma mudança operada na realidade"*. E o curioso, diz ele, é que nestas condições o próprio analista acaba se convencendo disto, *"ao menos por algum tempo"*, e achando que *"com uma mãe destas — tão psicótica, tão imprevisível, tão incoerente — ou com 'um ambiente (environnement) precoce' tão defeituoso, ou depois de tantas situações difíceis (dommages) e de tantas catástrofes, o que fazer senão tentar reparar, colar os pedaços sobre os buracos do tecido"*. Aqui o autor toma um certo recuo em relação a um imaginário reparador que possa tomar conta do analista, mas não faz isto para recusá-lo pura e simplesmente. Ao contrário, contra-argumenta imediatamente, afirmando, em particular, que *"não escapamos à necessidade de reconhecer (donner acte) sob uma forma ou outra, ao paciente, que a realidade o tratou ferozmente, que reconhecemos a violência que lhe foi feita"*.

Reafirma a necessidade de o analista estar atento à defesa pela realidade, por traumática que ela possa ter sido, assim como à defesa pela fantasia (referindo-se aqui ao 'fantasying" de Winnicott), para em seguida esclarecer que está querendo referir-se a situações da clínica, caracterizadas pela necessidade de *"fazer agir a realidade, de torná-la ativa no presente da situação"*, quando *"a realidade assume a função de insistência, quando ela ocupa inteiramente o campo da fantasia e da representação, quando é ela que figura o insensato (l'insensé)"*. E o autor conclui afirmando que *"o acesso ao figurável requer por vezes uma longa permanência em um doloroso enfrentamento com o que não tem nome, nem figura"*. São condições em que *"a função do analista se reduz à de um 'objeto utilizado'"* e nas quais o analista é confrontado *"em cada instante à experiência dos limites da análise e de seu poder — e portanto do nosso"*.

Entendo que ele assinala aqui a impressão penosa, e que não é puramente subjetiva, impressão de falta de sentido da própria função do analista e daquilo que ele está fazendo ali, experiência que, sem dúvida, todos nós já conhecemos em nossa clínica, para além das dificuldades e dos custos narcísicos habituais, inerentes a qualquer escuta analítica. Às vezes, aliás, tenho a impressão que, paradoxalmente, se tenta evitar os custos desta escuta em favor dos primeiros, já que um imaginário da função do analista, cristalizada numa posição reparadora de traumatismos produzidos por circunstâncias ou objetos maus da vida do analisando e, eventualmente, o vale-tudo de "o analista trata o paciente com aquilo que ele realmente é... como pessoa", pode ser um excelente álibi resistencial à difícil, dita "impossível", sustentação da escuta, na mobilidade psíquica e na condição de não saber *a priori* o que ela requer.

O "Além do Princípio do Prazer" não marca o abandono do que não está além: se a clínica encontra um sonho que não é senão umbigo do sonho, isto não invalida a clínica construída em cima da "interpretação dos sonhos" e daquilo que chamamos de primeira tópica. O tema de hoje não torna em nada obsoleto o tema com o qual se iniciou esta série de exposições (A Interpretação dos Sonhos). Ele apóia-se inteiramente nelas. Se o desejo que se diz dissimulado no sonho, ou na fala-sintoma transferencial, encontra-se mudo, ou se ele contém nele uma ambivalência primária ("o ódio de ter que desejar", diria Piera Aulaigner), isto não quer dizer que a possibilidade de desejar e de sonhar não seja o único terreno em que o sujeito humano encontra as condições para a vida psíquica e para dar um sentido para sua vida, isto é, para si. Quer dizer sim, que a psicanálise começou a tratar de pessoas que, na verdade, se encontravam bem mais destruídas psiquicamente do que seus primeiros pacientes.

É na esteira de desenvolvimentos exigidos pelo trabalho dos primeiros psicanalistas com psicóticos, ao longo dos anos 1910-1920, e com o que chamamos hoje pacientes borderlines, patologia narcísica ou de caráter, que se chegou a este texto de Freud e ao modelo modificado do aparelho psíquico que é a segunda tópica. O conflito defensivo que imobilizava parcialmente o Eu, assoberbado pelas exigências de uma sexualidade sempre inadequada em suas aspirações, sendo por isto fonte de angústia e que o sintoma neurótico (como o sonho) tentava engenhosamente contornar para evitar o desprazer, dava lugar ao sofrimento neurótico que, como afirma Freud, não passava de "um prazer que não podia ser experimentado como tal" (Freud, 1920).

Já os desenvolvimentos a que me referi têm como ponto de partida a idéia de que o próprio Eu é objeto de investimento libidinal. Sendo um objeto total, as pulsões só podem investi-lo numa forma convergente, dessexualizadas em seus fins: as pulsões sexuais em seu polimorfismo auto-erótico cedem lugar ao amor; este investimento lididinal de si não pode ser outra coisa senão o amor de si. O objeto passa agora a ser aquilo que não é Eu, ou seja, o outro. Amor de si — ódio do outro é a nova polaridade na versão constitutiva do narcisismo primário que eu destacava num trabalho anterior apresentado neste livro[3]. *"O ódio aparece com a descoberta do objeto que lhe é*

---

3. O ódio e a destrutividade na metapsicologia freudiana, página 145 deste livro.

consubstancialmente ligado — o objeto é descoberto no ódio", afirma André Green (Green, 1988).

O Eu tem pois coração mas, em sua constituição primariamente paranóica, é um coração-boca insaciável em suas necessidades de amor. O outro nunca poderá ter uma resposta suficiente para curá-lo de uma vez por todas desta "doença"; e só poderá acreditar que a tem se estiver sob o efeito de alguma miragem de onipotência paranóica, salvadora.

É nisso que insiste Marie-Claire Boons que, utilizando-se de conceitos de Lacan, encontra a essência do ódio na vontade de *"destruição do Outro no sentido estrito, isto é, de qualquer lugar de fala"*, e que se trata de um desejo que, levado ao extremo, visaria a abolição de qualquer sentido. Dizer o ódio seria então uma tentativa, arriscada, de não chegar até lá: isto é, até a destruição do outro e do Outro, a destruição de tudo (Boons, 1985)[4].

Sem dúvida há a angústia da perda do amor (do superego, por exemplo), mas o sofrimento encontra expressão com o tema do narcisismo numa outra forma, que passa a ocupar o centro da cena, qual seja a da dor psíquica. O ser humano estará condenado a passar o tempo "desfolhando a margarida", à espreita em cada momento dos sinais que possa entender como de amor, de desamor, de indiferença ou de ódio que lhe chegam do outro: dor ou satisfação, o princípio do prazer terá de passar também por aí.

Se o objeto se constitui no ódio, o Eu se constitui no amor. Em "A Negação" (Freud, 1925) Freud, ao distinguir na atividade de pensamento que julga e decide primeiro sobre os atributos do que está considerando, se são bons ou maus, em seguida sobre sua existência (julgamento de atribuição e julgamento de existência), afirma que a primeira, julgamento de atribuição, é expressão das mais antigas pulsões orais: *"isto eu quero comer ou eu quero cuspir"* ou, então, *"isto eu quero introduzir em mim e isto excluir para fora de mim"*. Evoca, pois, a polaridade amor-ódio intervindo na constituição e na própria atividade do pensamento.

No que Freud não insiste aqui, mas que permeia todos os seus textos desde 1910, sendo inerente a tudo o que diz respeito ao narcisismo, é a dependência do Eu, desde seus momentos constitutivos, dos sinais de amor ou de ódio que lhe chegam do outro, ou que ele possa entender como tal. A própria constituição de um aparelho psí-

---
4. Devo o conhecimento deste texto a Carlos A. Niçéias.

quico passa inevitavelmente por aí. "Isto é bom e quero introduzir em mim e isto é ruim, e quero por para fora" está relacionado com o prazer/desprazer que provoca em mim, o que terá de ser entendido não só no registro da satisfação pulsional, mas também no registro narcísico: o outro gosta ou é hostil a esta minha atividade, é tolerante ou intolerante em relação a ela.

Os autores pós-freudianos que construiram teorias sobre a origem da atividade de produção de sentido, atividade de ligação na linguagem de Freud, colocaram esta oposição no centro de seus modelos. Refiro-me aqui, em particular, às obras de W. Bion e de P. Aulaigner. De certa forma, talvez pudéssemos estendê-las para Winnicott e mesmo à teoria laplanchiana da sedução primária. Nesta, se a sexualidade materna é traumatismo que requer ligação, "mise-en-sens", no que tem de enigmático — "*o que é isto que ela está fazendo comigo?*" — tem como corolário que a atividade psíquica da mãe tenha também de ser um suporte essencial na gênese da produção autoteorisante do pequeno traumatizado; ora, isto depende do investimento amoroso da mãe em relação à vida psíquica do filho. Seria, aliás, interessante comparar este modelo com o da P. Aulaigner, para quem é na interpretação materna que reside a "violência primária". Talvez não haja necessariamente contradição neste ponto entre as duas teorias, se tivermos presente que uma mensagem enigmática não é pura excitação; uma mensagem só pode ser entendida como algo já portador de sentido, já interpretação, ainda que inconsciente.

Em Além do Princípio do Prazer, Freud talvez antecipando (a metapsicologia parece estar, na obra freudiana, sempre adiantada em relação à clínica) ou já começando a perceber, talvez não tanto em sua própria clínica, que nesta época já devia estar mais voltada para análises de analistas, mas pela clínica de outros, como Ferenczi, lança as bases para questões que concernem análises em que o método analítico, o trabalho de ir e vir do tear associativo e interpretativo de ligação-desligação, se mostra inoperante. E ele começa, de fato, o terceiro capítulo de seu texto fazendo um retrospectivo da evolução dos objetivos da técnica psicanalítica nestes "vinte e cinco anos": num primeiro tempo tratava-se, antes de mais nada, de "uma arte da interpretação", o analista procurando adivinhar o inconsciente que escapava ao paciente. Não era suficiente. Passaram então a cuidar mais da interpretação das resistências. Ainda era pouco. Não havia como evitar (...) a transferência, ou seja, a compulsão à repetição que levava os pacientes a repetir em vez de rememorar. O que insiste em se repetir não são apenas as fantasias de desejo recalcadas, mas também, e isto é, diz Freud,"fato novo", experiências do passado, sem nenhuma relação com o prazer, experiências desde sempre dolorosas tendem também a se repetir na análise. E os neuróticos *"repetem e fazem reviver com muita habilidade todas estas circunstâncias não desejadas e todas estas situações afetivas dolorosas"*. Entre outras coisas, *"eles obrigam o médico a lhes falar duramente e a lhes tratar friamente"*, quer dizer, a adotar comportamentos em contradição com a neutralidade benevolente própria à função analítica. O analista é levado a agir os seus afetos, incapaz de pensá-los! Trata-se, em suma, de situações em que o analista é deslocado das condições psíquicas requeridas pela escuta e pela necessidade de dar sustentação às solicitações transferenciais.

Maltratar pacientes que "habilmente obrigam" o analista a fazer isto; certo, há outros que são levados a tratar "bem demais" alguns pacientes seus, como acontece com Ferenczi, numa certa fase, e que afirmam que isto é necessário, pois estes viveram e estão revivendo experiências traumáticas extremamente devastadoras[5]. Se os analistas encontram-se diante de casos para os quais a interpretação, seja ela das resistências ou das fantasias transferenciais, não é suficiente, o que é que podem então fazer como analistas, permanecendo analistas? A hipnose, a sugestão, as boas palavras e atitudes das terapias pré-psicanalíticas estarão de volta? A questão da influência exercitada pela pessoa do analista, que como todo o resto nunca esteve tão ausente nem da clínica (e até muito pelo contrário quando se vai olhar mais de perto) (Coelho Jr., 1995) nem dos escritos de Freud, mas em relação aos quais os fundamentos metodológicos da Psicanálise mantinha restrições importantes que caracterizavam o método em sua essência ética. Como fica isso tudo?

Pois bem, o nosso bravo Freud, que já fizera renascer das cinzas a sua invenção por ocasião de outras crises, como o desmoronamento de sua "neurótica", ou da descoberta da transferência (o pa-

---

5. Felícia Knobloch, num trabalho sobre a noção de trauma em Ferenczi, propõe a expressão de tempo do traumático para dizer não só que o trauma é sempre presente, sem passado, mas, de forma mais precisa, recorrendo a uma formulação de Blanchot, quando diz que *"o presente é aí sem fim, separado de qualquer presente por um infinito inesgotável e vazio (...) o presente do sofrimento é o abismo do presente..."* (Knobloch, *O tempo do traumático*, São Paulo, Educ-Fapesp, 1998, p. 122).

ciente se envolvia com o médico, em vez de se limitar a reencontrar o recalcado inconsciente!), consegue de novo encontrar uma saída, sempre com a ajuda de sua inseparável metapsicologia. O dispositivo analítico entra em pane em certos casos, em certos momentos de uma análise, porque o próprio aparelho psíquico pode estar lesado. A linguagem é econômica e o modelo emprestado à biologia, o de um organismo biológico cujo pára-excitações rompido deixa entrar um excesso de excitação: *"as transformações de energia que nele operam segundo modalidades particulares"*, sofre a *"influência equalisadora e portanto destruidora das energias excessivas em ação fora dele"*. (Freud, 1920) O aparelho psíquico que processa as excitações pulsionais, fazendo-as circular numa rede de produções criadora de finas diferenças, quer dizer, portadoras de sentido, de representações, de certa forma liquefaz-se, caindo no puro "nonsense" ou, para evitar isto, imobiliza-se, premido pela urgência da necessidade, agora prioritária, de se reconstituir e de sobreviver.

A urgência consiste em metabolizar o que escapa à atividade representativa de maneira a poder dar algum sentido ao que se apresenta como pura dor, disruptiva e paralisante ou, ainda, a tornar pensável o impensável. Trabalho dito de ligação, mas que talvez deva ser entendido aqui de forma diferente do empregado quando referido ao trabalho de ligação/desligação, no jogo com as representações substitutivas, falsas conexões a serem desfeitas pela perlaboração no processo de "supressão do recalcado". Ligação supõe, aqui, creio eu, algo que é da ordem de uma "neogênese de sentido".

O que poderia vir a ser isso? Talvez encontremos algum esclarecimento no que se encontra ilustrado pelo "jogo do fort-da", em seus três tempos. A primeira resposta da criança, confrontada ao "arbitrário" da ausência materna, ou seja, ao fato de que a presença desta não depende dele mas dela, consiste em atirar longe os objetos, procurando fazê-los desaparecer por meio de uma ação motora; o desaparecimento destes depende de sua vontade', de sua ação motora, o que supõe já uma equivalência entre estes e a mãe. No segundo tempo, consegue organizar um jogo mais elaborado, com o carretel preso a um barbante, que faz desaparecer e reaparecer, podendo repeti-lo tanto quanto queira. No terceiro tempo, associa a este uma oposição de fonemas, emprestados à língua falada em torno dele e que significam longe-perto. Podemos pensar que num quarto tempo poderia dispensar o jogo com o carretel, usando apenas palavras para dar conta da situação. Pensar ao invés de agir, como quer o analista para si, para seu próprio funcionamento em sessão (já encontrou as palavras para pensar) e como quer para seu analisando. E o aparelho psíquico, o dispositivo da análise, põe-se em marcha... Não dizia Pontalis que o "*acesso ao figurável requer por vezes uma longa permanência em um doloroso enfrentamento com o que não tem nome, nem figura*"? Ou N. Zaltzman que "*o analista pode funcionar às vezes como... objeto material bruto, etc.*?" Chegamos à possibilidade de o analista poder estar funcionando não como "resto diurno" a alimentar o fluxo associativo do analisando mas apenas como um carretel para brincar. Aí encontramos Winnicott, ou pior, como coisas (objetos inanimados, quase desprovidos de sentido, coisas em estado bruto) enquanto não se produzem as metáforas que abrem para a palavra e para a possibilidade de dizer o que nunca foi dito, algo que, como diz Freud, nunca esteve sob a égide do prazer, apenas da dor.

Se a ação equalizadora, destruidora da atividade representativa do aparelho psíquico, "vem de fora", como diz Freud, podemos pensar que vem de fora deste "aparelho" por nunca ter sido incluída nele. Mas Freud vai mais longe e afirma, sempre numa linguagem econômica (de quantidades, de tensões), que a produção de sentido, que dá significação à experiência e à pressão pulsional (sexual), vai na contracorrente de uma tendência, que agora vem de "dentro", tendência ao esvaziamento, à morte do desejo e até do desejo de desejar (idéia que, na versão econômica, já se encontra no Projeto e na Interpretação dos Sonhos). Pulsão de morte, diz Freud, antes de embrenhar-se em seu famoso devaneio cosmobiológico que ele mesmo diz parecer uma "*revêrie profunda com ressonâncias místicas*".

Não vou acompanhá-lo em sua "*revêrie profunda*", mas não há como não reconhecer que sua concepção de uma tendência inerente ao próprio trabalho representativo do psiquismo, e que vai em sentido contrário a este, encontrou suporte no trabalho clínico de analistas que se interessaram em tratar pacientes muito destruídos, nos quais não só o desejo, mas o desejo de (ter) desejos (de vida psíquica), era tênue, reduzidos ao sofrimento da desagregação psicótica ou à desesperança da petrificação defensiva, ocupados por uma estratégia de sobrevivência.

Estes foram obrigados a instrumentar-se com uma teoria sobre a gênese do pensar, de um "aparelho de pensar pensamentos" em Bion ou em P. Aulaigner, à construção de um modelo do aparelho psíquico centrado na "*atividade de representação*", para voltar a mencionar de novo as duas teorias mais desenvolvidas sob este aspecto. Como já disse, esta gênese revela-se bem menos benigna que o modelo do fort-da, pois aparece em todos os modelos marcada pela contradição entre amor e ódio, entre desejo e não-desejo de pensar, isto é, de desejar. O ódio de si não se limita à crueldade do superego, ou mesmo à virulência destrutiva do masoquismo do Eu. Ele atinge, sob forma extrema, a própria atividade de pensamento em sua gênese, embora, por outro lado, não nos seja nem um pouco estranha em nossa experiência pessoal, em nosso cotidiano de bons neuróticos e de bons analisandos. As respostas do objeto, do outro, são em ambos os modelos cruciais, prolongando a dialética Eu-outro inaugurada pelas concepções sobre o narcisismo. A importância, neste sentido, deste outro, da resposta materna, revelando-se decisiva desde a clínica dos anos 20 de Ferenczi, passando por Balint e Winnicott, mas também pelos desenvolvimentos sobre o narcisismo primário de Lacan.

Estes modelos que concernem a "resposta materna" e que correspondem, sem dúvida, a uma ampliação e a um aprofundamento da Psicanálise não são indiferentes à questão que estou perseguindo neste trabalho, qual seja, dos seus efeitos sobre a função do analista e, em consequência, das concepções sobre o trabalho analítico. Eu diria que o analista trabalha com a linguagem, com os efeitos de sentido que possam se produzir no fazer clínico. Sua arte é a arte da interpretação, seja ela do inconsciente "escondido" para o paciente ou do qual o paciente "se esconde", das resistências, da transferência como diz Freud, em seu retrospectivo sobre a técnica, seja ela extremamente dificultada pelas condições que a organização psicopatológica do paciente impõe ao trabalho clínico e quaisquer que sejam os recursos pessoais que o analista consiga inventar nesta arte, inspirado e apoiado na experiência clínica de outros analistas que, tendo ido bem mais longe, conseguiram nos legar relatos e formalizações conceituais que enriqueceram a metapsicologia.

Como eu disse no início, o "Além do Princípio do Prazer" não é um substituto moderno do princípio do prazer ou a segunda teoria do aparelho psíquico um substituto da primeira. Em o Ego e o Id, Freud começa por examinar meticulosamente em que consiste tornar consciente o inconsciente, centrando este processo na conexão das representações de coisa com as representações de palavras no nível do sistema pré-consciente-consciência. Só então introduz a "novidade" trazida pela noção de traumatismo, em Além do Princípio do

Prazer, de que a análise não se limita às representações inconscientes recalcadas, mas que há "algo" que age como o recalcado e que ele chama de "sensações e sentimentos" inconscientes, em todo caso "algo que não tem representação", perguntando-se sobre que via este "algo" poderia tomar para poder ter acesso à consciência. Teria de passar pelas representações pré-conscientes de palavra? Sim, é sua resposta, esta é a única maneira de tornar consciente este "algo" (o trauma, a dor sem representações?) — é preciso passar pelas palavras. Reafirmação dos fundamentos do método, qualquer que seja a elasticidade do fazer clínico. Neles reside a sua especificidade e os fundamentos de sua ética.

Confrontado aos limites da análise, a tentação de abandonar a função de analista é grande, o medo também: são dois empecilhos à atividade do analista. Quantas vezes, ao acreditar estar abandonando esta função é que estamos possibilitando o prosseguimento de uma análise — e isto é hoje voz corrente, mas uma coisa é dizer, outra é fazer. A metapsicologia, pensada e incorporada em nós, é a única garantia de podermos ir e voltar, pois há também a ida sem volta, a possibilidade de nos perdermos de vez no caminho. Já deu para ver que nem sempre as coisas são simples nesta prática, muito pelo contrário.

Querer sustentar a função de analista nos expõe ao risco de ter de ouvir, nem que seja em nós mesmos, as palavras irônicas de Hamlet à Guildenstern, que declara não saber tocar flauta:

> *"Pois bem, vede agora que pouco caso fazeis de mim. Quereis tocar de mim, pretendeis conhecer meus buracos, quereis arrancar a minha alma de meu segredo, quereis me fazer ressoar tudo de mim, desde a nota mais baixa até o ápice da gama. E, no entanto, este pequeno instrumento que é cheio de música, que tem uma voz admirável, vós não podeis fazer falar. Por Deus! acreditais que seja mais fácil tocar a mim que a uma flauta?"*

A laboriosa construção da obra de Freud, com seus remanejamentos que testemunham de complexidades crescentes encontradas na prática da psicanálise, assim como todos os desenvolvimentos posteriores, desde os pioneiros até hoje, nos asseguram que Hamlet não teria razão se dirigisse tais palavras à Psicanálise como um todo. Ela pode até ter pensado, no início, que seria tão fácil trabalhar com o psiquismo humano quanto tocar uma flauta, mas não parou de descobrir o contrário, ainda que a tentação entre os analistas de limitar-se a pontos de vista simplificadores, a tomar a parte pelo todo, esteja sempre presente.

Depois de tanto falar em aparelho psíquico, gostaria, para finalizar, de mencionar um outro aparelho, na verdade uma estranha máquina, inventada por um homem chamado Morel. Os que já tiveram a ocasião de lê-la, sabem que me refiro à novela de Bioy Casarès — A invenção de Morel (Bioy Casarès, 1940).

O narrador chega a uma ilha deserta e inóspita, fugindo da Justiça pela qual fora condenado injustamente. Em certos dias, descobre que há todo um grupo de pessoas vivendo na ilha, vestidos com muito requinte. Ouvem música, passeiam, conversam, dançam. É grande o seu temor de ser visto e entregue à Justiça, por isso observa-os à distância, escondendo-se.

Uma mulher morena, com traços de cigana, Faustina, costuma, ao entardecer, sentar-se num rochedo onde fica observando o horizonte. Ele apaixona-se por ela. Passa a sofrer todas as agruras do amor, pensa em mil maneiras de abordá-la, sentindo-se sempre ridículo, inadequado. Há um homem, Morel, que a corteja com insistência, aparentemente sem muito sucesso. Ele é torturado pelo ciúmes.

Às vezes, todos desaparecem por algum tempo, misteriosamente, e a horrível ilha volta a ficar deserta. Até que, passado algum tempo, reaparecem, retomando a animação elegante, os passeios, as conversas.

Ele tenta aproximar-se de Faustina, mas ela parece ignorá-lo, o que aumenta seu sofrimento e o deixa entregue às mais cruéis conjeturas de um amor não correspondido. Aos poucos vai conhecendo melhor o grupo, as diferentes pessoas, seus nomes, a vida cotidiana entre eles, sempre escondido, espreitando-os no medo de ser surpreendido.

Descobre, finalmente, o que acontecera. Surpreende conversas em que o próprio Morel, seu rival junto à Faustina, e inventor da máquina, dá explicações sobre o seu funcionamento. A máquina, movida pela força das marés, era capaz de captar não só a imagem das pessoas, mas também suas falas, seu olfato, seu tato, seu olhar, sua densidade corpórea, suas sensações e até, embora isto não fique bem certo, seus pensamentos e emoções.

Há muito tempo, Morel reunira na ilha um grupo de amigos, inclusive Faustina, e ali passaram sete dias sendo "registrados" pela máquina que captava cada um dos momentos vividos por eles.

Pouco a pouco, no entanto, as pessoas começavam a perder a pele, os cabelos e iam se desfazendo da superfície para o interior. Mortos, permaneceriam eternamente vivos, pois, cada vez que a maré subisse a máquina por-se-ia a funcionar e todos voltariam a viver cada detalhe do que haviam feito, sentido e pensado ao longo daqueles sete dias. Isto se repetiria indefinidamente.

O narrador, tomado pela paixão, decide deixar-se também "registrar" pela máquina, incluindo-se, desta forma, para sempre, junto à Faustina, ao lado de quem continuaria sempre, sempre que a maré subisse e os sete dias recomeçassem...

Uma máquina de aprisionar o aparelho psíquico, entregando-o, pela eternidade, ao automatismo da repetição.

Em adendo

Retomei as considerações feitas neste texto em uma pequena apresentação, quando do lançamento do livro "Freud: um Ciclo de Leituras", do qual fazia parte, em São José dos Campos. Isto aconteceu cerca de dois anos depois de sua publicação. Reproduzo esta apresentação omitindo, no entanto, o material clínico utilizado para ilustrar o que ali era avançado.

O texto está publicado e já foi lido ou poderá sê-lo, de maneira que vou apenas retomar aqui o seu argumento, quem sabe ampliando-o um pouco. Naturalmente, é o conceito de pulsão de morte, ali introduzido, que nos interpela. Foi no terreno de sua incidência no fazer clínico do analista, no que tradicionalmente se convencionou chamar de técnica, que procurei encaminhar os meus comentários naquele trabalho.

Em Além do Princípio do Prazer, Freud retoma questões que se articulam em torno da idéia de traumatismo. O traumatismo, no sentido físico do termo, uma lesão produzida por um choque, é transposto aqui para o terreno psíquico. Um "flash back" poderá nos ser útil para situar o contexto em que esta concepção é retomada por Freud, em 1920.

No início, 25 anos antes, o sofrimento neurótico do paciente já fora, como sabemos, atribuído por Freud e Breuer a um acontecimento traumático patogênico, uma violência sexual exercida por um adulto sobre uma criança, despreparada para dar um sentido, para elaborar pela fantasia e pelo pensamento, ou seja, pela linguagem, o ocorrido. O traumatismo permanecia, por isso, como um corpo estranho no psiquismo. O objetivo do tratamento por eles inventado era possibilitar a reabsorção progressiva deste corpo estranho, pela reevocação, fragmento por fragmento, de elementos a ele associados, o que suscitava no paciente vivências afetivas e representativas, transpostas agora para o terreno da linguagem: o que ia sendo revivido na situação terapêutica ia perdendo seu poder patogênico na medida em que era nomeado, em que era retomado pela fala que os tornava pensáveis e, portanto, integráveis ao fluxo elaborativo do pensamento.

A atenção de Freud volta-se, sobretudo, para a dinâmica conflitual na determinação do sintoma. Forças em conflito, um rechaço ativo de representações inaceitáveis por serem causa de angústia, encontram-se na base do sintoma neurótico. O conceito de recalque torna-se central, pois dá conta da resistência observada por ele como oposição ativa, embora ignorada do paciente, a toda aproximação das fantasias ou lembranças inaceitáveis, por serem angustiantes. A natureza sexual destas e a força pulsional que as habita encontram-se no foco do fazer clínico do analista.

O Eu do paciente é suposto ser capaz de encontrar uma saída para a pressão pulsional, seja uma boa saída, pela via sublimatória por exemplo, seja uma saída menos boa pela formação do sintoma. O tratamento analítico possibilita uma revificação do sintoma, uma reabertura deste na situação analítica, pela via da transferência, e uma retomada da trama conflitual, que pelo trabalho interpretativo poderia dar-lhe uma melhor saída, na forma de novas modalidades de satisfação pulsional, ou, ainda, uma outra maneira para o Eu se situar em relação às fantasias de desejo inconscientes, cujo único modo de realização era o sintoma. Há a suposição, pois, de uma estrutura conflitual ativa no interior do sintoma.

O paradigma do fazer clínico é, nestas condições, o sonho, o sonho como realização do desejo e que supõe a aptidão do Eu para, engenhosamente, mobilizar a sua atividade pré-consciente, de maneira a realizar o desejo infantil recalcado, sem desencadear angústia. Em todo caso, sem ser invadido por ela. Quando fracassa, há sempre a possibilidade de acordar, saindo-se do pesadelo aliviado ao se constatar que não passava de um sonho.

Não é o que acontece com o sonho traumático, com o sonho da neurose traumática. A compulsão da repetição está aqui em primeiro plano: este não é movido pela busca da satisfação de um desejo, que a arte inspirada do trabalho do sonho é capaz de fazer. Nele se repetem tal qual um conjunto de elementos perceptivos ligados a um evento extremamente penoso e assustador vivido pela pessoa, sem que o trabalho de sonho tenha podido operar eficazmente. O Eu, assoberbado pela experiência, nada consegue fazer com ela senão sofrer como que passivamente, com toda a carga de terror, a repetição de cenas do acontecido.

Como vemos, há um limite para a capacidade de trabalho do aparelho psíquico e do Eu. Desde 1910, os psicanalistas tinham tido de levar em conta esse limite, pois tinham começado a se voltar para as psicoses: melancolia, esquizofrenia, paranóia e estados hipocondríacos graves. Nestas, o Eu não dispunha dos mesmos recursos que o Eu do neurótico para dar conta das exigências pulsionais. Estas apresentavam-se, por isso mesmo, como mais devastadoras e catastróficas, pondo em risco imediato a integridade do Eu. Não era mais possível pensar o conflito como sendo essencialmente intrapsíquico, pois esse é maciçamente projetado e vivido como externo (nas produções delirantes), mas também porque, acuado, o Eu se retira sobre si mesmo, ignorando os outros, ou deformando grosseiramente a realidade destes e de suas intenções.

O novo território a ser explorado, para além do conflito defensivo e do recalcado, passa a ser o próprio Eu, sua natureza e suas vicissitudes. A oposição amor-ódio passa ao primeiro plano, uma vez que permeia fortemente não só a relação com o outro, revelando-se intrínseca à própria natureza do Eu. Esta revela-se indissociável da relação ao outro, àquele que não é eu: o tema das identificações estruturantes, fundamentalmente ambivalentes, torna-se relevante, em particular, a partir do estudo da melancolia.

Sabemos como o desenvolvimento da psicologia do Eu gravita, entre 1910 e 1920, em torno da teoria do narcisismo. As intenções, os desejos, as disposições afetivas do outro — da mãe, por exemplo — em relação à pessoa passam a ser decisivos na constituição narcísica e nas possibilidades ou não do Eu.

Este aspira à integridade, à unidade no tempo e no espaço que, se ameaçadas, desencadeiam angústias de despersonalização próprias de vivências psicóticas. A aspiração à constância, à estabilidade, à integridade e, seu contraponto, o terror da desintegração são inerentes à economia narcísica. É compreensível que a pulsão que não busca senão a satisfação, o prazer, ignorando as necessidades do Eu na manutenção de sua unidade, possa, nestas condições, representar uma ameaça mortal. Ou seja, se o Eu tiver condições de dar um destino às solicitações pulsionais, nas suas fantasias, na sua vida amorosa, nas suas aspirações sociais, estas serão estímulo para a vida, ainda que suscitando angústia. Mas, se não tiver estas condições, elas poderão representar uma ameaça mortal, desencadeando angústias psicóticas.

As pulsões sexuais são estímulo para a vida, estímulo trabalhoso, complicado, arriscado, dependendo dos rumos que tomar no complexo de Édipo e na estruturação narcísica do sujeito. Podemos nos dar mais ou menos bem com elas. Nós, neuróticos, podemos até melhorar nossos "arranjos" graças a uma análise, por exemplo. Mas é possível também que nos demos muito mal. Podem representar uma ameaça à integridade do Eu, como acontece nas psicoses. Podemos ficar reféns de sua lógica cega e estéril (busca da satisfação, isto é, de descarga), nas perversões. Como podemos ter de desenvolver defesas narcísicas radicais em que as pulsões, e com elas quase toda a vida psíquica, sejam como que amputadas, ficando apenas a casca, na forma de uma hiperadaptação não conflitual à realidade ambiente. É o mortífero, nas várias formas que pode tomar, que se torna presente desde então na preocupação clínica dos psicanalistas.

Lembro, a propósito do que diz Louis Althusser em seu livro "O Futuro Dura muito Tempo", falando de sua *"fantasia de não existência"*, que segundo ele funcionava nele como um operador negativo que impedia *"a maionese de pegar"*, afirmando estar *"visceral e eroticamente"* ligado à mãe. *"O problema é que existem os corpos e, pior ainda, os sexos"*, diz ele, nesse livro, escrito após anos de reclusão em um hospital psiquiátrico, tendo sido declarado "irresponsável" depois de ter assassinado sua mulher.[6]

O Eros de Freud, como tendência agregadora, ou seja, como expressão da libido narcísica (o prazer em se sentir vivo e inteiro, em produzir pensamentos e fantasias, em amar e se sentir amado, em si e nas próprias coisas), adquire aqui um sentido. Mas, ao contrário do que diz Freud, não recobre toda a pulsão sexual. Não recobre a pulsão sexual não domesticada, não simbolizada, não encaminhada a serviço da vida. Esta poderá, pelo contrário, representar uma ameaça e, nesse sentido, ser mortífera.

Somos assim levados a admitir que a pulsão sexual pode ser ela própria traumática, sempre que for causa de um transbordamento incontrolável para o Eu, o que aliás está em acordo com a concepção

---

6. Faço um comentário deste livro no texto "Um Ato de Ser", que se encontra na página 195 deste livro.

econômica do trauma adotada por Freud em o "Além do Princípio do Prazer".

Penso, no entanto, que o traumático recobre uma problemática mais ampla que a da pulsão sexual, remetendo também ao acontecimento e a algo, por assim dizer, interno à economia narcísica, à economia da sobrevivência. Freud menciona, como acontecimentos, acidentes ferroviários, mas também choques vividos na guerra. Marcelo Viñar dedicou, com sua esposa, um livro à destruição psíquica produzida pela tortura e ao delicado "manejo" das análises, nesses casos.

O ponto de partida de qualquer trabalho de luto é a pergunta por quê? por que comigo, por que a mim acontece isso? Interrogação perplexa dirigida à divindade, às *"potências obscuras do Destino"* — na expressão de Freud, em O problema econômico do masoquismo — à Alguém, versão mitológica dos pais, no patético da ilusão quebrada e, da tentativa, *in extremis*, de recompô-la na busca de uma resposta, ou seja, de um sentido. Foi junto a eles, aos pais, que fomos encontrando os sentidos. Eles não respondiam com o calor de um olhar animado, alegre, a cada movimento nosso? Já a mãe, desde o primeiro sorriso ou o primeiro grito, não foi ela que nos ensinou que o sorriso era um sorriso e o grito um apelo?

Seria possível pensar que agora ninguém responde, ninguém responde pelo que acaba de me acontecer, que o mundo segue o seu curso, silencioso e indiferente em seu jogo de dados, ignorando meus sonhos mais profundos, inclusive aquele de que nas equações que dizem o acaso e as leis da física, pelo menos alguma letrinha me representasse em minhas aspirações? Onde está o quarto tão familiar, tão habitado, da "criança maravilhosa"? Mas nada, a não ser o silêncio barulhento do movimento cego das engrenagens do real, nenhum aceno, só o automatismo mecânico, a repetição muda.

É nessa linguagem tão particular, que só a evocação de experiências clínicas permite, que prossigo aqui, procurando dizer que sentido(s) tem encontrado o conceito de pulsão de morte em meu trabalho de analista.

Bibliografia

BIOY CASARÈS, (1940) A. "A invenção de Morel", Ed. Rocco (1986). Editora Robert Lafont coleção 10\18 (1976).

BOONS, M-C. "Dire la haine?" em Revue Littoral 15/16 (1985).

COELHO JR., N. (1995). "A Força da Realidade na Clínica Freudiana. Ed. Escuta.

FREUD, S. (1920). "Au delà du Principe de Plaisir", em "Essais de Psychanalyse". Ed. Payot, PBP (1993); 5a) p. 47; 5b) p. 69.

FREUD, S. (1925). "Negation", em Standard Edition. v. XIX, pp. 236-237. Ed. Hogarth Press.

GREEN, A. (1988). "Pourquoi le mal?", em Nouvelle Revue de Psychanalyse. Ed. Gallimard n. 38 p. 241.

KNOBLOCH, F. "Ferenczi e a Clínica do Trauma." In: *O tempo do traumático*, São Paulo, Educ-Fapesp, 1998, p. 122.

LORENZ, K. L. (1969). "L´Agression". Ed.Flammarion.

PONTALIS, J-B. "Réaction Thérapeutique Négative: Essai de Définition", em European Psycho-analytical Federation — Bulletin 15 (1980) p. 30 e 31.

PONTALIS, J-B. (1977). Entre le Rêve et la Douleur. Ed. Gallimard pp. 201, 217, 223, 241, 255.

ZALTZMAN, N. (1994). "A Pulsão Anarquista". Ed. Escuta.

Sexualidade e Pensamento[1]

Duplo tema, talvez tão amplos como se a um sociólogo fosse pedido que fizesse considerações sobre Economia e Política, mas que remetem, tanto sexualidade como pensamento, à experiência imediata a mais tangível de qualquer ser humano.

A Psicanálise, é verdade, desde a reviravolta introduzida pelos Três Ensaios sobre a Sexualidade (Freud, 1905), deu a esta uma amplitude bem maior, introduzindo com o conceito de libido uma elasticidade e uma transformabilidade para o sexual, que nos leva a encontrá-lo em toda uma gama de produções e experiências psíquicas, muitas delas destituídas de um componente erótico imediatamente perceptível.

O pensamento, por sua vez, é descrito por Freud como uma atividade bastante heterogênea em suas modalidades de constituição psíquica (representação de palavra e representação de coisa), comportando modos de funcionamento muito distintos, a que chamou de processos primários e processos secundários (Freud, 1900; Freud, 1915)

O recurso às noções de fantasia e de realidade nos ajuda a balisar o campo do sexual e do pensamento na Psicanálise. É na fantasia que a atividade representativa se mostra mais claramente subordinada à busca daquilo que pode oferecer prazer e satisfações ao sujeito. O pensamento, tendo de levar em conta as dificuldades impostas pela realidade, seja ela material, seja ela a das respostas

---

1. Este texto foi apresentado na Sociedade Brasileira de Psicanálise de São Paulo, em mesa-redonda preparatória do encontro "Bion 25 anos depois: ressonâncias", realizado em novembro de 1996. Foi publicado em livro intitulado Bion em São Paulo-Ressonâncias, org. Maria Olympia de A.F. França e editado pela SBPSP.

nem sempre satisfatórias que venham dos outros; a busca da satisfação só pode ser percebida nos objetivos para os quais, finalmente, ele se encontra voltado.

Se as duas modalidades de pensamento visam à busca do prazer, à satisfação de desejos, é somente na primeira, em que predominam os processos primários, que isto é alcançado pela via mais curta, ou seja, pela satisfação alucinatória, pela fantasia e pelo sonho. Já os processos secundários, que pressupõem a capacidade psíquica de exercer uma inibição sobre os primeiros, levam em conta também aquilo que, sendo causa de desprazer, tenderia a não ser considerado pela atividade psíquica (Freud, 1911).

O que é causa de desprazer, o que é penoso, quando procedendo de "dentro", "quer dizer, quando proveniente de exigências pulsionais incontornáveis, não só é evitado, como passa a ser objeto de enérgico e constante rechaço, com custos consideráveis para o aparelho psíquico. Este é o fundamento da concepção freudiana do recalque, conceito pivô de sua compreensão do sofrimento neurótico, bem como do tratamento pela psicanálise.

Nestas bases, sua concepção sobre o modo de relação com o real, que por se fazer à contracorrente das aspirações que animam o psiquismo só pode ser elaborada sob uma forma "negociada", por compromissos, em que os sonhos, os desejos terão de encontrar uma parte maior ou menor nas versões pelas quais vai se constituindo aquilo que, para o sujeito, é a "realidade".

Estas construções que dão conta da realidade serão admissíveis e habitáveis somente se amortecidas e libidinisadas pelo sonho (isto é, pelo desejo). Isto vale tanto para o mundo dos mitos, das crenças e dos postulados partilhados, o das artes, das histórias e das religiões, como também para o mundo da produção científica, bem mais impregnado pela fantasia e pelo desejo do que se costuma pensar.

Entre a ficção científica e as ficções (modelos) com que operam os cientistas, a distância, quanto à natureza psíquica de sua produção, é pequena. Nestas últimas, a diferença reside mais no método que consiste em submetê-las a protocolos de confirmação ou de infirmação, ou seja, a artifícios metodológicos que trazem como que um suporte externo ao "princípio de realidade".

Poderíamos, a propósito, lembra o tema do animismo, presente não só nas crenças dos chamados povos primitivos, ou no mundo infantil, mas também em crenças amplamente presentes em nossa cultura, em cada um de nós e que constituem, aliás, a condição ou a essência de qualquer produção poética. Testemunha desta força do sonho, é pelo animismo que o homem atribui uma alma às coisas do mundo, tirando-as de sua intolerável indiferença. O animismo e a magia que dela decorre são uma maneira de humanizar as forças da natureza, tornando-as acessíveis aos nossos desejos. É o que nos mostra Freud em Totem e Tabu (Freud, 1913) em que, de certa forma, explica que a magia é uma técnica ou um truque inventado pelo narcisismo humano que, em sua loucura necessária (tal é o desamparo), se convence que as coisas são dotadas de uma alma e, portanto, influenciáveis em seus estados de espírito, em sua disposição em relação a nós, desde que achemos a maneira adequada de "falar" com elas. Com a invenção da religião, dos deuses, dos santos, estes passaram a ser os mediadores ou delegados do homem, representando-o junto à natureza, de maneira a tirá-la desta "absurda" disposição a ignorar os sonhos humanos.

A ciência, explica Freud (estou, é claro, dizendo tudo isto do meu jeito), é um substituto do animismo e da religião, pelo qual é possível pelo esforço em entender a "linguagem" da natureza, quer dizer de seus modos de organização e de funcionamento, torná-la sensível àquilo que queremos. As ciências constroem linguagens simbólicas, eventualmente matemáticas, em que as relações regradas entre os símbolos, "miraculosamente", parecem corresponder a relações efetivamente existentes na natureza, tornando possível agir sobre ela, com boa margem de previsibilidade, de maneira a poder influenciá-la em nosso favor. Foi e tem sido assim. Em cima da força destes (loucos) sonhos narcísicos foram se construindo as culturas e as civilizações.

Ao prosseguir mais um pouco nesta linha de exposição, menciono agora o ensaio de Freud sobre Leonardo da Vinci (Freud, 1910). Neste, ele ilustra com fineza a sua concepção sobre a presença determinante dos desejos inconscientes nas produções da vida psíquica, considerando as realizações tanto do artista como do estudioso da natureza que era Leonardo. Como sabemos, Freud propõe neste texto que fantasias erótico-amorosas recalcadas, ativadas em dado momento da vida de Leonardo, tiveram o poder de imprimir uma marca definitiva nas obras do pintor, não só em seus temas, mas, e sobretudo, num sorriso com características muito particulares, que anima a expressão de certas figuras de suas obras.

Encontramos a mesma maneira de ver em seu trabalho sobre "A criação literária e o sonho desperto" (Freud, 1908). Refere-se, ali, ao que chama de "*trabalho da fantasia*", "*mais fácil de ver no brincar das crianças do que no homem adulto*". Antecipando-se à Winnicott, afirma que a obra literária, da mesma forma que o sonho diurno, é "*uma continuação e um substituto das brincadeiras da criança de outrora*". É interessante notar que também considera como um prolongamento da capacidade de brincar e de fantasiar das crianças esta "*fruição superior*" que é o senso de humor. A propósito, não sei se muitos institutos de formação têm incluído entre seus critérios de avaliação e seleção pois o senso de humor dos candidatos, parece tratar-se de um talento precioso para o analista (capacidade de humor em relação a si mesmo, às teorias psicanalíticas e ao próprio fazer clínico, já não seria pouco!).

Não vou insistir mais sobre a concepção freudiana da relação do desejo e das fantasias inconscientes com as produções psíquicas do homem, amplamente presente em toda a sua obra. Mas, antes de deixá-lo para trás, interessa mencionar ainda, referindo-me a este mesmo texto (o da criação literária), a sua afirmação de que "*o tesouro do folclore*" constituído pelos mitos, lendas e contos de cada cultura devem ser considerado como "*os depositários deformados das fantasias de desejo de nações inteiras, os sonhos seculares da jovem humanidade*".

Depois de chamar a atenção para a face luminosa, fecunda, animadora, do desejo como impulsionador da vida psíquica, vou começar a me voltar, aos poucos, para o que é, por assim dizer, a sua face escura.

Gostaria, antes, de acrescentar algo sobre o princípio de realidade, retomando um pouco o que dizia no início sobre os princípios que regem a vida psíquica. Trata-se de um ato que o princípio de realidade supõe, qual seja o de uma decisão de julgamento, de um juízo imparcial, referente à existência de alguma coisa ou de alguém, por um lado, e de seus atributos, por outro, entendendo-se por atributos, essencialmente, a questão de saber se "aquilo" é bom ou mau... para mim (Freud, 1911). Se julgado bom será objeto de amor, se ruim, objeto de ódio, isto é, de um desejo de aniquilamento e de destruição.

Há algum tempo venho me interessando pela polaridade amor/ódio inerente à constituição narcísica do Eu. Tenho me interessado, em particular, pelo modelo proposto por Freud em sua teoria sobre a gênese do ódio, no texto "Pulsões e suas Vicissitudes (Freud, 1915). Neste, ele propõe, como é conhecido, um momento constitutivo do Eu, em que este "acha" que tudo o que propicia prazer emana dele e o que produz desprazer provém de fora, daquilo que não é ele. A projeção do que é "ruim" e a introjeção do que é "bom" sustentam esta ilusão, num modo de funcionamento que Freud chama de Euprazer purificado.

Em conseqüência disso, o que vem de fora, o que não é Eu, o outro, será "visto" como fonte de sofrimento, de dissabor, de excitações disruptivas, e portanto como algo ruim, detestável, e que o Eu só pode querer fazer desaparecer ou mesmo destruir, aniquilar. É neste sentido que, diz Freud, o objeto é constituído no ódio. Eu acrescentaria, fiel a este modelo, que na contrapartida do objeto, constituído como odioso, há o Eu, constituído num amor ilimitado de si.

Num segundo tempo, o Eu é capaz de considerar que o sofrimento pode vir dele próprio e que o outro, em contrapartida, pode também trazer aquietamento e ser causa de prazer. Torna-se possível então até vencer o ódio primário contra o objeto e chegar também a amá-lo, o amor sendo entendido no desenvolvimento a que estou me referindo, como alimentado por satisfações eróticas e narcísicas (pulsão erótica dessexualisada).

Já fiz em outro trabalho[2] algumas considerações sobre esta teoria freudiana da gênese do ódio, co-extensiva de um "tempo" narcísico arcaico, e, para o que interessa aqui, limito-me a sublinhar que se este "fundo" arcaico do Eu é inerente à sua constituição narcísica, a aversão pelo outro (a outra pessoa), pela alteridade, pelo que se apresenta a ele como estranho (inclusive aquele estranho que emana da vida pulsional, do inconsciente do sujeito) é uma fonte potencial de ódio e de agressividade, sempre presente na vida psíquica.

E, para além do outro, do nosso semelhante (nunca suficientemente "semelhante", nunca suficientemente conforme aos nossos desejos), temos de considerar que os próprios pensamentos, em seus conteúdos e em sua gênese, podem estar pegos nesta lógica amor/ódio inerente ao narcisismo. Tal pensamento, tal formulação, tal idéia ou palavra me convém, eu gosto dela e a integro em mim (em meu pensar), tal outra me soa estrangeira, ruim, hostil; ela me faz mal e por isso a afasto de mim, a ignoro ou a destruo.

Engolir ou vomitar são os protótipos corporais desta lógica primária, em que um todo delimitado (figuração narcísica por excelência) por uma pele e por alguns lugares de passagem entre o Eu e o Não-Eu "decide" o que é apetitoso e o que é repulsivo.

---
2. O ódio e a destrutividade na metapsicologia freudiana, página 145 deste livro.

Entendo, nesta direção, a conhecida formulação de Freud em A Negação (Freud, 1925):

> "*O estudo do julgamento nos dá acesso, talvez pela primeira vez, à compreensão do aparecimento de uma função intelectual, a partir do jogo das atividades pulsionais primárias. O julgar é o desenvolvimento ulterior, apropriado a um fim, da inclusão no Eu ou da expulsão para fora do Eu que, originalmente, se produzia segundo o princípio do prazer.*"

Ao marcar, de um lado, a atividade de pensamento pelo seu enraizamento no desejo, atividade que está sempre em negociação com a busca da satisfação, fim último de toda atividade psíquica, encontramos aquilo que nos anima, que nos propulsiona a pensar. Mas é no amor, pelo que dá prazer (objetal ou narcísico), e no ódio, pelo que causa desprazer ou dor, sempre presentes em toda atividade representativa, que encontramos, em contrapartida, aquilo que limita a atividade de pensamento em sua função de imparcialidade, como juízo de realidade.

Volto um pouquinho ao "Leonardo", para dizer que, em suas especulações, Freud acaba afirmando que a "avidez de saber" deste, expressão atualizada dos ardores de suas "investigações sexuais infantis" (encontrando um destino sublimatório, naturalmente), acaba predominando sobre o artista. O cientista, estudioso da natureza, impõe-se a ele (Leonardo), e a investigação se substitui às necessidades da vida amorosa, às *"paixões violentas"* nas quais outros *"viveram o melhor de suas vidas"*. E Freud transpõe assim o lema de Leonardo:

> "*Não se ama, nem se odeia verdadeiramente a não ser quando se penetrou até o conhecimento: fica-se (então) para além do amor e do ódio.*"

Curiosa situação: o amor pelo conhecimento (como substituto de um amor erótico), nos colocando para além do amor e do ódio...[3]

---

3. A fórmula original de Leonardo, citada por Freud, é a seguinte: "Nessuna cosa si puó amare nè odiare, se prima non si ha cognition di quella".

Gostaria de fazer duas observações:

1. a paixão pelo saber como substituto sublimatório de satisfações eróticas é uma concepção freudiana clássica, que tem incitado a questionamentos teóricos mas que me parece convincente;
2. esta formulação tem, a meu ver, um grande alcance para o tema que nos ocupacomo processo mostrar a seguir.

Se tivermos presente uma condição em que predomine o que há de mais arcaico no funcionamento do Eu, isto é, a repulsa, o ódio maciço pelo estrangeiro, pelo que intrusivamente o invade, quer vindo de fora (de um outro ou do que é projetado no outro) ou de dentro (daquilo que de si apresenta-se como não familiar, como não assimilável) ou, ainda, a adesão alienante ao que se apresenta como igual a si mesmo (Freud, 1915; Freud, 1925), teremos um funcionamento psíquico em que o pensamento perde toda e qualquer capacidade de discernimento, de discriminação, de um mínimo de aptidão para o *"julgamento imparcial"* de realidade, inclusive da realidade psíquica, da própria ou da de um outro.

Em suma, o amor e o ódio em bloco, funcionando exclusivamente segundo o princípio do prazer/desprazer, se substitui, nestas condições, ao investimento libidinal, isto é, ao prazer que pode ser encontrado na elaboração fina de uma percepção que seja da ordem do conhecimento.

Encontramo-nos aqui no terreno de funcionamentos psicóticos individuais e no de "enlouquecimentos coletivos", em que os atos de destruição de si ou de outros podem chegar e chegam até a eliminação física, às vezes, em grande escala. A palavra preconceito designa, de forma muito atenuada, o primarismo destrutivo que constitui as camadas mais arcaicas da estrutura narcísica do Eu; sempre pronto a emergir em fenômenos coletivos em que a violência mais extremada poderá ser exercida contra alguém, contra uma categoria de pessoas ou contra um povo inteiro, baseada apenas no *"narcisismo das pequenas diferenças"* (Castoriadis-Aulagnier, 1975).

A loucura tem método. Ninguém desconhece a lógica impecável e a percepção clara (mas mal interpretada) que preside ao pensamento delirante do paranóico. O pensamento parece operar aqui, pois não se encontra desestruturado, nem transformado em um caldo ininteligível de non-sense, e, no entanto, se encontra refém de forças emocionais que cristalizam a convicção, barrando o acesso a qualquer ato de julgamento que as contrarie e ao qual pudéssemos, com Leonardo, chamar de ato de conhecimento, ou seja, aquele que permite ao sujeito situar-se "para além do amor e do ódio" e, portanto, da angústia que lhes é correlata.

Não podemos deixar de perceber que não são só estas modalidades psicóticas de pensamento, mas também o pensamento que produz conhecimentos em todos os níveis, também este, ancora-se em convicções-crenças subjacentes. É como se estas, ao cegar, se constituíssem, ao mesmo tempo, naquilo que dá certeza, naquilo que dá como que um chão para que o sujeito prossiga em suas reflexões e avance nelas, produzindo conhecimentos, saber, obras de arte, etc. É como se, paradoxalmente, precisássemos de antolhos para ver com os olhos do pensamento.

É claro que isso vale também para a paixão que sustenta o nosso empenho, a nossa crença no esforço cotidiano para conseguir, em cada momento, ser psicanalista junto aos nossos analisandos.

Paixão (ainda que discreta) e busca "imparcial" de conhecimento são, paradoxalmente, indissociáveis, o que vai no sentido da consideração de que o chamado princípio de realidade não revoga o princípio do prazer/desprazer. E este, como disse acima, encontra-se particularmente vivo e operante, neste terreno, o do narcisismo, onde as satisfações e o sofrimento, o sentimento de segurança e o do mais exasperante desamparo alternam-se impiedosamente.

Então, o que diferencia estas formas de pensamento "enlouquecidas" e o pensamento psicótico delirante do modo de pensamento normal, quando em ambos está presente uma relação a núcleos de convicção irracional, com forte carga emocional?

Ora, o próprio do modo de pensamento que estou chamando de normal ou de não psicótico é que este guarda uma mobilidade suficiente para poder transformar, pela elaboração psíquica, partes destes núcleos de convicção, à contracorrente da tendência a buscar o prazer e a evitar o desprazer: o prazer da liberdade interior assim alcançada e do alargamento dos horizontes internos de representação compensa o trabalho psíquico exigido. O sentimento de um maior poder sobre o mundo, sobretudo "o interno", é um ganho narcísico que só pode aumentar o amor de si e o investimento da atividade de pensar como fonte de prazer libidinal.

Penso que é possível avançar mais um pouco nesta interrogação sobre pensamento psicótico e não psicótico se pudermos recorrer a uma concepção que Piera Aulagnier, analista que tendo tido vasta experiência no tratamento de pacientes psicóticos, precisou, como Bion, desenvolver. Esta também diz respeito à gênese da atividade representativa e parte do que ela chama de originário (Castoriadis-Aulagnier, 1975).

Este núcleo passional de convicção subjacente, com seu potencial explosivo, primário, de amor e ódio, em relação com a estabilidade narcísica do sujeito, e que parece formar um fundo comum tanto para o pensamento psicótico como para o não psicótico, encontra nesta teorização da autora uma certa inteligibilidade, incluindo muitos dos pressupostos que vim considerando até aqui. Por isso recorro a ela e vou usá-lo apenas dentro dos limites do meu propósito.

Como se trata de uma autora que, embora tenha há muito tempo feito uma breve visita a esta Sociedade e que o seu pensamento não seja muito difundido entre nós, devo dizer que sua teoria vai bem mais longe do uso pontual que farei dela. Na verdade, em seu primeiro livro A Violência da Interpretação (Freud, 1920), ela se propõe a desenvolver uma teoria do aparelho psíquico que, especifica ela, "*privilegia... a atividade de representação*" e que por centrar-se num aspecto da atividade psíquica "*tem o inconveniente...de deixar outros na sombra*", inconveniente considerado, no entanto, incontornável por ela.

O originário seria o modo de atividade representativa mais arcaico e que estaria aquém dos processos primários e secundários descritos por Freud. Nos processos primários, a modalidade de representação por excelência é a fantasia (concebida como mise-en-scène) e, nos secundários, os pensamentos articulados em palavras, os enunciados discursivos e ideativos.

No originário, a modalidade de representação é o que se chama de pictograma. Embora não seja possível a sua transposição (do pictograma) nas outras modalidades representativas, isto é, embora este não possa se tornar dizível nem mesmo representável como uma cena, numa fantasia, o originário encontra-se sempre ativo no psiquismo, constituindo-se neste "pano de fundo" sobre o qual operam o primário e o secundário, sendo condição permanente da existência destes.

Cito a autora:

"*O espaço e a atividade do originário são para nós diferentes do inconsciente e dos processos primários. Esta atividade tem como propriedade metabolizar qualquer experiência (éprouvé) afetiva presente na psique em um pictograma que é, indissociavelmente, representação do afeto e afeto da representação.*"[4]

O protótipo do originário, que se situa na gênese do psiquismo, é o encontro — até aí nenhuma surpresa — que ocorre na amamentação, modelo aliás usado por Freud em sua própria teoria sobre a origem do desejo, como experiência alucinatória da satisfação ou, então, comparada por ele à satisfação sexual do coito, nos Três Ensaios.

No originário, este encontro com o "fora-da-psique" engendra simultaneamente a produção de uma representação e de um representante, ou seja, da "figuração" daquilo que está produzindo a representação. Esta característica de um auto-engendramento da representação pictográfica, fora da qual nada existe, é própria do originário, tendo como corolário uma espécie de imbricamento entre a representação e aquilo que a produz.

O pictograma é pois, numa formulação de Piera, *"mise-en-forme de um esquema relacional em que o representante (a instância representante) se reflete como totalidade idêntica ao mundo. O que a atividade psíquica contempla e investe no pictograma é o reflexo dela própria que assegura que, entre o espaço psíquico e o espaço fora-da-psique, existe uma relação de identidade e de especularidade recíproca".*

Esquema relacional que remete ao encontro entre a boca, órgão pelo qual se faz a absorção de alimentos necessários à vida, mas também zona erógena (zona complementar na linguagem da autora), e o seio (objeto).

O seio é *"um fragmento do mundo que tem a particularidade de ser conjuntamente audível, visível, táctil, olfativo, nutridor e, pois, de ser dispensador da totalidade dos prazeres"* e a boca, que *"autocria, pelo engolimento, a totalidade dos atributos do objeto-o seio-como fonte global e única dos prazeres sensoriais".*

O "esquema relacional" entre objeto(seio)-zona complementar (boca), encarnado no pictograma, pode ser marcado pelo selo de uma experiência de prazer, mas também pode ser o lugar de uma experiência de desprazer e de sofrimento do corpo.

O princípio do auto-engendramento, no pictograma, do objeto-zona complementar, ou seja, a ilusão de que a zona engendra o objeto conforme a ela tem por conseqüência que o desprazer resultante da

---

4. O pictograma é o resultado da metabolização do "éprouvé affectif".

ausência do objeto, ou de sua inadequação, "*por excesso ou por falta*", "*vai se presentificar como ausência, excesso ou falta da própria zona*". De forma que um mau seio é vivido como uma má boca, uma má representação como um mau representante (instância produtora da representação), experiência que a autora sugere como algo da ordem de um arrancamento recíproco e violento, entre zona e objeto. Neste caso, quando o encontro é dominado pelo desprazer e pelo sofrimento, o pictograma representa um movimento de "*rejeição para fora de si*" da própria atividade representativa, ou seja, um movimento automutilador da psique em gérmen, pois o que está em jogo é uma rejeição mútua entre a instância representante e o representado. A experiência satisfatória, prazeirosa, tem o efeito contrário e resulta num movimento de "*tomar em si*", ou seja, de um investimento da atividade representativa, tendo valor constitutivo para o psiquismo nascente.

Este "fundo" (em relação constante com os processos primários e secundários), ou seja, o originário de Piera Aulagnier, é dominado pelo duplo movimento que tínhamos assinalado acima e que atravessa a representação pictográfica, qual seja o do investimento, o do prazer no exercício da atividade representativa, da atividade psíquica, em seus diferentes níveis, e, inversamente, o da aversão, do ódio contra esta mesma atividade representativa.

Não é só o outro, a outra pessoa, que é primariamente objeto de ódio e de desejo de aniquilamento, como diz Freud em sua concepção de um "*eu-prazer purificado*"; há também, no investimento da própria atividade psíquica, uma relutância primária, uma ambivalência primordial, que "o originário" descreve no nível mais arcaico e violento.

Representar, adquirir "*a capacidade de satisfação*" (a expressão é de Freud), ou seja, poder reinvestir traços mnêmicos da experiência de satisfação para construir uma representação, sob forma alucinatória, é um recurso psíquico precioso, mas também é o que testemunha da dependência de um fora de si, seja de um outro, seja de um mundo pulsional que se apresenta como, *a priori*, não conforme às necessidades de tranqüilidade e de segurança do Eu.

A partir do estudo da psicose foi preciso, no interior da teoria do narcisismo, deparar-se com uma ambivalência primária, com uma polaridade tanática, não só em relação ao objeto, ao outro, mas em relação a este objeto que é a própria vida representativa. Desde então os analistas — para além da "animação", da "presença barulhenta", causa de sofrimento e de impasses, que os sintomas neuróticos, prenhes de fantasias eróticas pegas em suas malhas, trazem para tantos pacientes — têm tido de levar em conta também a existência de uma relutância silenciosa e silenciadora no âmago da atividade psíquica (Freud, 1920). Relutância em manter a própria vida psíquica, e que vai do desejo de não ter de desejar, ao ódio contra o pensamento e o desejo, ou seja, contra esta incessante e incerta busca a que ele condena... prisão talvez até dourada para alguns ou para muitos (o neurótico tem um grande apego pela vida), mas lugar onde só há ruínas e sofrimento para outros.

A consideração pela clínica e pela teoria psicanalítica, de um "além do princípio do prazer" (Freud, 1920), não elimina a força propulsora e conflitual da libido, conceito que designa o sexual no funcionamento psíquico. Marca, porém, um limite no qual este perde fôlego, ou seja, quando o ódio narcísico, primário (que toma forma no pictograma) torna-se capaz de solapar as marcas da experiência de satisfação que sustentam o desejo (Freud, 1900).

Os limites da libido, do sexual, encontram-se nos limites de uma atividade representativa, mesmo rudimentar. Limites além dos quais o sexual é ou excesso disruptivo e, portanto, traumático ou, perda, num aquém do desejo (e da representação, da fantasia), confundindo-se então com o demasiado real de um corpo sem forma, atravessado, como deserto ou abismo, pelas excitações e necessidades.

Em sua tentativa de construir um modelo para o aparelho psíquico em A Interpretação dos Sonhos, Freud interroga-se sobre "*a natureza metapsicológica do desejo*", descrevendo dois tempos na gênese deste. Valeria a pena deter-se um instante nestas formulações, pois nelas encontraremos uma teoria da gênese da atividade representativa, co-extensiva da gênese do desejo, e que é congruente com o modelo de Piera.

"*Primeiro, diz Freud, as grandes necessidades do corpo aparecem. A excitação provocada pela necessidade interna procura uma saída pela motricidade, que podemos chamar 'modificação interna' ou 'expressão de uma mudança do humor'*, seguido de agitação motora, gritos e, no plano emocional, desespero, sem qualquer recurso possível a uma representação que lhe dê um sentido ou uma forma, configurando a condição de desamparo.

A criança com fome gritará desesperadamente e se agitará — verdadeiro protótipo da angústia numa forma, por assim dizer, pura. Somente a "*intervenção estrangeira*" (materna) poderá mudar este estado de coisas: com seus cuidados, aporte de alimento e de carinho, consegue tranqüilizá-la. É então, diz Freud, que *"a experiência de satisfação" é "adquirida"* (tradução francesa da PUF) ou *"alcançada", "conseguida"* ("achieved", na tradução inglesa), um elemento essencial desta sendo a *"imagem mnésica"* de uma percepção que permanecerá associada ao *"traço de memória da excitação produzida pela necessidade"*.

Podemos entender que o estabelecimento destes traços mnêmicos, marcas perceptivas, sensoriais, de uma experiência satisfatória aliviante, prazeirosa, é a condição para que diante de uma nova situação de desespero, de angústia extrema, uma nova resposta seja possível. Em vez de gritos e de agitação motora, seja possível produzir uma representação da satisfação (alucinatória, na sua forma mais rudimentar), obtida pelo investimento das marcas mnêmicas deixadas pela experiência prazeirosa. *"É a este movimento* (de investimento dos traços mnêmico*s) que nós chamamos desejo"*, afirma Freud (Freud, 1900).

Seria então adequado pensar que na gênese do psíquico o desejo seja sim busca de prazer, pela produção de uma representação de satisfação, inspirada pelo que o outro trouxe de bom, um bom que pode ser pensado como prazer erógeno.

Mas, por outro lado, não podemos deixar de ver que o desejo opera contra "um fundo" de sofrimento, imposto pelo corpo, inclusive pelo corpo e pelo psiquismo do outro, seja como presença, seja como ausência. É significativo, neste sentido, que ao expor esta teoria sobre a gênese e a natureza do desejo Freud afirme, poucas páginas adiante, no mesmo texto, que *"a contrapartida da experiência primária de satisfação é a experiência externa* (ao psiquismo?) *de terror"*, vivida como *"excitação dolorosa"* que atinge este *"aparelho* (psíquico*) primitivo"* (Freud, 1900+-).

Estas considerações sobre a natureza do desejo sublinham que ele, em sua busca de satisfação, não deixa de ser uma resposta vicariante, compensatória, face ao desamparo, ainda que decisiva, pois marca o início e a manutenção da vida psíquica como busca incessante de objetos passíveis de investimento, objetos apetitosos, interessantes, causa de animação.

Reencontramos então o que vínhamos dizendo, e que Piera Aulaigner colocou no centro de sua concepção do "originário", ou seja, esta ambivalência fundamental do desejo porque substituto do desamparo, da necessidade, da dependência vital de um outro, sempre incerto: o desejo, que é o propulsor da vida psíquica, "sabe" de sua precariedade constitutiva e "sabe" que só encontraria repouso e certeza quando não precisasse de mais nada e de ninguém, isto é, em sua abolição. O sonho narcísico de uma totalidade harmônica, a busca do estado nirvânico em que nada falte, é uma estratégia (talvez boa) como tantas outras para esquivar este miolo sombrio, tanático, do desejo. Ele carrega em si a potencialidade de poder cansar em sua busca: "descanse em paz", dizem as lápides dos túmulos, como se estivessem afirmando, desta maneira, um desejo de quem ali está. E está certo, pois este seria o último desejo do desejo.

Não tendo participado dos vinte anos marcados pela influência da obra e da pessoa de Wilfred Bion, nem do processo de forte inflexão que esta foi causando na trajetória então kleiniana clássica da Sociedade de São Paulo, além de ser pouco conhecedor do conjunto da obra de Bion, preferi, neste trabalho, trazer como contribuição pessoal a retomada de alguns conceitos da psicanálise clássica, ou seja, tirados basicamente da metapsicologia desenvolvida por Freud, articulando-os de maneira a fornecer indicações sobre ampliações conceituais possíveis na problemática abordada pelo autor (Bion), qual seja a da clínica dos distúrbios do pensamento em pacientes psicóticos e em outras configurações e situações clínicas, com importante desestruturação da atividade representativa.

Bibliografia

CASTORIADIS-AULAGNIER, P. (1975). "La Violence de l'Interprétation." Ed. PUF (1975).

FREUD, S. (1905). "Trois Essais sur la Théorie Sexuelle." Ed. Gallimard (1987).

_____. (1900). "L'Interprétation des Rêves". Ed. Presses Univisersitaires de France (PUF) (1973).

_____. (1915). "L'Inconscient", em "Oeuvres Complètes." Ed. PUF (1988) v. XIII.

_____. (1911). "Formulações sobre os Dois Princípios do Funcionamento Psíquico." Trad. de Paulo César L. de Souza, em Jornal de Psicanálise v. 27, (1994) 51, p. 111.

_____. (1913). "Totem et Tabou." Ed. Gallimard (1993).

_____. (1910). "Un souvenir d'Enfance de Léonard de Vinci." Ed. Gallimard (1987).

_____. (1908). "La Création Littéraire et le Rêve Éveillé", em "Essais de Psychanalyse Appliquée". Ed. Gallimard (1973).

_____. (1915). "Pulsions et Destins de Pulsions", em "Oeuvres Complètes", Ed. PUF (1988), v. XIII.

_____. (1925). "La Négation", em "Oeuvres Complètes". Ed. PUF (1992), v. XVII.

_____. (1921). "Psychologie des Masses et Analyse du Moi", em "Oeuvres Complètes". Ed. PUF (1991), v. XVI.

FREUD, S. (1920). "Au-delà du Principe du Plaisir", em "Essais de Psychanalyse". Ed. Payot, PBP (1981).

Parte IV

Outros Textos

Um Ato de Ser[1]

Antes de iniciar o meu comentário, eu gostaria de dizer alguma coisa sobre um ponto que ficou da discussão de ontem, a partir da exposição de Manoel Berlink. Ele estava interessado em questionar as maneiras de apropriação da psicanálise pela cultura, interesse que eu partilho totalmente com ele. Eu queria, no entanto, pegar esta questão por outro viés, com um reparo que vai, de certa maneira, já introduzir o que eu tinha me proposto a dizer hoje sobre o livro.

O eixo da argumentação de Manoel, se não estou deformando o seu pensamento, visa mostrar que o escrito do Althusser, o livro do Althusser, tem um caráter explicativo, no sentido de ser uma operação de uso do saber psicanalítico para dar conta da desrazão do ato, do assassinato. E não só do assassinato, mas o livro como um todo é visto por Manoel como uma tentativa de dar conta de si mesmo, de sua vida e de sua história, explicada pela psicanálise.

O reparo, a observação adicional que eu faria (aproximando talvez um pouco mais a lente do texto), é que nele há um certo uso do saber psicanalítico em que este não aparece como um saber adquirido, digamos, através de livros, na forma de saber constituído e secundariamente aplicado. O texto é atravessado por um trabalho de análise. Althusser está há 15, 20 anos em análise, e há, neste texto, uma tentativa de retomar este trabalho. A análise de Althusser está presente em todo o texto.

---

1. Texto apresentado em um colóquio sobre o livro de Louis Althusser "O Futuro Dura Muito Tempo", ed. Companhia das Letras (1992), organizado pelo Núcleo de Estudos e Pesquisa da Subjetividade da PUC de São Paulo, em outubro de 1993.

Agora, de fato, na leitura do livro, chama a atenção a maneira como as construções ou interpretações que foram produzidas ao longo da análise são retomadas de uma forma, vamos dizer, estática, repetitiva e fechadas sobre si mesmas, explicativas, como nota Manoel Berlinck.

Isso chama a atenção porque este uso contraria o efeito da interpretação que o analista espera de uma interpretação na análise clássica, análise do neurótico (psicanálise é tratamento para neuroses, a aplicação para psicoses já é uma fronteira, já é uma extensão); o que se espera é que uma interpretação, mesmo uma construção — e uma construção não é um ponto de chegada, e sim um recurso técnico —, que tanto uma como outra sirvam para relançar a análise, a atividade associativa do paciente.

Numa análise, como diria, numa "boa análise" com um paciente neurótico, o que acontece? Acontece que as interpretações, os momentos de *insight*, as vivências pungentes ou comoventes da experiência analítica, as experiências de verdades (sempre sabidas) de si próprio vão sendo esquecidas, ficando é claro os seus efeitos, como efeitos terapêuticos. As interpretações ou construções vão se dissolvendo e se abrindo sobre novas possibilidades de pensamento.

Na linguagem econômica de Freud pode-se dizer que a libido, imobilizada no sintoma, é liberada pelo trabalho de análise, podendo agora ser utilizada para o restante da vida psíquica, para a vida da pessoa que poderá investir essa libido de uma maneira diversificada e bem mais livre.

Num paciente muito desestruturado, numa situação de intensa angústia, o que ocorre pode ser diferente disto, a interpretação do analista, a fala do analista sendo retomada pelo paciente na sua literalidade, como uma espécie de tábua de salvação. O paciente se põe a repetir a interpretação, tentando se segurar nela, sem poder metabolizá-la, integrá-la, transformá-la, ir adiante. Isso pode ocorrer em algum momento de qualquer análise, mas, com o tempo, o paciente vai abandonar essa modalidade de relação com as produções interpretativas ou construções da análise.

Isso não ocorre com um paciente psicótico, como é o caso de Althusser. O seu texto é carregado, é pesado, tem uma textura monolítica que torna a leitura penosa; está recheado com essas explicações, muitas vezes repetidas, evoluindo lentamente, com exceção de alguns momentos, um ou dois capítulos, em que o autor passa para um outro plano, o do discurso sobre teses políticas ou históricas de sua área de saber. Por exemplo, quando se põe a apresentar as suas razões políticas para ter permanecido no partido comunista. Não as "razões analíticas", mas as razões políticas; e questionar com grande lucidez e fluência os "gauchistes" (esquerdistas), que acabaram na Europa "dando no que deram" (terrorismo, dizimação). Nestas passagens, o texto muda completamente de regime, torna-se vivo, fluente, agradável, interessante, inteligente. O polemista aparece ali em todo seu vigor e comunica de uma maneira que prende o leitor. Aí é um momento, digamos, em que a "mania do saber" (como falava o Manoel) não está marcada por um modo de funcionamento psicopatológico. Pode-se, é claro, fazer um paralelismo, como fez Manoel Berlinck, entre um funcionamento cultural dado, como o que ele caracterizou pela "mania de saber" com o psicopatológico, inspirando-se deste como um modelo, mas o psicopatológico tem um regime próprio, infelizmente dramático, de funcionamento, e é este que nós encontramos no texto. Este encontra-se marcado pelo modo como este homem se arrasta num esforço de retomada de um trabalho analítico, talvez, inclusive, usando para isso da própria escrita.

O que é de se esperar de alguém que tendo feito uma análise escrevesse um livro "sobre" esta análise? Um texto fluente, vivo, imaginativo, e não falas cristalizadas, reproduzindo literalmente interpretações ou construções que tenham sido produzidas na análise. Estas devem ser como que acessórios, andaimes desmontados após o uso, e, quando o sujeito falar da sua análise, ele vai falar de outra coisa, de outra maneira. Não é o que acontece aqui com Althusser.

Posto isto, eu gostaria de retomar o texto, considerando agora o seu conteúdo. A minha primeira observação é de que fui convidado, e agradeço pelo convite dos organizadores, para falar, para dizer alguma coisa sobre esse texto que se apresenta, na sua intenção manifesta, como um escrito que visa romper com uma situação jurídica dita de impronúncia, ou seja, de desqualificação da pessoa que cometeu o ato (do assassinato da mulher).

Mas eu queria me deter primeiro nos recados que o autor foi deixando no texto... *para aqueles que resolvessem falar do texto.* Um destes recados encontra-se na última frase do livro. Ele encerra o texto, depois de ter dado a palavra a um médico, creio que seu analista. A última frase do livro é a seguinte: *"Uma única palavra, que os que pensam saber e dizer mais, não temam dizê-lo, só podem me ajudar a viver!"*. Frase precedida pela afirmação do médico e que diz o seguinte: *"Interpreto essa sua explicação pública... como um ato de ser".*

Esta frase advertência do autor, imediatamente depois da frase do "médico", eu a entendo, eu creio perceber nela uma ponta de dúvida em relação ao julgamento emitido por este que foi o primeiro leitor do manuscrito; esta dúvida sobre se aquilo (o texto) era mesmo "um ato de ser" é deslocada para os demais futuros leitores. Poderiam estes, de alguma forma, *"ao pensar saber e dizer mais"*, vir a desacreditar essa palavra de reconhecimento tão fundamental para ele? E que o reconhecimento não só do seu texto público, mas do ato que este representa, e que é, em última análise, reconhecimento da própria pessoa do autor? Ao fazer isso, este leitor persecutório estaria reintroduzindo um descrédito que reduziria o autor, mais uma vez, a *"uma montagem de artifícios e imposturas?"*.

Portanto, poderiam dessa maneira chegar a recusar-lhe, os leitores (eu, por exemplo, cada um de nós), recusar-lhe cruelmente, e ainda, o reconhecimento de existência, a ponto de ele ter de lançar um desafio preventivo ao dizer que, se fizessem isso (tentar saber e dizer mais), estariam "ajudando-o a viver". Quando, na verdade, estariam sim retirando o terreno precário que conseguira, a grandes penas, ganhar em si mesmo, e que dava a possibilidade de sentir-se, como ele diz, *"jovem como nunca aos 67 anos, e de achar a vida bela"* — por comportar aí um futuro, uma vontade de viver.

Mas quem poderia estar animado por tamanho ódio contra ele para duvidar que seu texto, como tantos outros atos de sua vida, não fosse um ato de ser, senão, e ainda, ele próprio? E nos lugares cercados por muralhas em que se encontra recluso, mas se sente protegido, sejam as cercas do campo dos prisioneiros de guerra, os muros dos hospitais psiquiátricos, as paredes de sua moradia onde ele passa a vida (passa trinta e tantos anos na Escola Normal Superior, transformada por ele em monastério, como ele diz) ou, ainda, as estruturas rígidas do Partido Comunista Francês. É nestes lugares cercados que encontra condições para realizar o que diz ser seu mais ardente desejo. Ou seja, o de partilhar a vida dos homens no que chama de "mundo exterior". De participar da luta física, diz ele, no corpo-a-corpo com esses homens ao agir sobre o real; sentindo dessa maneira (em contrapartida, nessa ação) a realidade vital em seus próprios músculos em ação — músculos no sentido metafórico, pois trata-se dos músculos do pensamento.

Mas o sistema comporta também o risco que as muralhas possam acabar abafando-o, fechando-o para sempre, o que aparece, por exemplo, na possibilidade, várias vezes evocada, da cronificação asilar.

Neste texto, ele se expõe, se desnuda, e aqui a palavra não deixa de me lembrar essa experiência impressionante, quando ele estava com a mãe, e a mãe dando banho na menina, irmã dele, e diz a ele, *"juntando os gestos às palavras"*: *"Veja você tem dois buracos e sua irmã tem três buracos. Portanto, ela é mais frágil e mais vulnerável aos micróbios"*. Nesse texto, ele se expõe, se desnuda, *"na tentativa de quebrar a pedra sepulcral"* do silêncio que pesava sobre ele. Mas aquele que vai lê-lo, o leitor, saberá guardar a distância que garanta a sua singularidade *"sem querer por as mãos nele"*? Em uma das muitas passagens em que fala de Spinoza, Althusser retoma as concepções deste (tomo uma destas passagens) sobre o singular e o universal, em que o universal corresponde, diz Althusser, *"às constâncias repetidas"* que afloram em cada caso singular.

A questão para mim, ou para ele, insiste: saberá o leitor, ao lê-lo, deixar-se afetar por seu texto, reconhecendo-se desta maneira como outro sujeito singular, ou, ao contrário (posição persecutória para ele), escolherá ficar alojado no conforto de um familiar partilhado por todos, à exceção do autor — recluso na solidão psicótica — e reduzido à condição de estranho fenômeno a ser explicado?

O ato de escrever esse texto está habitado por esta questão crucial, a saber: se o outro poderá vê-lo na singularidade e na identidade que lhe é própria, como um igual na diferença, incluído, mas não recluso? Questão e incerteza sobre os fundamentos de sua identidade que permeiam o texto e, para além dele, toda a sua vida e que se apresentam aqui como um temor sobre *"o que o leitor fará com ele"*. Isto é dito com clareza na seguinte passagem (p. 202):

Mostro publicamente minhas cartas "subjetivas" com as quais as pessoas podem facilmente me explicar, ou seja, deixar-me recluso para o resto da vida.

Portanto, não é tão certo como ele dizia na frase final (mencionada acima), *"que os que pensam saber dizer mais o estejam ajudando a viver"*. Muito pelo contrário.

Algumas páginas antes de manifestar o temor de tornar-se recluso à vida ao ser explicado pelo leitor, ele exprime o desejo que seu escrito possa levar a um resultado bastante diferente desse primeiro (o da explicação). Ele diz o seguinte:

E agora que confio ao público que quiser lê-lo esse livro muito pessoal é, mais uma vez, mas por esse viés paradoxal (e aqui ele grifa), para entrar definitivamente no anonimato.

Por meio do livro ele busca definitivamente a possibilidade de entrar no anonimato. Ele diz algo semelhante quando fala do partido, depois de enfatizar, naturalmente, o lugar de proteção que nele encontrara. É o partido que ele nunca deixou, apesar da forte oposição que sempre sustentou dentro dele através de produção teórica, oposição contra seus dirigentes, seu funcionamento, seu discurso, etc., porque ali, diz ele, podia realizar (dentro do partido) os desejos que havia começado a viver *"na Escola de Larochemillay, que reencontrara depois durante o serviço militar e, finalmente, no cativeiro, no campo de prisioneiros durante a guerra, onde ficara alguns anos. O desejo de lidar com o mundo real, o mundo dos homens em sua diversidade..."*. Acrescenta um pouco adiante, falando sempre do partido como aquela *"comunidade de ação e de luta, eu perdido em imensas multidões (desfiles, comícios), finalmente eu estava no meu ambiente. Meus fantasmas de domínio estavam bem longe de mim"* (pp. 178-179).

Quer dizer que nessas condições, dentro do partido e bem cercado, dentro de uma estrutura rígida, ele podia dispensar o que chama de fantasmas de domínio (aqueles que exigiam *"a compulsão à sedução do outro"*, aqueles que implicavam *"a sensação de não ser senão artifícios e imposturas"* ou *"de ser o pai do pai"*), pois nessas condições a convicção, o sentimento de existir como um igual aos outros estava assegurado no anonimato. Podia-se misturar com os outros meninos da Escola de Argel para brincar com eles — faço alusão à sua lembrança de se sentir "diferente" por ser conduzido à escola por uma babá, ao contrário das outras crianças; ele não podia se aproximar dos meninos porque era perigoso, segundo determinações da mãe. Um "singular" entre outros "singulares" por assim dizer, no anonimato da possessão de si: é só nessas condições que seu livro pode se tornar um ato de ser.

Isto posto, como não se interrogar (tocando numa questão mais geral da psicose, referida aqui a um caso particular) sobre este *"fantasma de não existir"* (como ele o chama), este operador negativo, este vírus de computador que impossibilita (para usar a imagem de Althusser) que a maionese de fato pegue? Que os atos de fala e os atos através de gestos de amor e de ódio que permeiam as relações humanas (inclusive a de sua longa análise) adquiram significações confiáveis, duradouras, sem que a incerteza, não sobre as próprias intenções (como ocorre na neurose obsessiva) mas *sobre a realida-*

de, digamos, factual de ser alguém, sem que esta incerteza não recomece, sempre de novo, a minar os atos de si e dos outros, levando o sujeito a se reencontrar ainda como alguém, como um personagem, mas já desprovido de consistência interna, apenas um monte de artifícios e imposturas?

A solidez tangível dos muros protetores, necessária para que ponha em movimento a sua sexualidade, a sua capacidade de amar e lutar, parece estar vicariando um referente, uma estrutura que não falta, da mesma forma, ao obsessivo, já que este é capaz de transformar a própria pele em muralha contra a qual a sexualidade vem esbarrar. É verdade que com isso o obsessivo torna-se prisioneiro de um corpo petrificado no qual, no entanto (essa é a grande vantagem), encontra sempre a certeza de seus contornos.

Althusser tem uma explicação para o seu *"fantasma de não-existên*cia", explicação que é fruto, sem dúvida, de sua análise: ele ficou entregue à loucura materna que via nele, ou através dele, um morto, o irmão do pai, também chamado Louis, o Louis puro e etéreo da lembrança da mãe.

Por outro lado, ficara entregue também, dentro da loucura materna, ao modo que esta tinha de investir o sexo (há pouco eu dei um exemplo), um modo de investir o sexo que aparecia como brutalmente invasivo para o filho, pois carecia das mediações e transformações simbólicas e imaginárias que dão, na linguagem e no afeto, uma forma assimilável para o desejo incestuoso. Ele diz que estava ligado *"visceral e eroticamente"* à mãe, a uma mãe que tinha um horror igualmente visceral ao corpo, aos corpos: como se apropriar pela via da metabolização simbólica de um erotismo que ficava assim como algo que não se tem onde pôr? A frase que lhe escapou um dia (que ele chama de frase terrível cada vez que a evoca, e ele o faz várias vezes no livro) é muito expressiva em relação a esse impasse. A frase é a seguinte: *"O problema é que existem os corpos e, pior ainda, os sexos."*

Como disse, a sua sexualidade para poder se desdobrar requer um interior cercado por muros, um lugar onde reina uma rígida organização intramuros. Sem isso, a excitação sexual, a sua e a do outro, só pode ser vivida como *"um enorme bicho disforme", "uma minhoca sem fim"* que não cabe, que transborda ameaçadora de um armário incapaz de contê-la, como no pesadelo infantil do qual acorda aos gritos, invadido pela angústia. Este pesadelo ocorreu na casa dos Pascal (amigos da família), no dia em que fora seduzido fisicamente pela sensual Susy, Mme. Pascal, que apertara o menino contra seu corpo nu.

É curioso que este sonho, esta versão que eu dou de *"um enorme bicho disforme"*, encontre-se no texto escrito em 1975 (*Os fatos*). Em 1985, temos uma versão bem mais atenuada, já é *"uma minhoca sem cabeça"*, seguida pela interrogação, entre parênteses, *"castrada?"*. Mas o que aparece na primeira versão é um enorme bicho disforme, uma minhoca sem fim saindo de dentro do armário e que o aterroriza.

Pergunta inocente, inevitável. Poderia o pai ter-lhe dado alguma proteção, ter-lhe ajudado a dar alguma forma a este *"bicho disforme sem fim"?* — dar alguma forma a esse bicho que era o seu erotismo. Não, diz ele, pois não teve pai. O pai não dava segurança. A sua presença não era garantida. Em suas saídas violentas de casa, o menino temia sempre que o pai não voltasse mais e, além disso, o pai só grunhia. Aliás, este pai tirou daí uma técnica usada mais tarde para dirigir bancos, e com muito sucesso — só grunhir! Este pai que só grunhia não se interessava por ele, não falava, não conversava com ele. Além disso, o pai era muito sensual, e o menino decididamente havia tomado o partido da mãe mártir, com o seu Louis incorpóreo, evanescente, odiando o pai de carne e osso.

A propósito do pai de carne e osso, de cuja ausência se queixa, como não retomar aqui aquela lembrança encobridora, estranha, em que o pai está voltando, chegando da guerra (Guerra de 1918), e *"a mãe está com o filho nos joelhos e com o seio obsceno"*, e ele vê *"a alta silhueta magra do pai e atrás está o Dixmude, um imenso dirigível, um imenso charuto preto, que imediatamente explode, incendeia-se e cai no mar."*

É muito curiosa esta lembrança encobridora que data... do ano do nascimento dele, 1918. Claro que é uma construção *a posteriori* e que ele diz que está entre as marcas inaugurais da sua existência! Não há associações, mas pode-se arriscar a dizer entre tantas outras coisas, possivelmente, que esta estranha lembrança encobridora, que esta fúria das chamas que destroem em instantes o grande charuto na única representação (essa é a única representação que eu encontrei) sensual, desejante da mãe, face à silhueta alta e magra do pai, um ódio que desta vez é seu contra a sensualidade da mãe.

Bem, mas vamos voltar para a história do pai. Foi somente na velhice que ele teve um "papo" com o pai e ficou impressionadíssimo com ele: o pai não só não grunhiu como falou, fazendo análises

magníficas da conjuntura econômica, política e social... Ele ficou extremamente impressionado e diz que descobriu naquele momento, pouco tempo antes da morte do velho pai, que ele era um homem admirável, exclamando: *"junto a que homem eu havia, pois, passado sem desconfiar de nada?"*.
Se *"não teve pai"*, teve o avô. O avô, um guarda florestal adorado; esse falava com ele e apesar de seu jeito rude era muito afetuoso com ele. Nesta linha, teve uma grande amizade amorosa com um colega na adolescência e no campo de prisioneiros teve Daël, que ele descreve como *"aquele homem de dois metros de altura... aquele homem verdadeiro... como um verdadeiro pai. Daël era para mim uma proteção ímpar... Percebo muito bem que estava, à minha maneira, muito 'enamorado' dele"*.
Bom, de toda maneira, do pai genitor ele herdara um traço identificatório, cuja marca, diz ele, encontra-se em seus trabalhos, em seu modo de pensar e de estar no "mundo real", na recusa em ficar-se contando estórias, na recusa dos bláblábláş, num estilo que ele chama de *"brutalidade sem frases"* e que marcou o modo de produção de toda a sua obra.
A falha inelutável não se encontra pois nas identificações secundárias, viris, mas nas identificações primárias do homem sem corpo do ideal materno. *"O problema é que existem os corpos e, pior ainda, os sexos."*
O sexo, de fato, transborda como excesso em seus avanços desmedidos, exagerados, em direção às mulheres cobiçadas, desejadas. Há uma espécie de padrão de aproximação das mulheres. Num primeiro momento, há esse movimento excessivo, transbordante, exagerado, de erotismo em seus avanços em direção às mulheres, para, num segundo momento, quando estas começam a dar sinais de reciprocidade, de sentir um amor erótico por ele, este desaparecer, sofrendo um refluxo maciço, quando ele é tomado pelo que chama de *"depressões gostosas"*, pois lhe permitem encontrar refúgio no *"hospital armário"*.
A partir deste momento há uma mudança de cenário: ele não está mais no face a face com a mulher, ele está sozinho no hospital e todos cuidando dele. Com isto, a ameaça que representava a mulher cessa. A mulher fica, e para sempre. Nunca mais vai encontrá-lo do lado de fora dos muros do hospital. As visitas são proibidas. O primeiro surto gravíssimo ocorreu quando ele tinha 30 anos: tivera então a primeira relação sexual de sua vida, com Hélène.

Por várias vezes, ao longo de sua estória, acredita ter conseguido, enfim, alcançar a capacidade de amar. A única vez que parece de fato tê-lo conseguido foi numa fase já avançada de sua vida com uma mulher de quem não precisou fugir e que acabou se tornando uma grande amiga dele. Com ela, ele seguiu um padrão diferente do habitual, pois pode chegar-se aos poucos a ela, respeitando *"os ritmos e os desejos dela"* (expressão dele), *"atento ao outro"*, sem soçobrar no habitual temor de "perder-se" na aproximação amorosa. Foi possível com ela tecer *"uma longa história, na qual dois seres se procuram tateando..."*. Dois seres!

Bem depois da morte de Hélène, já no hospital de Soisy, protegido nessa "fortaleza total" contra a angústia do mundo exterior, ele diz que sua angústia contaminava toda a equipe, inclusive o médico que cuidava dele. Este, porque contaminado pela angústia, não fora capaz de compreender que a angústia de Althusser traduzia simplesmente a angústia do mundo exterior, a sua *"impotência para ser, para simplesmente existir"*. Impotência, e acrescento eu, para ser junto a um outro desejado, sem ter por isso e com isso imediatamente ameaçada a sua identidade, sem ter de refluir na aspiração a ser um único objeto entregue ao cuidado de todos, condição que encontra no hospital.

Nessa hospitalização em Soisy, podemos vê-lo, graças às descrições lúcidas do que ali ia se passando, fechado (como ele diz) em seu casulo, constituído pela equipe do hospital e pelos infatigáveis amigos que se revezam noite e dia para cuidar desse imenso e tirânico bebê (ou lagarta, já que a imagem é do casulo), tomado pela onipotência do ódio melancólico, verdadeira fúria para reencontrar a vida, a partir do desamparo o mais extremo.

Podemos acompanhá-lo nessas páginas finais até o momento da virada, quando começa a sair do tal casulo através de um trabalho que ele chama de luto, mas que, com sagacidade, não chama de luto de Hélène (não o era) — aliás, depois do relato do episódio do assassinato de Hélène, demora muito para aparecer no texto qualquer referência a ela. Ele só fala dele. Parece que não houve Hélène, parece que não houve o assassinato. Trata-se pois de um luto que, segundo ele, se refere a si mesmo, que se refere (ele usa aqui um termo bem teórico) *"à perda do objeto-objetal inaugural"*. Mas é só então que ele se põe (para continuar com a imagem do casulo) a bater asas de novo, a começar, como ele diz, *"a retomar em mãos a própria existência"*.

O trabalho de escrita desse livro faz parte sem dúvida desse movimento de retomar em mãos a sua vida, ao dar-lhe uma história, ainda que seja uma história complicada; por isso que chamei de vírus do computador, história de uma existência marcada pela *"fantasia de não existir"*. O resultado desse trabalho é importante: Hélène não era ele, não era a mãe dele, era um outro ser, com uma história de vida distinta da sua (história de vida que também é retomada no texto) e que terminara pela morte, por assassinato. Eram as mãos dele que haviam causado essa morte, alguma coisa ele podia dizer e ouvir sobre o que o médico designou como *"unidade dilacerada do desejo"* que habitara este ato de assassinato.

Realizado na inconsciência, num terreno em que, no auge do paroxismo, amor e ódio encontram-se simultaneamente, igualmente presentes, como acontece sempre que cessa a distância que, em si próprio, separa o Eu do outro.

Pelo texto e pelo trabalho que o precede, ele vai se apropriando do que foi dele, neste ato obscuro (o do assassinato de sua mulher), de maneira a recuperar para si algum sentido assumível do mesmo. Terá ele podido, enfim, experimentar também o sentimento de culpa — inexistente no texto (aliás, ali, ele diz que não sente culpa), de maneira e que o reconhecimento da morte de Hélène abrisse sobre o trabalho de luto por sua perda, pela perda de Hélène? Acho que não muito.

Não há nenhuma indicação no texto, a não ser que se considerasse que as muitas evocações, os muitos retratos que ele vai pintando de Hélène, da imagem da vida dela e da vida deles correspondam, que tenham alguma coisa de um trabalho de luto (o próprio do trabalho de luto passa por lembrar inúmeros detalhes e situações vividas com o morto, da vida do morto). Mas eu não creio que ele tenha podido ir muito longe nesta direção.

A Tradução de Freud: da Atualidade de um Debate[1]

O interesse pela tradução das obras de Freud não se restringe hoje aos psicanalistas da língua portuguesa, que não dispõem de uma tradução fiável[2], mas tem mobilizado, nos últimos anos, a comunidade psicanalítica internacional a tal ponto que a própria tradução de J. Strachey, batizada de Standard, trabalho de valor reconhecido, vem sendo objeto de críticas bastante severas — e se evolui para a necessidade de realizar uma nova tradução em inglês.
Na Argentina, foi publicada há pouco tempo uma nova tradução das obras completas em espanhol, feita por J. L. Etcheverry (Editora Amorrortu), que tem sido considerada de muito boa qualidade. Na França — país do famoso *"retorno a Freud"* proposto por Lacan, a partir dos anos 50 (e que significa, evidentemente, retorno aos textos de Freud e, tanto quanto possível, a seus originais em alemão) — foram aparecendo, ao lado das traduções antigas, bastante *"livres"* para dizer o mínimo, de Marie Bonaparte, Anne Berman e S. Jankélévich, novas traduções dirigidas por Jean Laplanche e, mais recentemente, uma outra série de novas traduções, numa coleção da Gallimard, dirigida por J-B. Pontalis. A mania de tradução na França era tal que, não raro, grupos de estudo formados ocasionalmente para ler um ou outro escrito de Freud acabavam fazendo uma

---
1. Texto apresentado em mesa-redonda no Centro Cultural de São Paulo, em setembro de 1989, e publicado na Revista Brasileira de Psicanálise. v. XXIII nº 4, 33-44.

2. A tradução brasileira a partir do "original" em inglês é um trabalho grosseiramente descuidado e praticamente inutilizável para o estudo de Freud. Veja, a propósito, os excelentes artigos de Marilena Carone e de Paulo César Souza, retomados agora em um livro: *Sigmund Freud e o Gabinete do Dr. Lacan*, da Editora Brasiliense (1989).

tradução "caseira" (do alemão), que não ia além do círculo restrito de amigos e colegas.

Foi somente na década de 80 que se tornou possível, com as editoras tendo enfim chegado a um acordo, dar início ao trabalho de tradução das obras completas de Freud em francês, por uma equipe dirigida por J. Laplanche. Um primeiro volume (o vol. XIII) apareceu no final do ano passado e um segundo, fora de série, intitulado *Traduire Freud* (Traduzir Freud) (Bourguignon, Cotet, Laplanche & Robert), acaba de sair e destina-se a ser um instrumento para o prosseguimento do trabalho.

O meu propósito neste artigo é informar o leitor sobre o conteúdo deste livro — peça daqui por diante indispensável para qualquer trabalho e reflexão sobre a tradução de Freud, para em seguida comentar algumas das críticas atuais, feitas sobretudo por autores de língua inglesa à Standard Edition.

Essas críticas vão claramente na mesma direção que as preocupações e ênfases do grupo de Laplanche em relação à linha de tradução adotada. O que está presente, numa e noutra, é a insistência na necessidade de que se restabeleça a linguagem efetivamente empregada por Freud na elaboração de seu pensamento.

Parece que, de fato, tende a se impor hoje a certeza, em distintos horizontes culturais do movimento psicanalítico, de que algo de essencial, na *démarche* do pensamento do criador da Psicanálise, poderia estar sendo perdido em traduções que não levem em conta e que não sejam atentas às maneiras de dizer do autor, às palavras que escolhe para formular suas idéias.

Se traduzíssemos uma poesia ou um texto literário por um texto explicativo que desse de uma ou do outro apenas o sentido, sem conservar a forma, isso seria, senão absurdo, pelo menos desinteressante. O mesmo, no entanto, não se poderia dizer de um texto científico: uma tradução que fosse fiel ao conteúdo poderia perder ou ganhar em elegância ou clareza, sem deixar de ser perfeitamente satisfatória.

Ora, o que se passa com a nossa ciência quando uma tradução da qualidade da Standard Edition é contestada com veemência e acusada, não propriamente de infidelidade às idéias do autor, mas de infidelidade à forma, à sua linguagem? O que se quer, de fato, não é a correção de um equívoco aqui ou ali, mas uma nova tradução para o inglês da totalidade da obra! O prazer literário poderia ser um bom motivo para refazer essa tradução, de maneira que se pudesse dispor de um texto mais direto, fluente, caloroso e vívido que o de Strachey — mas não justificaria tamanha premência. Segundo penso, o que está mudando são certos pressupostos epistemológicos implícitos na maneira de se pensar a Psicanálise. Além disso, esse movimento em torno da tradução reflete um momento da política institucional, bem como uma evolução do pensamento clínico. Creio que essa maneira de ver poderá ficar mais clara com as "informações " a que me propus.

Traduire Freud compreende três partes. A primeira é dedicada a considerações sobre os princípios que nortearam a tradução, às opções mais gerais no que diz respeito à terminologia e aos conceitos. A segunda parte é reservada à justificação das escolhas e à discussão dos problemas encontrados para a tradução de algumas dezenas de termos mais importantes. Certas expressões, consagradas na Psicanálise francesa, não foram mantidas. É o caso da palavra *fantasme* ("fantasma"), que foi abandonada em favor de *fantaisie* ("fantasia") para traduzir *Phantasie* do alemão. Os autores argumentam que *fantaisie* corresponde, muito precisamente, a *Phantasie*, empregada em alemão para designar a fantasia inconsciente que, para Freud, é aparentada às *"imaginações conscientes ou subliminares cujo tipo é a 'rêverie' diurna"*. A palavra *fantasme* ("fantasma") ficou reservada para a tradução de *Phantasma,* que em alemão designa um produto da atividade psíquica (e não a atividade e seu resultado, como *Phantasie),* referindo-se a uma imagem enganadora, uma fantasmagoria, um fantasma (*fantôme,* em francês).

A palavra "desejo" (*desir*), tão importante na Psicanálise francesa, foi, por assim dizer, relativizada na nova tradução. *Begierde* e *Lust* em certas expressões foram traduzidos por *désir,* mas onde Freud emprega *Wunsch* ficará *souhait* ("anseio"), que corresponde ao termo inglês *wish,* e não mais *désir* como antes era feito. Embora Lacan tivesse chamado a atenção para este erro de tradução e tenha sugerido *voeu,* palavra de uso corrente nos cartões de Natal, por exemplo, para a tradução de *Wunsh,* esta aparecia como *désir,* inclusive em expressões de importância metapsicológica como *"satisfação alucinatória de desejo"* (da teoria dos sonhos) que, na nova tradução, fica *"satisfaction de souhait hallucinatoire".*

Esta pequena mudança não deixa de produzir um choque no leitor médio de Freud (meu caso), que ignorava o emprego dessas diferentes palavras pelo autor, já que todas eram traduzidas por *o desejo.* O que fica abalado, nesse exemplo, é o monolitismo de um conceito demasiado cristalizado na teoria e nos hábitos de pensamento e que tende a se dogmatizar em sua autotransparência ao se isolar do fluxo das palavras comuns. É uma palavra que vai se tornando um nome próprio, na teoria. Será difícil medir a distância entre um aparelho psíquico movido pelo desejo e um aparelho psíquico movido por anseios, aspirações?

As palavras *Seele, seelish* e *Psyche, psychisch* foram traduzidas respectivamente por *âme, animique* ("alma", "anímico") e *psyché, psychique* ("psique", "psíquico"). Os tradutores *optaram* por manter a distinção entre os dois termos (ao contrário do que vinha sendo feito: *seelish* e *psychisch* traduzidos indiferentemente por *psychique,* isto é, "psíquico"), argumentando que o francês dispõe de palavras correspondentes para cada um deles e elas cobrem um campo semântico equivalente. Embora o próprio Freud tivesse dito que, para ele, estes termos se equivaliam, os tradutores chegaram à conclusão de que, de uma maneira geral, em seus escritos, "anímico" (*seelish*) aparece sempre em oposição a "corporal", e "psíquico"(*psychisch*) a "físico", "material". Estes termos, além disso, nunca aparecem associados às mesmas expressões: Freud escreve *aparelho de alma* (que, informam-nos os tradutores, soa tão estranho em alemão quanto para nós), mas quase nunca *realidade anímica* (ou *da alma*), e sim *realidade psíquica.*

Lembro, a propósito, a crítica bem conhecida, graças ao livro de B. Bettelheim (1984), *Freud e a Alma Humana,* à tradução intelectualista de Strachey, que transformou na Standard Edition *die Seele* ("a alma") em *the mind* ("a mente")!

Poderia mencionar ainda, entre as dezenas de termos discutidos na segunda parte do livro, a tradução de *das Unheimlich* por *l'inquiétant* ("o inquietante"), em vez da expressão adotada comumente de *l'inquiétante etrangeté* (a inquietante estranheza). Os autores argumentam que não há *"estranheza"* na palavra alemã, e que *l'inquiétant* foi um dos termos citados no próprio artigo de Freud, *Das Unheimlich* ("O estranho" na tradução brasileira, embora seja também traduzido, às vezes, por "o sinistro").

Vários neologismos foram introduzidos: *refusement* ("recusamento"), palavra que soa um pouco pesada, para *Versagung,* no lugar de *frustation* ("frustração") que, consagrada pelo uso, fora já criticada no *Vocabulário* (de Laplanche e Pontalis); *coulpe,* desenterrada do francês antigo, para *Schuld,* que deixa assim de ser sentimento de "culpabilidade" (no português corrente temos o substantivo "culpa"); *désaide* para *Hilfosigkeit,* que no *Vocabulário* fora traduzido por *état de detrésse;* esse termo designa o desamparo original do ser humano no início da vida e que necessita, por isso mesmo, do "amparo" ou da "ajuda", *aide (Hilfe)* materna; *désirance* (literalmente, "desejância"), para *Sehnsucht,* palavra importante, mas de difícil tradução, que se refere ao "desejo ardente, nostálgico por algo ou alguém ausente, em parte apenas próximo de saudades". Sérgio Rouanet sugeriu, entre outras, a palavra "anelo", em português. Outro neologismo introduzido por Laplanche é *passagèreté* (literalmente, "passagereidade") para *Vergänglichkeit.* Esta expressão foi ressuscitada do francês arcaico, de uma passagem de Buffon sobre a migração dos pássaros. Na edição brasileira, este termo, título de um texto de 1916, foi traduzido por "transitoriedade".

Chegamos ao *Glossário,* terceira parte do livro, que compreende cerca de duzentas páginas, resultado de um imenso trabalho de levantamento de palavras mais significativas, localizadas em cada texto, ao longo da totalidade dos escritos de Freud. A cada um desses termos corresponde uma *entrada* (um verbete) no glossário, de maneira que o vocábulo destacado é agrupado com todas as palavras encontradas nos escritos de Freud que sejam aparentadas a ele, quer pela raiz comum, quer pela similaridade de sentido; são incluídos ainda, em cada grupo, os antônimo*s* correspondentes. Algumas das palavras, em cada grupo, encontram-se também em outros lugares do glossário, como "entrada" — nesse caso, estão grifadas — dando então acesso a outros grupos de termos correlacionados e tornando possível uma espécie de circulação regrada no interior de uma rede constituída por milhares de palavras do vocabulário empregado por Freud.

O objetivo dos autores, com esse tipo de glossário, é o de estabelecer nada mais nada menos que o *"fundamento lexicográfico da língua freudiana",* (Bourguignon et al, 1989, p. 48) de maneira que seja possível pôr em evidência, nesse vocabulário, relações de *"diferenciação"* e de *"equivalência".* Trata-se de um trabalho sobre a *"a língua de Freud, sua gênese e sua organização"* no dizer de F. Robert, o coordenador do Glossário.(Idem, p. 155)

A crítica mais insistente de Laplanche é, de fato, dirigida contra traduções que se limitam ao contexto local de cada escrito isolado, sem levar em consideração o conjunto da obra. É indispensável, afirma ele, seguir a evolução de cada termo e de suas variantes gramaticais (substantivo, verbo, palavra composta, etc.) ao longo de toda a obra. Trata-se, pois, de seguir não somente a evolução de um conceito, de uma idéia[3], mas da própria palavra usada para enunciá-lo. Isso é importante, dado que, nos escritos de Freud, uma palavra de uso comum pode ser ora empregada de maneira anódina, não-conceitual, para evoluir em outro texto e alcançar a força de um conceito. A palavra *Anlehnung* ("apoio") é um bom exemplo disso. Usada inicialmente em 1905, nos Três Ensaios, ao lado de outras de sentido semelhante, para indicar que havia uma relação entre a sexualidade e as funções de autoconservação. Posteriormente aparece como verbo, num emprego já mais específico, nos textos sobre *A Psicologia da Vida Amorosa* (1910 e 1912), onde é afirmado que "as pulsões sexuais encontram seus primeiros objetos apoiando-se sobre as pulsões do ego, assim como as primeiras satisfações são experimentadas apoiando-se sobre as funções corporais necessárias à conservação da vida". Em 1915, nos *Três Ensaios* o substantivo *Anlehnung* é claramente sublinhado por Freud que vê nele (o apoio sobre as funções corporais) uma das características essenciais da sexualidade infantil (cf. Traduire Freud, p. 44, *e* Le Vocabulaire de Psychanalyse, *p. 149*, verbete l'*étayage*).

Note-se que, na Standard Edition, este conceito da teoria da sexualidade ficou diluído, tendo-se perdido. Aparece somente no artigo sobre o narcisismo, em que foi usada a expressão *anaclítico* para traduzir *Anlehnungstypus* das *Objekowahl,* "escolha de objeto do tipo anaclítico", numa acepção restrita como alternativa ao "tipo narcísico de escolha de objeto".

Penso que o interesse desse enfoque é mostrar que, nos escritos de Freud, mesmo quando se torna conceito, a palavra não é desenraizada do viveiro natural da linguagem de onde saiu, conservando a margem de ambigüidade e as potencialidades de desdobramento polissêmico que tem na linguagem comum, sem ser isolada num conceito abstrato e unívoco.

Um conceito metapsicológico tão difícil e tão abstrato como o de "pulsão" (*Trieb*), por exemplo, faz parte em alemão do vocabulário de um menino de 8 anos. "Inconsciente" (*Unbewusste*) é, em suas derivações, uma palavra da linguagem coloquial, inclusive daquela falada pelos e com os pacientes. *Trieb* ("pulsão") é emprega-

---

[3]. Na Standard Edition, as inúmeras indicações, tanto no texto que precede cada artigo como nas notas de rodapé, constituem uma ajuda preciosa para que o leitor possa situar o contexto teórico em que surgem as concepções de Freud e seguir a sua evolução posterior. Essas notas de Strachey não foram mantidas na edição francesa.

do, no exemplo dado por Georges-Arthur Goldschmidt (Goldschmidt, 1988, pp. 76-7), para fazer moral a uma criança que se precipita um pouco afoita sobre seu sorvete e acaba derrubando-o: *"Siehst Du, jeder ist das Opfer seiner Triebe",* "tu vês, cada um é vítima de suas inclinações". *"Treiben,* informa este autor, é usado como verbo no sentido de 'fazer avançar' o rebanho, de 'empurrá-lo' para o pasto". Há também, em alemão *Triebstoff* que quer dizer "combustível" e, literalmente, "matéria que faz avançar o veículo", sendo pois evocadora dessa "força motriz dentro do corpo" que é a pulsão. *"Das Unbewusste"* ("o inconsciente") vem, segundo Goldschmidt (Goldschmidt, 1988, pp. 36-7), do particípio passado do verbo *wissen,* "saber" (que acrescido do prefixo "un" dá "o não sabido"). Este verbo encontra-se em expressões tão comuns como *"Das habe ich nicht gewusst",* "eu não sabia daquilo".

Num tom comedido, como convém a um certo estilo francês, Daniel Lagache afirma que *"Freud se preocupa pouco com a perfeição de seu vocabulário"* e que *"a polissemia e as superposições semânticas não lhe estão ausentes"* (Granoff, 1984, p. 25). D. G. Ornston (1988, p. 197) vai na mesma direção quando se refere à tradição científica a que pertence Freud, na qual *"a inconsistência conceitual e a flexibilidade são virtudes necessárias",* e também W. Granoff (1984, p. 25), para quem *"Freud absteve-se de definições sistemáticas e não se afastou de seus procedimentos narrativos e descritivos, de seu modo tão particular de representação e de figuração".*

Acredito que essa maneira peculiar com que Freud procede à construção de sua ciência não tem a ver apenas com uma questão de estilo pessoal ou de tradição científica, mas também com a natureza de seu objeto que, cada vez que é imobilizado num conceito "puro", corre o risco de perder nessa operação a substância que lhe é própria. A ciência do inconsciente não é uma "ciência exata" e não pode subtrair-se ao terreno movediço da linguagem do cotidiano — é nas suas pregas que se fazem as análises e se desvendam os sonhos — sob pena de transformar-se em sistema especulativo, em jogo abstrato de modelos e de conceitos, terreno por excelência, é verdade, para a institucionalização das teorias e para a política das escolas, mas distante da prática da psicanálise.

É pela rígida definição dos conceitos, sob o pretexto de rigor, que se os torna adequados a projetos de transmissão e de ensino e ao estabelecimento de hegemonias de pessoas ou de grupos na formulação da teoria.

É neste sentido que Laplanche dá grande importância ao fato de esta tradução das obras completas estar sendo feita com total independência em relação a qualquer controle institucional "*manifesto ou oculto*"[4], fora também de qualquer compromisso com escolas de pensamento psicanalítico. Entre as muitas críticas que este trabalho de tradução vem recebendo em Paris, há a acusação de ser antilacaniano.

Seja como for, diante de um trabalho desse fôlego, as críticas a tal ou qual solução (à artificialidade, por exemplo, deste ou daquele neologismo) terão de levar também em conta os problemas levantados pelos tradutores, propor soluções mais satisfatórias e fazer avançar um debate — o da leitura de Freud —, que ganhará em permanecer aberto.

Quero, agora, deter-me um pouco nas críticas que vem recebendo a tradução de James Strachey, batizada de Standard Edition. Designação por si só evocadora das condições que presidiram a elaboração desta tradução. Correspondeu à necessidade de estabelecer um vocabulário uniforme e preciso, o que só era possível com uma boa toalete na linguagem escrita de Freud, a fim de torná-la mais "científica". A implantação institucional da nova ciência, desde as primeiras décadas deste século, ocorreu principalmente em dois países, ambos de língua inglesa: os Estados Unidos e a Inglaterra.

A Psicanálise, nesta fase de sua história, precisava, nestes países, do reconhecimento do *establishment* médico-psiquiátrico e do da Psicologia Acadêmica, devendo pois ser apresentada como uma ciência "séria", em conformidade com os padrões positivistas vigentes. Além do que, a precisa delimitação do saber psicanalítico, a ser ensinado e preservado pelas Sociedades, passava pelo estabelecimento de textos uniformemente organizados através de traduções autorizadas. Riccardo Steiner, a quem devo muitas das informações sobre a história da Standard Edition, chama a atenção para *"o enorme poder prescritivo desta linguagem estandartizada (a de Freud), com seu potencial no estabelecimento de uma rede de instituições diretamente concernidas com o ensino e a transmissão da Psicanálise"*, assim como na *"legitimação da profissão de psicanalista"*(Steiner, 1988, p. 184).

Ernest Jones foi o grande *condotiere* da política de institucionalização da Psicanálise e da estandartização da linguagem de Freud. Tendo-se estabelecido temporariamente nos Estados Unidos, entre 1908

---

4. Em Traduire Freud, Laplanche menciona a ocorrência, felizmente contornada, de múltiplas tentativas da parte de "organismos psicanalíticos oficiais" para tomar o controle da tradução em francês. Menciona a IPA e "certas sociedades francofones".(Bourguignon et al., 1989, p. 6)

e 1913, foi ele quem, ao lado de Brill, fez as primeiras traduções de Freud e que, de volta à Inglaterra, passou a exercer um controle escrito sobre a terminologia freudiana: os glossários se sucederam — 1913, 1918 e 1923 — como simples listas de termos com valor prescritivo e normativo(Steiner, 1987, p. 103). Jones — que se compara, ele e seu grupo, à Igreja da Inglaterra — estava preocupado com que não houvesse interpretações incorretas da obra de Freud. Trabalho apostolar que contava com uma certa conivência de Freud, interessado na consolidação do movimento criado em torno de suas descobertas.

A partir da década de 20 entraram em cena no fronte da tradução o casal Alix e James Strachey. Ambos tinham passado dois anos em Viena, em análise com Freud; este, desde o início da análise, pediu-lhes que traduzissem para o inglês o artigo recém-saído "Uma Criança é Espancada" (1919).

Rivalidades, tensões e divergências à parte, o esforço de padronização dos escritos de Freud, iniciado na primeira década e consolidado nos anos 20, vai pesar de maneira decisiva na tradução das obras completas feitas por J. Strachey et col. nas décadas de 50 e 60, sob o olhar benevolente de Anna Freud e sob a custódia da IPA. Resulta que a história da Standard Edition é a história da imposição de um *Anglo-American newspeak on psychoanalysis,* segundo R. Steiner, e faz parte do processo de organização institucional do movimento psicanalítico, ocorrido sob a hegemonia cultural anglo-americana, de sorte que o Freud "oficial" passou a ser não um Freud em alemão, mas o Freud de Jones e de Strachey (Steiner, 1988, pp. 190-1).

Além das condições políticas e históricas em que foi produzida a Standard Edition, é preciso considerar também a ideologia científica de seus mentores principais — Jones e Strachey — e a idéia que se fazia da Psicanálise e de seu fundador. No prefácio ao primeiro volume da Standard Edition, Strachey escreve que *"o modelo imaginário (de Freud) que sempre tive diante de mim (no trabalho de tradução) é o dos escritos de um homem de ciência inglês de boa educação, nascido no meio do século XIX".* ("*The imaginary model which I have always kept before me is of the writings of some English man of science of wide education born in the middle of the nineteenth century".* (Standard Edition vol. I, General Preface, p. XIX.). Na tradução brasileira, na mesma frase, não se trata de homem de ciência, mas *"dos escritos de algum inglês amplamente instruído..."* (v. I), p. 21.

D. G. Ornston observa que, para um homem de ciência inglês na Inglaterra pós-vitoriana, havia um único método científico, o lógico-positivista, e que, portanto, aos olhos dos tradutores, os escritos de Freud teriam de, necessariamente, se conformar a essa tradição de pensamento. Afirma que a tradição na Áustria, nos tempos de estudante de Freud, era outra e cita a afirmação de um célebre professor da Universidade de Viena da época, que considera um equívoco a oposição corrente entre ciência e arte, concluindo que *"a fantasia é a mãe de uma e de outra"*. O leitor de Strachey fica privado do que Ornston (1988, pp. 204-5) chama de *"ironia romântica"* em Freud, *"que zomba sutilmente de seus grandes modelos"* e que persuade justamente porque *"nunca parece tomar uma mesma perspectiva por muito tempo"* (5b).

O curioso é que se pode resumir grande parte das críticas dirigidas à Standard Edition na afirmação de que, paradoxalmente, ela é demasiado boa, melhor que o original! É com surpresa que ficamos sabendo que na Alemanha de hoje a tradução de Strachey e a sua linguagem é mais usada entre os psicanalistas que o original de Freud, pois soa mais moderna e mais científica. J. Junker, psicanalista alemão, afirma que a Standard Edition é, em alguns aspectos, *"mais fácil de compreender e parece teoricamente mais correta que o original em alemão"*. Ele explica isso pela presença no texto original de palavras que parecem obscuras ou que têm diferentes sentidos conforme o contexto, enquanto que, em sua tradução, Strachey escolhe um único sentido, claro e preciso[5].

Se a Standard Edition fosse hoje retraduzida para o alemão, por um tradutor que desconhecesse o original, chegar-se-ia a um texto muito diferente do original de Freud, com muitas palavras latinizadas e uma linguagem abstrata (Junker, 1988).

Os críticos *da Standard Edition contrapõem uma escrita "emotiva, conotativa, direta"*, insistem *na "riqueza e na vitalidade do original"*, deplorando o *"distanciamento, a uniformidade terminológica e estilística"* desta tradução (Steiner, 1987, pp. 96-110).

Para W. Granoff, Strachey *"não se contentou em engomar uma prosa agradável de ler, ocasionalmente divertida, uma prosa que prende o leitor, pela facilidade demonstrada pelo*

---

5. O que para Freud era simplesmente *"uma segunda Topologia, Strachey cristalizou as várias versões de Freud, desta idéia antiga em uma teoria estrutural"* (Ornston, 1988, pp. 204-5). De maneira que, para Ornston, a tópica estrutural (segunda tópica) como acabamento teórico do edifício freudiano seria mais uma invenção de Strachey que de Freud.

autor e o divertimento manifesto que ele próprio encontra em produzi-la nessa língua de todos os dias". Granoff (1988, pp. 28-9) prossegue criticando a transposição, numa linguagem técnica, dos escritos freudianos: *"da obra de um autor que nunca temia parecer desordenado no tratamento daquilo que não se entregava nem à sua vista nem ao seu entendimento, que não hesitava em se servir de tudo e de nada para produzir uma possibilidade, uma abertura a mais para o pensamento que visava a objetos complexos e desconhecidos, dessas aproximações flexíveis, Strachey fez um novo texto em que termos de artifício fizeram reinar um clima de explicação dada"* (2).

As críticas à Standard Edition, uma tradução de reconhecida qualidade, não se referem, como se pode ver, a eventuais equívocos, imprecisões ou erros de sentido, mas à falta dos charmes do texto original[6] e, sobretudo, a um certo enquadramento do escrito freudiano em um modelo de pensamento técnico-científico bastante estreito. Uma versão mais rígida do aparelho conceitual de Freud facilita o seu ensino, favorece eventualmente os dogmatismos, mas priva os psicanalistas de uma linguagem teórica fluente em que as margens de flutuação semântica e a imprecisão dos contornos permitem aberturas para ângulos inesperados e que, se explorados em suas virtualidades, são enriquecedoras para o pensamento clínico.

É comum falar-se na oposição entre teoria e prática na psicanálise, entendendo-se por teoria uma rede de conceitos abstratos e modelos institucionalizados. Seria, no entanto, possível uma linguagem no interior da qual fosse menor a tensão entre "teoria" e "prática" entre "palavra viva" e "conceito", como idéia abstrata? Buscamos constantemente, em nossa prática clínica, palavras que "falem" ao paciente, que o toquem, que lhe digam "algo" na singularidade do momento da sessão, e opomos esta busca aos esquemas abstratos, pré-fabricados, da teoria. E se a teoria pudesse ser formulada também com palavras que "falem"? Não seriam justamente estas as mais adequadas para pensar o objeto da Psicanálise? São questões que o atual retorno a Freud, em torno dos problemas de sua tradução, vem suscitando.

Penso, em suma, que as reavaliações atuais de Standard Edition refletem o questionamento de uma concepção científica estreita da

---

6. Em Traduire Freud, J. Laplanche escreve que o tradutor deve amar o texto de Freud como Montaigne amava Paris: *"ternamente, até em suas verrugas e em suas manchas* (Bourguignon et al, 1989, p. 16)".

Psicanálise e que têm por corolário uma abordagem tecnicista da prática clínica. À tradução "standard" correspondendo uma formação "standard" e uma prática "standard" da Psicanálise. A certeza do conceito é o pivô sobre o qual se assenta essa trilogia, enquanto que o reconhecimento da espessura e das potencialidades da linguagem, ou seja, da variabilidade e das possibilidades indefinidas de abertura que a caracterizam, nos situa no terreno psicanalítico por excelência, o da fala associativa, o da fala interpretativa e o do *insight*. Cito, a propósito, esta passagem de W. von Humboldt, filólogo alemão do século XVIII: *"Todas as coisas da linguagem são símbolos, não as próprias coisas, não signos convencionados mas sons que mantêm com as coisas e os conceitos que representam (...) relações realmente místicas se se pode dizer, relações que contêm os objetos da realidade por assim dizer em estado de dissolução nas idéias e que podem, de uma maneira à qual não é possível pensar nenhum limite, mudar, determinar, separar e religar"*. (Citado por Antoine Bermann, 1984, pp. 243-4).

A sensibilidade crescente pela maneira de Freud, este mestre da metáfora, usar os recursos da linguagem na elaboração das noções e teorias de sua ciência anuncia talvez não só uma atenção maior entre os psicanalistas para as peculiaridades epistemológicas de nosso campo, como uma consciência mais viva da extensão em que são usadas e exploradas, tanto na atividade psíquica do analista como do analisando, na interação delicada entre processos primários e secundários, as virtualidades da linguagem.

Gostaria de concluir com esta passagem de Novalis que, há dois séculos, parecia já pressentir as virtudes encontradas na regra da livre associação, fundamento da prática psicanalítica:

"O erro risível e surpreendente é que as pessoas se imaginam e acreditam falar em função das coisas. Mas o próprio da linguagem, a saber, que ela não está ocupada senão dela mesma, todos ignoram. É por isso que a linguagem é um mistério tão maravilhoso e tão fecundo: basta que alguém fale simplesmente por falar, e é justamente então que ele exprime as mais originais e as mais magníficas verdades..." (Berman, 1994, p. 33).

Bibliografia

BERMAN, A. "L'Épreuve de l'Étranger (Culture et Traduction dans l'Allemagne Romantique). França: Ed. Gallimard (1984).

BETELHEIM, B. "Freud e a Alma Humana". São Paulo: Ed. Cultrix, 1984.

BOURGUIGNON, A.; COTET, P.; LAPLANCHE, J. & ROBERT, F. "Traduire Freud". Ed. PUF (1989).

GOLDSCHMIDT, G.A. "Quand Freud Voit la Mer" (Freud et la Langue Allemande). França: Ed. Buchet-Castel (1988).

GRANOFF, W. "Freud Écrivain: Traduire ou Standardiser?", em L'Écrit du Temps n° 7, 1984.

JUNKER, R. "On the Difficulties of Retranslating Freud into English" em "Freud in Exile", EUA: Ed. Yale University (1988).

ORNSTON, JR., D. G. "How Standard is the Standard Edition?" em "Freud in Exile". EUA: Ed. Yale University (1988).

STEINER, R. "Die Weltmachtstellung des Britischen Reichs" em "Freud in Exile". EUA: Ed. Yale University (1988).

STEINER, R. "Clio's Clinamina" in Psychanalystes n° 22, 1987.

O Ferimento dos Começos[1]

O conhecido co-autor do *Vocabulário da Psicanálise*, obra à qual nenhum analista deixa hoje de recorrer em um momento ou outro, ao precisar situar um conceito no emaranhado das teorias freudianas, abandona aqui o rigor da linguagem dos conceitos para "sonhar a sua memória" em uma ficção autobiográfica. Uma ficção que, aliás, não dispensa o rigor, pois como adverte o autor é pequena *"a distância entre a palavra que desvele a coisa ao nomeá-la e aquela que pode aboli-la ao designá-la"*.
 Equivoca-se quem pensar que depois do esforço do Vocabulário e de tantos ensaios psicanalíticos, Pontalis entrega-se aqui um merecido descanso da Psicanálise, abandonando-se a uma espécie de exercício extramuros. Seria não perceber que neste texto o que é questionado é, justamente, o intramuros criado pela linguagem psicanalítica. A esta linguagem podem, de fato, estar submetidos tanto o psicanalista, persuadido de seu saber e de sua técnica, como o analisando que, por vezes, acredita estar *"se dizendo"*, quando na verdade está apenas *"relatando a teoria sobre ele mesmo, que lhe foi inculcada"*. A psicanálise, como saber, como instituição, como prática, contém um risco a que se expõem tanto analistas como analisandos;"
 Pontalis não o minimiza ao escrever que *"nem sempre o natural, uma vez banido, volta a galope. Ele pode se perder, a trote curto, nas palavras do outro"*.

---

[1]. Este é o texto do prefácio para a edição brasileira do livro de J-B Pontalis, "O Amor dos Começos". Ed. Globo, 1988.

Se é verdade que o analisando possa perder-se, aos poucos, nas palavras do outro (o analista) em vez de resgatar junto a ele, também aos poucos, o relevo de uma memória, na singularidade de palavras rejuvenescidas, novamente aptas para sentir o que nelas se diz, decididamente a questão da linguagem não é uma questão acessória para o psicanalista.

De onde vem o poder das palavras na análise? Pergunta-se o autor. Este poder não reside, seguramente, em construções complexas, nos afirma ele, em hipóteses engenhosas ou doutas explicações, com o que, aliás, a maior parte dos analistas estará hoje de acordo. Ele reside, ao contrário, nas vacilações da fala, quando *"num dado momento faltam palavras, a um ou a outro, é desse oco, desse leve desnivelamento que faz tropeçar uma atividade verbal até então segura, que se pode dizer, na falta de língua, tanto o que falta como o que ilusoriamente o preencheu: por exemplo o rosto de uma mãe, sob a luz, ocupada em sua costura, enquanto se brincava de dominó próximo a ela".*

O propósito de falar, neste texto, de seu amor e de seu ódio pela linguagem é anunciado desde as primeiras linhas. O ódio, logo fica claro, volta-se contra a linguagem que *"esquece as suas fontes"*, tomada por sua *"tendência natural à arrogância, ao se tornar afirmativa"*. Assim, *"quando a linguagem chega a se erigir senhora absoluta, quando desconhece que sua aparente luz não passa de uma sombra, então o 'oco' vem lembrá-la disto. Se ela esquece a perda que ela própria contém, então é preciso perdê-la, abandoná-la à sua arrogância. Quando voltarmos a encontrá-la, ela não se ouvirá falando sozinha, se lembrará de sua ausência, graças à nossa"*, escreve Pontalis, em uma bela passagem.

Impossível confiar no poder das palavras a menos que estas se mostrem, em sua fragilidade, iluminadas pelas *"luzes da noite"*, animadas pelo *"trabalho do obscuro"*. Sem a *"força da imagem"*, sem o *"peso das coisas"* a palavra não tem efeito — *"a linguagem só é realmente linguagem, uma operação ativa, se carregar nela o que não é ela mesma". "Não é a linguagem que faz a linguagem"*, afirma o ex-aluno de Lacan.

O que vai se desenhando assim é um perfil de analista, de um analista que *"reivindica para cada um, um território de fronteiras semoventes, do ininterpretado"* e que, numa passagem, digamos auto-analítica, se recusa a que as palavras venham liberá-lo da imagem, exclamando-se: *"por que o sentido seria mais forte que a imagem para designar aquilo que nenhum sentido encerra?"*.

Perfil de um modo de ser analista ou, simplesmente, de um modo de ser? O convívio com Pontalis, ao longo destas páginas, mas também no contato com a sua pessoa, torna tal distinção desnecessária no que diz respeito a ele. É bom que seja assim, pois nem sempre é o que acontece com os psicanalistas: como não perceber, o que por vezes é tão bem notado por não-analistas, que a Psicanálise pode se transformar no principal sintoma, no ponto cego do psicanalista? Este escrito, enquanto reflexão sobre a linguagem, pode pois solicitar o psicanalista em um de seus impasses fundamentais.

Mas, mais que uma reflexão, este escrito é ele mesmo, em seu texto, delicado tecido de memória em que uma linguagem se exerce, mensageira secreta da dor (... de existir?) que a engendra. Ferida dos começos..., começos que nunca param de começar. *"Foi quando mesmo?" "... É agora."*

As *"luzes da noite"* iluminam uma escrita precisa, elegante, afiada. Fatos, coisas, pessoas, tal ou qual estado de alma, instantâneos de um outro tempo, são convocados com um misto de ironia e malícia inteligente. Ele, que diz ter amado em A Náusea *"a mistura de ferocidade e generosidade — sem sarcasmo, apenas um olhar"* com que Sartre trata seus personagens, parece aqui, na maneira como evoca os seus, ter-se inspirado no antigo professor.

Sartre foi seu professor no Lycée (em 1941!), professor e não Mestre, quem queria ser Mestre era Lacan. O impacto do novo professor, o *"homem categórico"*, foi enorme sobre o adolescente, inaugurando uma relação entre os dois homens que se manteria durante décadas. A revista *Les Temps Modernes,* criada por Jean-Paul Sartre no final da Segunda Guerra, foi um lugar privilegiado de colaboração entre eles. Pontalis só se retirou no início dos anos 70, discordando da evolução das posições do filósofo, no período que se seguiu ao movimento de maio-1968. Criou então a "sua" própria revista — a Nouvelle Revue de Psychanalyse.

Para ele, Sartre estava sempre à beira da *"loucura das palavras"*, acreditando que tudo pudesse ser dito, que tudo pudesse ser apreendido com as palavras: *"nada em princípio devia escapar-lhe, e o que corria o risco de escapar, como a infância, o inconsciente ou as emoções confusas",* lhe desagradavam.

Lacan era diferente. A linguagem também era, para ele, soberana, mas dela não somos senhores, muito pelo contrário, nela somos apanhados, em sua rede de significantes, a ponto de chegarmos a nos interrogar *"se nossa existência não se reduz à de um fonema"*. Ficava, desta maneira, reduzida *"qualquer pretensão à suficiência"*, mas também, em seu sistema, era reforçada *"a mais tenaz das ilusões, a de sermos inscritos numa lógica universal"*. Ele reconhece uma dívida imensa tanto em relação à pessoa como ao pensamento de Lacan, mas pensa que, decididamente, o seu ex-analista e "mestre" acabou *"forçando a linguagem" "para torná-la ainda mais absoluta"*. Para Pontalis, pedir à linguagem que ela *"tenha a consistência de uma coisa, a presença de um corpo"*, numa tentativa de remediar *"o seu vazio interno, a sua violenta e doce melancolia"*, pode levar-nos a desconhecê-la mais do que nunca, a negá-la.

Muitos dentre os analistas que, em algum momento, estiveram próximos de Lacan sentiram como um verdadeiro desafio a possibilidade de manter o recuo necessário e a capacidade crítica em relação ao seu pensamento. Evidentemente, não foi a única ocasião em que isto ocorreu na história da Psicanálise, embora nem sempre seus protagonistas tivessem se preocupado tanto com esta questão como ocorreu no movimento francês. Nesse sentido, Pontalis nota que um pensamento não suscita apenas interesse, pode despertar uma verdadeira paixão. Este foi, sem dúvida, o caso do seminário de Lacan no qual, como testemunha o autor, foi-se criando entre os participantes não só um clima de entusiasmo com o empreendimento inovador de que participavam e que resultaria, de fato, num importante impulso à reflexão psicanalítica contemporânea; apareceu também uma tendência à fascinação por toda palavra ou gesto que emanasse da pessoa de Lacan, levando ao mimetismo e a uma certa sideração do espírito.

É com o humor maroto, irreverente, de um colegial rebelde, que Pontalis compara o seminário de Lacan ("o grande Jacques") com um espetáculo de hipnotismo ("o grande Robert"), de qualidade duvidosa, a que assistira no teatro de l'Olympia. No entanto, para além da brincadeira pueril, iconoclasta, contra a imagem de um Mestre que se toma demasiado a sério, Pontalis parece concentrar o essencial do seu esforço de resistência no que chama *"sua recusa"* em se deixar aprisionar pela *"linguagem de Lacan"*.

O que aqui se apresenta, a propósito da relação a Lacan, é um tema mais geral no pensamento do autor e que poderia formular-se assim: ser reduzido à linguagem de um só é de alguma maneira se deixar silenciar. Questão psicanalítica, pois o que é uma psicanálise senão a possibilidade aberta para que se ouça o que no sujeito emudeceu ao não encontrar mais ouvidos em ninguém, inclusive e sobretudo, em si mesmo? Mas, também, questão de política: nela o "adversário" é silenciado não só pela força física — nem sempre é possível —, mas também no cotidiano dos discursos, feitos para calar, em cada lugar onde haja instituições, entre elas a da família, disputas de poder, relação de força entre pessoas. Pontalis interroga-se com ênfase: *"e se o abuso de poder, onde quer que ele se exerça, viesse sempre de uma traição da linguagem, e da mais insidiosa traição, aquela que a nega?"*.

Uma psicanálise, *helas*, não é isenta desta dimensão! As maneiras de calar o outro podem ser suaves, insidiosas, bem-intencionadas: nota-se que é o problema da análise da contratransferência — até que ponto possível? — que aparece aqui em toda a sua acuidade. Uma certa tendência atual em tomar a contratransferência como bússola, quase exclusiva, para chegar à verdade do outro, merece, deste ponto de vista, atenta reflexão.

Para além do ruído dos temas evocados e das opiniões do autor, este escrito deixa entrever um homem comovente, vulnerável, patético em sua tentativa de resgatar o instante, para encontrar nele vida, através da pulsação animada das palavras. O diálogo secreto com o pai é silencioso; sua morte prematura deixou, como interlocutor para o menino, uma foto em que ambos estão juntos; o gesto protetor do pai inaugura uma conversa que nunca cessará. Do instantâneo da foto ao instante do telefonema, oito e quinze, quando, a cada dia, ouve da mãe, desde sempre triste, "do outro lado do fio", palavras mudas, como todas as que lhe dirigiu, ao longo de uma vida... entre os dois instantes, este escrito.

Notas sobre a Supervisão[1]

Quando um analista fala, o que diz poderá ter um efeito favorável para a análise do paciente, produzindo uma abertura associativa inesperada, um insight, a percepção de um movimento transferencial particularmente vivo no momento de interpretação. O efeito de análise de uma interpretação, no entanto, não reside sempre no conteúdo principal do que pretende dizer o analista, mas pode resultar de alguma expressão ou palavra acessória, dita à revelia de sua intenção e de sua atenção. Ou seja, o paciente nem sempre ouve aquilo que o analista quer que ele ouça. A análise que está se passando do lado do paciente não coincide inteiramente com o que pensa dela o analista. Há, por assim dizer, duas versões simultâneas, paralelas, da análise do analisando, uma do lado deste, outra do lado do analista; apresentam pontos de intersecção, de tangenciamento, de interpenetração, mas não se superpõem.

Quando ocorre de o analisando retomar com fidelidade o que lhe disse o analista, imobilizando-se ali num esforço de auto-persuasão, vejo nisto uma expressão de resistência. Na coincidência fixa entre o que diz o analista e o que diz o analisando não há análise mas resistência à análise, resistência a dois. Resistência a dois que pode bem tornar-se resistência a três se no circuito for incluído mais um analista que, na condição de supervisor, se sinta imbuído do dever de explicar ao seu colega tudo o que está "de fato" se passando na análise do paciente.

---

1. Comunicação apresentada no painel sobre "Supervisão", promovido pela Livraria Pulsional, em junho de 1988, e publicado pela Revista Percurso 1(1): 32-34, 1988.

O imbróglio não se simplificaria no caso de o analista-supervisor ser, além disso, membro do comitê de formação de um instituto ao qual tivesse de dar conta do trabalho realizado com o (e pelo) colega. Controle do comitê sobre o didata, do didata sobre o supervisando, do supervisando sobre o paciente. Estes sucessivos controles trazem consigo a miragem de um domínio possível, de uma domesticação racional ou racionalizante do objeto da prática psicanalítica. Ora, o objeto da psicanálise é fugidio em sua natureza, assim como é radicalmente singular qualquer ato analítico.

A prática da supervisão situa-se na fronteira entre a atividade analítica e as teorias que a instituem e que lhe fornecem um substrato conceitual: situa-se na fronteira entre o singular e o universal, entre o devaneio associativo e o discurso articulado. E é necessário que permaneça nesta fronteira, como *"momento de prática teórico-clínica em* statu nascendi*"* (Valabrega). O sempiterno contencioso sobre a "cientificidade" da Psicanálise não encobre apenas um inocente desejo de respeitabilidade, nem somente uma busca de reasseguramento (um saber científico é suposto ser um saber seguro), mas tem também implicações nas relações de poder entre analistas, nos seus clãs, grupos e associações. Resta saber se na ciência o que se está buscando é a humildade do cientista, que se deixa refutar por cada um de seus experimentos (ou pelo experimento do colega), ou a certeza arrogante de uma certa ideologia científica?

É a partir de uma maneira de ver a psicanálise como saber acabado que se introduz, na supervisão, a dimensão pedagógica tão cara à Anna Freud na análise de crianças. Ora, um supervisor não é um professor. O professor se propõe a comunicar ao aluno um conjunto bem definido de conhecimentos, recorrendo a técnicas e artifícios didáticos; o analista em posição de escuta de outro analista terá de proceder a uma certa suspensão, ao menos provisória, de seus conhecimentos, entregando-se a uma atividade associativa e elaborativa em sintonia com o que está sendo dito; nesta escuta, como numa sessão de análise, poderá permanecer muito tempo ouvindo nas brumas, até que as idéias comecem a brotar, ocasionais, hesitantes, ao longo do diálogo com o analista em supervisão. Quando a "clarificação", que resulta de uma sessão de supervisão, transforma-se em excesso de clareza, de compreensão, este demasiado claro vai funcionar como um corpo estranho, parasitando a escuta do analista.

Mas a certeza suscita adesões, sobretudo entre os psicanalistas que convivem no cotidiano com uma prática, cuja única espessura é o movimento caprichoso das palavras. Piera Aulagnier tem razão quando afirma que nosso ofício submete a duras provas o nosso narcisismo; creio que ela se refere à incerteza, no dia-a-dia, sobre o sentido das palavras ouvidas ou ditas em sessão. Esta incerteza é a mola que faz o analista pensar e que alimenta o processo de análise do analista, produzindo aberturas essenciais para a função do analista.

Penso, a propósito da incerteza do analista, na noção de Ferenczi, promovida entre nós por Fédida, de um *"resto não resolvido"* do lado do analista. Para Ferenczi, um *"resto não resolvido"* (não analisado) é mobilizado no analista no decurso da análise de um dado paciente e, desperta neste, num primeiro tempo, um movimento defensivo, tornando-se indispensável um trabalho de elaboração auto-analítica para que a análise possa ocorrer ou prosseguir.

Trata-se de uma maneira fecunda de pensar a questão da análise da contratransferência, considerada como um tempo necessário da análise do analista.

A supervisão é, neste sentido, uma ocasião privilegiada para suscitar efeitos analíticos a partir de pontos contratransferenciais bloqueadores da escuta. Não se pode ignorar a mobilização transferencial suscitada pela situação de supervisão, ainda que as modalidades do enquadre e a abstenção do analista-supervisor em dar interpretações reduzam a magnitude dos fenômenos regressivos próprios à situação analítica. Na supervisão, os efeitos de análise são mediatizados pelo relato clínico.

Ocupar-se do relato clínico como objeto de trabalho não impede a escuta atenta do que se produz na fala do supervisando. Penso em um colega que chegou a uma sessão de supervisão dizendo que queria falar logo, porque "está perigoso". A palavra perigoso que, neste início, já suscita em mim algumas idéias vai reaparecer ao longo de seu relato, desdobrando-se em novos contextos significativos (sem que eu intervenha) até que, pela insistência do tema, acabe tomando forma e se explicitando, num temor do analista diante de certas solicitações atuadas do paciente, que poderia voltar a "pô-lo contra a parede". Este poder de intimidação do paciente insere-se na trama de sua análise como algo muito significativo. A supervisão possibilitou ao analista reconhecer-se, em sua própria fala, acuado, sem liberdade interior para pensar na sessão com o seu paciente. Neste exemplo as hipóteses, as lembranças que emergiram associativamente da memória desta análise ou os elementos de construções que tenhamos produzido tiveram sem dúvida uma função em situar, em dar sentido ao afeto, restabelecendo a capacidade de escuta do analista nesta análise.

Com isto, não quero minimizar a importância do apoio e do favorecimento da *"atividade de construção"* (a expressão é de Fédida), que o analista em supervisão pode encontrar junto ao colega e, do valor disto, para a sua prática e para a sua formação.

Desejo retomar o fio, deixado para trás, da psicanálise como saber acabado ou como saber constituído e que, na verdade, se trata de uma certa versão dos "conhecimentos" psicanalíticos, tal que assumidos por um dado analista, que se propõe a ensiná-los, apresentando-se eventualmente como seu porta-voz. Situação esquemática caricatural que nos leva à situação-tipo da supervisão pedagógica.

Freud, numa conferência aos médicos, citou uma distinção feita por Leonardo da Vinci, para *quem a escultura se fazia "per via di levare"* e a pintura, *"per* via di *porre"*, concluindo que a psicanálise era uma terapia que se passava *"per via di levare"*. O que chamei de supervisão pedagógica se passaria *"per via di porre"*, porquanto baseada numa concepção modeladora da formação; não *"per via di levare"*, em que o objetivo seria mais uma mobilização, por meio de palavras novas, reintroduzidas em circuitos antes fechados pela impregnação transferencial.

Deixar que a estátua contida na pedra se revele, como na escultura, é dar a possibilidade para um analista em início de formação de, através do processo de supervisão — que em geral se prolonga por alguns anos (tempo de duração de uma análise) —, que ele comece a encontrar seus próprios recursos de escuta analítica. Lembro, a propósito, de ter agradecido o paciente acompanhamento que uma analista me ofereceu, durante os anos iniciais de minha prática de psicanálise, dizendo que o maior elogio que poderia fazer-lhe era que, ao final de quatro anos de supervisão, eu não sabia ainda como ela trabalhava.

A supervisão, pois, como prática pedagógica tende a produzir e a alimentar o surgimento de pequenos, médios e grandes mestres, dentro de uma associação ou fora dela, resultando na produção bem conhecida de clãs ou de redes para empregar o termo de Valabrega. Este tem o humor inspirado ao lembrar, para o caso, a acepção epidemiológica da palavra transmissão. De toda maneira, tratam-se de formas coletivas de reasseguramento e de resistência à análise: o ato analítico é solitário em sua essência; apóia-se na fragilidade do instante em que ocorre e na defasagem irredutível que assinala entre a fala

de um e a escuta do outro, momento por excelência de ruptura que faz aparecer o que na fala é alteridade. O ato interpretativo intervém, justamente, no momento em que um (se) assimila o outro, para desfazer este efeito "massificante" (hipnótico) da transferência.
Vale a pena mencionar ainda que a situação de supervisão, pelo simples fato de corresponder à introdução de um terceiro (personificado no supervisor) em relação à análise do analista, permite ao analista em formação interrogar-se de um outro lugar sobre a sua própria análise e, cito Valabrega, *"interrogar-se sobre os pontos de contato e de interferência de sua prática com sua análise"*.
Por isso, é desejável que este terceiro não se transforme em duplo "hipnótico", levando a supervisões intermináveis e à produção de discípulos, de iguais. Risco de "massificação", trágico, pois vem negar o que é visado em uma análise e na formação de um analista: a possibilidade de que uma palavra singular seja cada vez, de novo, encontrada nas vacilações do ser que nela advém.

Da Escuta ao Trabalho da Escrita[1]

Escrever para mim é trabalhoso. Mas, para além desta afirmação ou queixa, que com certeza muitos partilhariam comigo de bom grado, eu queria refletir um pouco sobre a natureza, para nós psicanalistas, do trabalho de escrever e sobre os frutos que este possa nos trazer. Santo Agostinho, numa citação de Patrick Mahony, diz algo que, na candura de sua forma, a minha experiência ainda não desmentiu. Diz ele:

> *"eu próprio reconheço que ao escrever (este trabalho[2]) aprendi várias coisas que não sabia".*

Guardadas as proporções quanto aos resultados (comparados ao deste pensador), devo dizer que também aprendo cada vez que tenho de fazer um trabalho escrito. A partir do momento em que me comprometo a fazê-lo, fico tomado por uma tensão intermitente, sobretudo quando o prazo começa a esgotar-se, como obviamente deve acontecer com a maioria das pessoas.

Neste primeiro período, me surpreendo às vezes tendo acessos imaginativos, às vezes loquazes e pretensiosos, inflados e me acontece de, no calor do momento, fazer algumas anotações; chegada, no entanto, a hora de escrever o texto, confrontadas as exigências de

---

1. Texto apresentado no colóquio "A Comunicação em Psicanálise – A Escrita", realizado na Sociedade Brasileira de Psicanálise de São Paulo, em 1992, e publicado no Jornal de Psicanálise: 27 (52): 37-44, 1994.

2. Trata-se do Livro Terceiro do tratado latino De Trinitate. Em "Psicanálise — o tratamento pela escrita" de Patrick Mahony. Rev. Bras. de Psicanálise (1990). v. XXIV, p. 555.

racionalidade e de forma impostas pela escrita, as idéias não tardam em ficar bem mais humildes. Precisam mostrar consistência, mostrar a sua força e o seu valor ao olho irriquieto e interrogativo do autor, que sendo também e ao mesmo tempo leitor quer, no ato de escrever, ir encontrando no texto a expressão do sentimento, da intuição, que tem de seu pensamento.

Para a mãe, todas as *"artes"* do filho, mesmo as mais bobas e odiosas, são encantadoras. Esta, em todo caso, pode ser a ilusão da criança e constitui aquilo que, na expressão de Conrad Stein, é a *"criança imaginária"* ou o que de um modo mais geral poderíamos chamar de *"eu ideal"* e que é necessário para que o sujeito ouse pensar ou afirmar algo diferente, de um jeito diferente da norma ambiente. É, no entanto, no confronto do autor, também leitor do que escreve, que se vai impondo a dura realidade da língua, que sendo de todos, a ela todos estão igualmente sujeitos, quer às suas regras de sintaxe, quer às possibilidades de estilos que oferece, quer à necessidade do pensamento que, ao se moldar em sua *"matéria"*, precisa encontrar nela a forma adequada para dizer o que trás em si, de maneira a tornar-se inteligível na exata medida do que *"quer dizer"*. Dolorosa experiência para a "criança maravilhosa" em sua persistente aspiração a ser a única: pela escrita terá de dar um destino mais modesto às suas necessidades narcísicas, ao inscrever-se, na singularidade de suas formulações, como apenas mais um entre outros.

Uma vez constituída numa formulação escrita, nela capturada, a idéia vai, no entanto, revelando uma potencialidade e uma potência inesperadas, ao conduzir-nos em seus desdobramentos a coisas que *"não sabíamos"*, para retomar a citação do pensador da Igreja.

Embora a prática da psicanálise se faça pela fala e não pela escrita, tanto uma como a outra supõem um destinatário, um outro transferencial a quem se dirigem. Sérgio Cardoso, num belo trabalho sobre "Os Ensaios" de Montaigne, apresentado em recente evento organizado pela Sociedade de São Paulo (a Bienal), mostrou como este autor, ao empreender pela escrita uma espécie de exercício introspectivo para saber a verdade sobre si mesmo, foi se confrontando com a emergência dos mais díspares enunciados, idéias e representações, em que se figuram versões de si totalmente fragmentárias. Chamou-me a atenção o fato de Montaigne precisar continuamente *"justificar"* a aventuras que ia se revelando insana, pela referência aos leitores, aos seus familiares, que ao lerem cada uma daquelas idéias, pensava ele, poderiam constituir, a partir delas, uma determinada representação sobre sua pessoa. A referência ao leitor, ao destinatário, dava como que uma garantia unificadora, continente, para a dispersão emergente, livre-associativa do autor, o que, aos meus ouvidos, lembrou a função do analista na análise. O tema da auto-análise de Freud, feita através de cartas destinadas à Fliess, através do imenso trabalho de escrita que o levou à "Interpretação dos Sonhos", é bem conhecido e, certos autores, tem mesmo considerado o conjunto da obra escrita de Freud como lugar de um permanente processo auto-analítico do autor.

Não é meu propósito, aqui, considerar a possibilidade efetiva de se fazer uma auto-análise ou de uma análise por escrito, quando me refiro a alguns casos excepcionalíssimos. O que eu quero é tentar encontrar pontos de convergência entre a escrita e o processo analítico. Um destes pontos é sem dúvida a exigência num e noutro caso de um interlocutor imaginário (que depois será encarnado em pessoas e falas bem reais) ou real (mas carregado de imaginário), tanto para aquele que escreve como para aquele que fala numa análise. Poderia também avançar que em ambos, tanto na fala livremente associativa a que é convidado o analisando — *"diga o que quiser, o que lhe ocorrer"* — quanto na disposição do analista de *"deixar"* fluírem em sua cabeça as idéias que se apresentem, mesmo quando estapafúrdias e insensatas, evitando um esforço de raciocínio excessivamente orientado, podem manter alguma semelhança com o que descrevi há pouco como a fase que antecede o ato de escrever o texto. O momento da interpretação poderia ser comparado com o tempo exigente da formulação, da transformação das idéias em frases escritas. É, como na escrita, um momento de escolha e de comprometimento, pois na formulação da interpretação, embora o analista tenha podido pensar em todas as direções, há uma escolha, uma condensação ou uma precipitação de idéias que terão de encontrar, em palavras justas, a ressonância exata da inteligência do sensível de que serão portadoras.

A semelhança é, no entanto, acompanhada de uma grande diferença: a interpretação se faz na precipitação do momento, de improviso e, sabemos, em geral acaba saindo de maneira bastante desajeitada, enquanto que a frase escrita pode ser refeita, repensada à vontade, deixando mais lugar para a racionalidade. Esta diferença pode ficar atenuada se levarmos em conta que a interpretação também pode e é sempre retomada, em outros momentos e com outras palavras, ora com mais fidelidade, ora com menos. Quanto à racionalidade, não podemos esquecer que também na elaboração da interpretação está o tempo todo presente uma forma imaginativa da racionalidade.

Encontramos na teoria dos sonhos de Freud um modelo (uma linguagem) que permite pensar, em seu paradoxo, o fato que na escuta analítica, embora a atenção flutuante esteja voltada para o irracional, o inconsciente, o primário, nela opere simultaneamente uma exigência de inteligibilidade nos pensamentos e representações que vão se produzindo no analista. Refiro-me à afirmação de que no trabalho do sonho, o processo secundário opera desde o início, em seu âmago, e não somente "a posteriori" como se poderia crer, nas racionalizações acessórias que vêm preencher as lacunas e dar uma versão unificada, racional, razoável do sonho. Uma exigência de inteligibilidade é intrínseca ao trabalho do sonho, embora, como sabemos, este seja dominado pelos processos primários.

Feita esta aproximação entre as duas atividades, a da linguagem falada na situação analítica e a da produção escrita do analista, podemos nos interrogar sobre as relações que podem se estabelecer entre elas.

Para avançar neste ponto preciso referir-me, no entanto, a uma outra prática, tão importante na psicanálise, que é a da escuta por um colega de um analista que lhe fala de seu trabalho clínico, e para a qual não encontramos ainda um nome melhor que o de supervisão. Este nome, diga-se de passagem, tem a desvantagem de reforçar com o prefixo *"super"* os efeitos imaginários, transferenciais, que esta situação já de *per si* tende a suscitar num e noutro de seus participantes.

O fato é que a supervisão não é somente necessária durante a formação analítica, mas a ela o analista poderá e deverá recorrer em qualquer fase de sua vida profissional. É verdade que a prática da psicanálise está envolta, desde as suas origens, num rico imaginário romanesco, pintada em cores vivas como aventura faustiana aos confins da alma ou ciência da observação às voltas com os misteriosos fenômenos elementares do espírito, a nossa revolução copérniciana é comemorada cotidianamente nos trabalhos dos psicanalistas, qualquer que seja o seu linguajar teórico. Pode-se, de fato, compreender que tenhamos que nos interrogar constantemente sobre o que fazemos e que, numa espécie de trabalho de Sísifo, tenhamos que sempre recomeçar em nossas tentativas de formular as bases conceituais de uma prática que parece, a cada vez, escapar um pouco a estas justificativas nas vãs pretensões de esgotá-la numa versão completa e acabada. Daí a crise das escolas, daí as periódicas e fecundas crises no interior da obra de Freud.

A imagem implícita ou explicitamente exaltante da aventura de ser psicanalista encobre, no entanto, as constantes incertezas, as fragilidades deste trabalho, além de seu lado cinzento e rotineiro, com a tendência à banalização das falas pelo efeito da resistência à análise. Esta, a resistência, vai impondo imperceptivelmente um desgaste e um empobrecimento nas possibilidades inventivas da linguagem do analista em sua escuta, o que resulta em estereotipias interpretativas e de vocabulário, às vezes não muito aparentes, ou mesmo, em desespero de causa, em uma espécie de afrouxamento, de banalização das falas e do pensamento sob o pretexto de espontaneidade relacional. O recurso a referências tecnicistas escritas ou a algum cenário teórico-ideológico prestigioso poderá, também, funcionar como prótese que alimenta no analista a ilusão necessária de consistência, em um momento pouco produtivo de uma análise.

Durante algum tempo o analista poderá, então, perder de vista os indícios preciosos que permitem adivinhar os pontos de impasse transferencial e contratransferencial em que se encontram enredados ele e o paciente. Destes períodos de imobilidade numa análise é muitas vezes possível sair, a partir de movimentos internos ao próprio processo, seja por um movimento do lado do analista, seja do lado do analisando, em momentos de descoberta, às vezes particularmente importantes no andamento da análise. Nestas situações, poderá, no entanto, ser também importante o recurso à prática da supervisão, na qual, ao falar do caso, de sua clínica a outro analista, este irá reencontrando em sua própria fala e na fala do outro idéias, percepções, teorizações incipientes ou fantasias teorizantes, tudo aquilo enfim que povoa de forma fecunda, desde que se lhe dê atenção, a escuta. Isto permitirá não só perceber o lugar transferencial de que era refém (de maneira a poder ouvir e falar de um outro modo ao seu analisando), como deve levá-lo a reinvestir nas produções de sua escuta e de sua observação. Restaura-se assim no analista, em detrimento do peso dado ao razoável, o prazer e a crença no incrível, quer dizer, no inconsciente, e que é sempre reconstrução a partir da atenção dada ao ínfimo, ao anódino, ao ocasional, ao aparentemente sem importância; é nessa crença que se sustenta todo o trabalho analítico. O analista estará recuperando algo que eu dissera no início, sobre a escrita, quando me referi à audácia imaginativa que precede e alimenta o momento da decisão, do risco, da formulação, agora, da formulação da interpretação.

Além da supervisão, ou mesmo da retomada de uma análise pessoal, como antídotos contra a desvitalização e o enrijecimento do pensamento do analista, posto o tempo todo a duras provas não só pelas próprias resistências, mas, sobretudo, pela resistência à análise inerente às falas dos analisandos que se sucedem ao longo do dia, no dia-a-dia, em seu divã, há também o trabalho pela escrita.

Se tentei uma aproximação entre escuta e escrita, teria muito menos dificuldade para ver na escrita um prolongamento ou um substituto da prática da supervisão. A escrita pode ter para o analista essencialmente a mesma função, qual seja, a de lhe dar coragem em seus pensamentos, em suas *"fantasias teorizantes"* por estranhas que possam parecer, e de reforçar e reavivar as suas possibilidades de funcionamento na escuta.

Poderíamos assim considerar o trabalho pela escrita não só como uma atividade intelectual, mas também como um momento de elaboração psíquica, em que o *"insensato"* pode se transformar, na transferência ao *"outro"* exigente da "simbolização" pela escrita, em conceituações partilháveis. Neste sentido, todo trabalho de escrita de um analista, a exemplo do que se passa na supervisão, comporta uma dimensão auto-analítica, mobilizando impasses ou restos contratransferenciais do(s) caso(s), mesmo quando isto não seja, ou não possa ser explicitado no trabalho. Resta lembrar, quanto à semelhança da escrita com a supervisão, que o outro transferencial da escrita não é, em geral, mudo, já que o trabalho acaba sendo lido e discutido com outros analistas e que efeitos e falas se produzem a partir daí.

Penso ter delineado, assim, um modo de entender a natureza e a função do trabalho escrito que o situaria como prática dentro das associações de analistas. Nesta perspectiva, espera-se que o trabalho escrito seja portador de uma necessária fragilidade, já que é fruto dos recortes, dos devaneios e construções inventadas pelo analista (... e por seu paciente), situado na encruzilhada entre um singular titubeante, incipiente e o universal comunicável e partilhável pela comunidade. Esta vai ouvi-lo munida do acervo de formulações teóricas mais ou menos consagradas que lhe é próprio, mas também da aptidão à escuta sensível com que cada analista aprende a ouvir o outro que lhe fala, seja de um lugar de analisando, seja de um lugar de supervisando.

Um texto que, em sua produção, não se situe neste terreno não terá chances de produzir no leitor ou no ouvinte esta espécie de convite ao pensamento associativo, à teorização fantasiante, à maleabilidade transformadora própria ao funcionamento do analista e que é característica de uma epistemê original, que permeia mesmo as mais imponentes construções teóricas da Psicanálise. Não sei se há uma escrita psicanalítica, creio que não, mas há, sem dúvida, um uso da escrita que é próprio aos psicanalistas, em função das necessidades específicas do modo de pensamento em que se produz a sua prática. Por isso, confesso que me surpreende um pouco que o International Journal of Psychoanalysis ache conveniente exigir de seus autores o modelo de escrita empregado pelas revistas internacionais de ciências experimentais, o que foi defendido com muita ênfase por David Tucket, um dos co-editores da revista, em recente entrevista à Revista Brasileira de Psicanálise[3].

Penso que vinhetas clínicas devem emergir de maneira quase natural num trabalho psicanalítico, embora não sejam obrigatórias. O relato de caso, quer dizer, de toda uma análise, pode ser muito rico, embora aqui o meu ponto de vista, na linha do que disse acima, é de que não se deve levar muito à sério a ilusão objetivante, embora seja necessária em sua composição. O caso como relato é, de certa forma, uma criação do analista (ou do paciente, se este resolver escrevê-lo) e assim deve ser, na perspectiva de que é permeado pelo trabalho de uma *"memória amnésica"*[4], aquela que opera na escuta e que é portadora dos ecos transferenciais e contratransferenciais mais vivos, daquilo que ficou "trabalhando" o analista, daquilo que nele ficou depositado. As longas transcrições de sessões nos trabalhos, ao contrário, são em geral, a meu ver, maçantes e pouco mobilizadoras para quem as lê, testemunhando, nesta forma indigesta, uma carência do pensamento clínico.

Ao procurar caracterizar aqui a natureza e a função da escrita para nós psicanalistas, sublinhei que além do paciente todo analista necessita de pelo menos um outro analista como interlocutor e que isto justifica e fornece referências para a prática da vida associativa (e deixo aqui de lado o tema específico da formação). Ao mesmo tempo, não estou ignorando que a resistência à análise não ocorre apenas no consultório, não estou ignorando que a tendência à perda

---

3. Revista Brasileira de Psicanálise, vol. XXVI, n° 12, pp. 135-148, 1992.
4. Expressão de P. Fédida.

do relevo do pensamento, a tendência à uniformidade e à monotonia das linguagens e dos modelos podem também ocorrer nas sociedades de psicanalistas.

De um instrumento para estimular os analistas a manterem o investimento de suas práticas, estas trazem também em si a possibilidade contrária, a de favorecer a constituição de modalidades coletivas de resistência à análise. Tendências contraditórias, a do desejo de análise e a da resistência à análise, quaisquer que sejam as formas que tomem, não poderiam deixar de existir também nas associações de psicanalistas. No trabalho institucional, a exemplo do trabalho analítico, o que estará sempre em jogo será o esforço para descobrir e ultrapassar as modalidades de resistência do momento e de restabelecer assim a função favorecedora de análise para a qual a instituição existe.

Num momento mais resistencial, a instituição, no que diz respeito à escrita, favorecerá não tanto o trabalho pela escrita, mas os trabalhos escritos em que, na incerteza sobre a fiabilidade e a sensibilidade analítica dos destinatários, poderá induzir à produção de escritos sem riscos, defendidos, chapados, às vezes montados numa linguagem cansada de si mesma, desprovidos de surpresas, tanto para quem escreve como para quem lê.

O meu propósito aqui foi de formular referências para pensar o tema proposto, na sua inserção com a vida institucional: "a comunicação entre os analistas". Não vejo neste momento de nossa Sociedade, nem a vertente ideal, impossível, de uma ausência de resistência à análise, nem um triunfo maior da resistência que viesse impossibilitar o pensamento analítico.

Gostaria apenas de lembrar que Freud definiu de maneira muito pragmática a resistência à análise como tudo aquilo que possa impedir o andamento de um processo analítico. As práticas institucionais, os congressos, os trabalhos escritos poderiam, a cada momento, interrogar-se em função deste critério.

A ideologia pluralista de que tanto se fala hoje, a tolerância ou o gosto pelo funcionamento democrático de uma instituição, é uma concepção política da qual partilho profundamente. Um dos mais preciosos frutos da civilização, contraposta à barbárie — a democracia — deve vigorar em qualquer lugar do convívio humano.

Este trabalho, no entanto, permite afirmar que a abertura para a escuta do outro, e justamente daquilo que este diz de mais estranho, de mais inesperado, o que corresponde à própria natureza da prática analítica, apresenta-se como uma necessidade muito específica das associações de analistas, aliás, em última análise, a sua única razão de existir. Defender a psicanálise é praticar e conquistar esta disposição psíquica, sobretudo em relação a si próprios, já que neste ponto somos sempre nossos piores adversários.

Freud e a Pedagogia[1]

Freud, uma vez consolidadas suas descobertas principais, não tardou em manifestar a expectativa de que a psicanálise pudesse contribuir de forma decisiva para uma evolução na pedagogia. A descoberta da sexualidade infantil e de seu papel na gênese das inibições e dos impasses neuróticos do adulto criou a esperança de que mudanças na educação pudessem evitar as neuroses e o empobrecimento da vida psíquica. Se as manifestações da sexualidade infantil fossem menos violentamente reprimidas e até mesmo mais aceitas e acolhidas na educação das crianças, estas poderiam sofrer menos recalque e mais transformação sublimatória, ou seja, poderiam tornar-se fonte de prazer na atividade de pensar, de conhecer, de aprender e de manter viva a curiosidade sobre as coisas.

Embora o pivô seja a questão da sexualidade, Freud formula de maneira mais ampla a contribuição que a psicanálise poderia dar à pedagogia, ao escrever sobre este assunto para a revista Science, em 1913: *"Só pode ser educador quem pode sentir do interior a vida psíquica infantil, e nós adultos não compreendemos as crianças porque não compreendemos mais nossa própria infância"* (por causa da amnésia infantil). A psicanálise estaria justamente fazendo esta redescoberta do infantil no adulto, instrumentando-o em princípio para ser melhor educador.

As vanguardas intelectuais do início do século fizeram tentativas de diferentes naturezas, nesta direção. Podemos mencionar o menino

---

1. Texto apresentado em mesa-redonda, por ocasião do simpósio Freud, o Conflito e a Cultura, no Museu de Arte de São Paulo, em outubro de 2000.

de 3-5 anos com o qual o pai mantinha diálogos psicanalíticos, diálogos estes que eram reportados à Freud. Este episódio foi objeto de uma publicação por Freud e é conhecido como o caso do pequeno Hans. Um "jardim de infância", como se chamava na época "a escola maternal", com uma proposta pedagógica baseada na psicanálise, foi aberto na recém-criada União Soviética por uma educadora alemã, mas não foi longe, tendo sido fechada pelas autoridades bolcheviques. A própria filha de Freud, Anna Freud, passou a desenvolver uma modalidade de terapia para crianças que conciliava uma abordagem pedagógica com o método psicanalítico. Não tardou, no entanto, em ser atropelada pelo vigor e a genialidade de Melanie Klein, que passou a aplicar literalmente e de forma particularmente direta o método analítico, sem atenuações, no tratamento de crianças. Embora este seja um episódio importantíssimo da história da psicanálise, não é o que nos interessa particularmente neste momento.

Se tomarmos uma perspectiva mais ampla, poderemos cernir em Freud um pensamento bastante assertivo e articulado sobre a educação e que avança juntamente com suas idéias sobre o processo civilizatório. Em sua obra, o "Mal-estar na Cultura", três fontes de sofrimento são evocadas: o poder esmagador da natureza, a caducidade de nosso corpo (um subitem da primeira) e o sofrimento de origem social, que decorre da relação dos homens entre si.

Na origem deste sofrimento (o social), afirma ele, parece que nos defrontamos com alguma lei invencível (que age com a força de uma lei da natureza) e que se encontra em nossa própria constituição psíquica. De que se trata? O que torna tão difícil a vida no grupo social, a ponto de muitas vezes o homem revoltar-se contra a civilização na qual está inserido? E revolta ou aceitação da vida em sociedade é o nosso assunto, pois não se poderia considerar que toda a arte educativa do pedagogo visa em última análise ajudar a criança e o jovem neste processo de inserção na cultura grupal humana?

Se dou a impressão aqui de não estar levando em conta, na educação, o respeito pelas peculiaridades de cada criança, de cada jovem, das maneiras próprias de ser, princípios hoje bastante compartilhados, é porque não disse o quanto este "processo de inserção" se apresenta para Freud como algo complicado, a ponto de se poder dizer que a sua obra inteira poderia ser vista como uma tentativa para dar conta disto. Pensemos apenas no complexo de Édipo, a peça central neste processo. É desta dificuldade que vou falar.

Não sem antes, fazendo-me porta-voz de Freud, dizer ao sujeito revoltado contra a Civilização que, embora esteja coberto de razões para isso, pois, de fato, esta exige muito dele, seria bem pior querer acabar com ela e ficar só com a Natureza. Esta o restringiria muito mais e, sem a proteção da Civilização, ela simplesmente acabaria destruindo-o, à sua maneira, de forma *"fria, cruel, brutal, inexorável"*. A Civilização serve para proteger os homens contra Natureza.

Freud toma decididamente o partido da Cultura contra a Natureza, assim como toma o partido do trabalho da razão e da inteligência contra o domínio dos instintos. Se é pelo esforço civilizatório que o homem consegue tornar a natureza um pouco menos adversa, não há, para Freud, outra maneira de dominar nossos instintos senão pela nossa inteligência, pela razão. O desenvolvimento da humanidade leva a um *"alargamento da consciência "* e, ao mesmo tempo, a um recalque da vida instintiva, pulsional.

Isto não deixa dúvidas sobre as convicções e os ideais iluministas que presidem o empreendimento freudiano. Este, no entanto, é inovador e aqui é preciso lembrar a inflexão de grande alcance que introduziu em nossas concepções sobre a sexualidade: a vida instintiva humana não se reduz a um dado inato, estreitamente determinado por mecanismos biológicos, ou seja, a algo que pudéssemos situar simplesmente sob a rubrica Natureza, como pensávamos, mas está pega de saída num sistema extremamente complexo e rico de símbolos que é a linguagem e que opera como uma rede onde se produzem atos em que um ser humano é capaz de significar desejos muito variados e sutis em relação ao outro e vice-versa.

Pensemos nos adultos que cuidam de um neném desde o início de sua vida, em particular na mãe e em todas as outras pessoas, adultos ou crianças, com as quais esta criança convive intensamente em seus primeiros anos de vida. A vida instintual deste neném, desta criança, digamos a sua excitação e seu prazer de natureza sexual só pode ocorrer, é claro, no corpo-a-corpo com estes seres com quem convive em estreita intimidade. Ora, estes são todos integrantes de uma comunidade de linguagem e portanto de cultura (um país, uma região, uma história coletiva e individual, seus folclores, suas cantigas de ninar, suas estórias e costumes), e a sexualidade que vai circular nestas relações não corresponde a um sexual endógeno, puramente biológico, mas será de saída cheia de ambigüidades, de insinuações, de significações variadas e sutis. É nesta direção que se encontra a descoberta de Freud de que a sexualidade no ser humano, desde a sua mais tenra infância, é uma sexualidade aleatória, polimorfa, isto é, muito diversa em suas modalidades de satisfação e variada nos objetos capazes de excitar e de causar prazer. Entre estes encontram-se as mais diferentes partes do próprio corpo ou do corpo do outro, inclusive o olhar ou a voz, o prazer do movimento, enfim o prazer em todas as atividades e performances da criança, alcançado até mesmo nas atividades de falar e de pensar.

Nestas bases, pode-se perceber que a dicotomia entre pressão do instintivo (Natural) *versus* razão e consciência (Cultural) transforma-se mais numa bipolaridade da vida psíquica, numa tensão interna continuamente ativa e com desfechos os mais incertos. Esta encontra-se, com certeza, no miolo de nossa constante busca da felicidade, bem como dos também constantes percalços, de toda ordem, nesta busca, entre os quais o do sofrimento neurótico.

Se somos animais complicados e nossa "vida instintiva" encontra-se subordinada e subvertida pelas instituições, desde a estreita e prolongada relação inter-humana, predominantemente com a mãe no início, depois com os demais familiares e, finalmente, com o grupo social mais amplo, as fontes de sofrimento em relação não às maldades das forças da natureza, mas ao convívio junto a nossos congêneres, são bastante consideráveis. Este é fonte de satisfações, mas também de sofrimento. Ambos começam cedo e sempre andam juntos.

O outro desejado não corresponde plenamente ao que queremos dele, muito menos na medida em que o queremos. O seio com o leite quentinho, no agrado tranqüilizador e gostoso de uma voz amorosa, de quem sem dúvida estamos encantando muitíssimo, não pára de nos decepcionar por suas infidelidades e reticências, e ele, às vezes, este seio, este colo, parece mesmo pouco se importar conosco em situações em que estamos desesperados e furiosos. Será ele confiável em sua disponibilidade para atender aos nossos anseios e necessidades? Às vezes sim, às vezes não.

Posto assim, reconhecemos aqui os contornos das vicissitudes da busca desejante de cada vida humana e seu miolo cruel, mas fundamental, o da vida amorosa neste "ménage à trois" com a mamãe e o papai, destinado ao fracasso, ainda que este fracasso possa assumir as mais diferentes formas. Sabemos que para Freud aí se constituem identificações e aí se opera a estruturação da sexualidade de cada um, sendo isto de grande importância para a vida posterior da pessoa.

Peço-lhes ainda um pouco de paciência em retomar coisas conhecidas antes de trazê-las para nosso assunto, avançando ainda algo de que precisamos e que é menos conhecido. Eu falava sobre a confiabilidade do outro em atender-nos em nossos desejos no grau em que dele precisamos. Esta será sempre relativa e nunca haverá certeza absoluta e duradoura sobre a possibilidade em confiar de forma absoluta e ilimitada na dedicação do outro, ou seja, em seu amor. "Ele não gosta tanto assim de mim, senão... talvez ele nem goste de mim... talvez ele até esteja me enganando e me traindo..." e assim vemos esta oscilação entre confiança e desconfiança, aqui mais sugestiva de uma ruminação de ciúmes, mas que é algo intrínseco à constituição de nosso Eu.

Freud postula, de fato, que em estados mais arcáicos, seria tão difícil sustentar esta incerteza, que o pequeno humano cairia numa versão "delirante" das coisas. Ele consideraria que tudo o que faz mal, que toda excitação não satisfeita teria a ver com o mundo, com o outro, e que tudo o que dá satisfação, prazer, que aquieta e faz bem, emanaria de si mesmo. Esta realidade assim cindida levaria à seguinte conclusão: o outro é algo muito ruim, só traz contrariedades, sendo uma ameaça para o meu bem-estar e até para a minha vida, por isso eu o odeio e quero destruí-lo, enquanto que eu sou a causa de todo o bem que me acontece, por isso me amo.

Esta espécie de paranóia constitutiva de nosso narcisismo tem de sofrer transformações importantes para que possamos conviver com os outros, gostar deles, amá-los. Depois de sofrer muitos reveses, podemos ir admitindo que não somos o centro do mundo, que não somos o único objeto amado pela mãe ou substitutos, que podemos junto com os outros fazer coisas muito satisfatórias, em torno de um objetivo valorizado pelo grupo como algo ideal, desejável, mas que para alcançá-lo teremos de nos empenhar. Eu não sou tudo e não tenho tudo de imediato, mas tenho ideais que operam em mim e que me norteiam em meu esforço para alcançar certos objetivos. O desenvolvimento disto, a que Freud chama de ideal do Eu, depende de transformações que ocorrem no terreno do complexo de Édipo.

O modo como uma criança, depois um adolescente, vai encontrar a sua inserção na sociedade (incluindo-se aqui todos os lugares e formas de vínculo e de convívio) depende do destino de sua sexualidade, de como ele se estrutura, de suas identificações e da orientação desta, assim como das modalidades de constituição de ideal do Eu, ou seja, de sua capacidade de dar conta desta violência primária contra cada outro que, por ser outro, em maior ou menor grau, desagrada, frustra as expectativas, torna-se objeto de desconfiança e de ódios rivalitários. Ali onde haveria lugar só para um, este tem que se acomodar em ser um entre outros.

É nesta linha de demarcação que cada um de nós acaba cruzando, com maior ou menor freqüência, em maior ou menor grau, a cada dia, que se situa o limite entre Barbárie e Civilização. Há a vontade de esmagar um outro que em sua diferença teima em não querer exatamente o que queremos, ou, então, que simplesmente seja diferente, com outro sexo que o nosso (a diferença dos sexos não leva só à atração, mas também à violência, como os espancamentos, o estupro e o assassinato), outra etnia, outra cor de pele, outra religião, outra cultura, outra nacionalidade, outra orientação sexual, partidário de idéias diferentes das que preferimos, etc.

Fica, pois, a alternativa entre esmagamento por formas sutis ou brutais deste ou o reconhecimento e a capacidade de tolerar, e até de conseguir apreciar, o que se nos apresenta como estranho ou simplesmente diferente. É neste ponto que encontramos as raízes irracionais da intolerância e desta concreção mortífera, em estreita relação com a natureza paranóica do narcisismo, que é o preconceito. Este é uma formação de subjugação e de aniquilamento do outro, inclusive do "outro" em si mesmo e implica sempre em perda de liberdade interior, resultando em restrição da mobilidade psíquica marcada por medo e ódio latentes.

É claro que a natureza dos valores socialmente constituídos tem uma incidência sobre as marcas ordenadoras do Ideal de Eu de um sujeito singular. Este supõe, no entanto, uma função coercitiva, superegóica, exercida primariamente em relação à proibição do incesto. Mas aqui há um problema. Sabemos que aquele que está em função de autoridade encontra-se idealmente ele próprio submetido às leis, isto é, às renúncias, cujo cumprimento vai cobrar dos outros. Ora, isto não é algo totalmente garantido, pois pode haver abuso de poder, condição em que a violência narcísica marca a relação ao outro de um arbitrário que o nega.

Quando se diz que o pai é o depositário da proibição social, trata-se da pessoa do pai em seu modo de ser, mas também de tudo o que diz respeito ao exercício da autoridade — noção que supõe uma ordem legal instituída — e que no caso de uma criança, refere-se a todos os adultos que têm uma relação privilegiada com ela, inclusive, é claro, a mãe. Toda a questão sendo então de saber o quanto estes adultos conseguirão se mostrar, com esta criança, sob o modo da apropriação e da sujeição arbitrária, e o quanto, ao contrário, conseguirão, ao lhe impor renúncias incestuosas e agressivas, que estas sejam as mesmas renúncias às quais eles mesmos estão se submetendo na relação com a criança.

Na história mítica inventada por Freud, em "Totem e Tabu", seria a oscilação entre o terreno do embate narcísico, do puro arbitrário, figurado pela imagem do Pai da Horda, e que nesse extremo corresponderia a um funcionamento psicótico em relação ao filho(a), e o terreno do pacto, da renúncia ao incesto e à necessidade de destruir o outro, com a instituição da Sociedade Fraterna, fundada no assassinato coletivo deste Pai da Horda, ato inaugural da possibilidade do vínculo social, baseado no respeito aos outros.

A coerção interior, representada pelo superego contra os desejos incestuosos, mas também contra a violência agressiva em relação ao outro, provém, pois, da interiorização das injunções e das proibições da autoridade, em particular da do pai, do qual se teme perder o amor e com isto ficar exposto aos perigos, inclusive ao perigo da própria violência paterna.

Freud, em outras passagens, contrapõe a brutalidade do indivíduo que ignora qualquer restrição aos seus prazeres, inclusive os violentos — numa re-emergência do Pai da Horda ou de Sua Majestade o Bebê — à autoridade de uma comunidade submetida a regras e que precisa ser mais forte opondo-se então a ele. Continuamos aqui a andar precariamente por esta linha tênue entre selvageria e civilização, andar trôpego, tão presente em nosso cotidiano, na crônica policial por exemplo, mas também nas situações em que o Estado ou agrupamentos tornam-se brutais e oprimem o indivíduo.

Freud questiona, como sabemos, também o controle e a pressão social sobre as particularidades de cada indivíduo. No que diz respeito à sexualidade, por exemplo, chama a atenção para o fato de a sociedade exigir uma vida sexual idêntica para todos, *"heterossexual e genital"* e, mesmo em relação a esta, são impostas, diz ele, *"limitações de legitimação e da monogamia"*. Esta repressão social vai tão longe que, em um escrito de 1929, chega afirmar que *"a vida sexual do ser civilizado encontra-se gravemente lesada"*, dando a impressão de *"uma função em estado de involução"*.

Se *"a felicidade é um problema de economia libidinal individual"*, mesmo que esta, a felicidade, seja algo sempre buscado, mas só ocorra em momentos episódicos, coerente com todas as suas descobertas, Freud afirma que *"cada um deve procurar por si próprio a maneira pela qual pode tornar-se feliz"*.

A inserção do indivíduo na sociedade, na sua cultura, isto é, neste processo que coincide com a sua humanização, é algo muito delicado e que pode dar mais ou menos certo. Da pedagogia, pode-se esperar que tente aumentar as chances para que dê mais certo. Mas, é claro, trata-se aí de algo que não depende só dela. Depende das realidades psíquicas de cada um, depende do desenvolvimento ético e político da sociedade em que se encontra o sujeito, das desigualdades sociais materiais e de que lado ele se encontra.

Em suma, é nesta tensão entre a singularidade do indivíduo em sua sexualidade, em seu modo de ser, e a ordem social da qual faz parte, que tem de ocorrer o trabalho histórico, de um lado no plano de cada indivíduo, em sua história própria, e do outro, o da sociedade, em que é preciso festejar cada passo, por menor que seja, no sentido civilizatório. Os pais da horda selvagem, os fora-da-lei ou os acima-da-lei ressurgem o tempo todo, não só na intimidade de nossa vida psíquica individual, mas também na realidade social.

Podemos ter em uma sociedade o indivíduo comportando-se de forma brutal, predatória, no fundo tirânica (ao desconsiderar o outro em seus direitos e em seu ser) e, ao contrário, podemos ter uma sociedade ela própria tirânica, opressiva, brutal. O processo civilizatório, material precioso e difícil de ser produzido, diz respeito tanto ao indivíduo como à sociedade e representa um triunfo do que Freud chama de patrimônio espiritual sobre o "instintivo". O patrimônio espiritual inclui em primeiro plano os ideais e a criação artística, capazes de produzir satisfações substitutivas importantes na *"reconciliação"* do indivíduo com a Civilização.

Em positivo, o que Freud espera é o indivíduo capaz de poder viver e de se afirmar em sua singularidade, tomando em mãos as rédeas de sua vida, sabendo até onde lhe é possível ir, seja pelas imposições da realidade natural ou social, seja pela consideração dos engodos que a descoberta do inconsciente lhe ensinou existirem em si mesmo.

É assim que, em uma obra escrita para criticar a "educação religiosa", Freud afirma que o melhor seria deixar Deus de lado e assumir que as instituições e as proibições são criações humanas, necessárias para o convívio em sociedade, o que os ajudaria mais a aceitá-las, ou até mesmo a procurar modificar aquelas que não lhe pareçam necessárias.

No livro "O Fututo de uma Ilusão", Freud mostra-se bastante crítico contra as *"ilusões"*, os *"disfarces da verdade"*, oferecidas ao homem pela educação religiosa, e vemos ressurgir com força o pensador "das luzes": *"O homem não pode eternamente permanecer uma criança, precisa enfim aventurar-se no universo hostil. Pode-se chamar isto de educação com vistas* à realidade...", diz ele, pois *"já é algo saber-se reduzido a suas próprias forças. Aprende-se então a se servir delas como convém".*

Ilusões religiosas, mas, também, ilusões políticas em estados totalitários, e hoje às vemos sendo substituídas, ao menos em certos meios sociais, por algo que talvez pudéssemos chamar de "ilusão da ilusão", e que se caracteriza por uma espécie de frenesi da imagem portadora da miragem de um prazer constante, de que se tem falado, de algo que, em meio a um excesso de estímulos, inclusive de imagens sexuais, parece emudecer Eros, quando Freud dizia que quem era mudo era Tânatos[2].

O que é liberdade, paradoxalmente, insidiosamente, poderia ir se mostrando como uma forma de repressão, de esquiva superficializante, por embaralhamento do sujeito em seu modo de desejar. Mais próximo da "descarga imediata" que da "constituição do sonho", do "trabalho do sonho", para fazer alusão aos primeiros modelos freudianos do funcionamento psíquico. Seja como for, não se pode subestimar os ganhos que foram alcançados neste século, em nossas sociedades ocidentais, no sentido da tolerância e da liberação dos costumes e que, entre os acontecimentos recentes, a "revolução" do final dos anos 60 está entre as mais significativas.

Pensando bem, talvez a crítica de Freud à educação religiosa, um tanto "demodée" em seu objetivo, mantenha-se pertinente em relação a outras configurações emergentes para dar conta das tendências instintivas humanas, sexuais e agressivas. Neste caso, educadores ou não, poderíamos nos sentir encorajados com a sua afirmação de que *"a voz do intelecto é baixa, mas não pára até que tenha sido ouvida"* e que: *"Novas gerações educadas no amor e no respeito por seu pensamento sentirão desde cedo os benefícios da Cultura... sentirão esta como um bem próprio e estarão prontas a consentir em sacrifícios, em trabalho e renúncias a satisfação dos instintos, necessárias à sua manutenção... podendo-se dispensar a coerção".*

---

2. Cf. a propósito o trabalho de Luiz Meyer apresentado no mesmo evento "Freud, Conflito e Cultura".

Vemos, nesta afirmação, as esperanças de Freud em relação não só à pedagogia, mas também à Cultura, formuladas no limite da utopia e exprimindo mais uma atitude diante dela, um parti-pris, já que a irredutibilidade do "mal" e do "mal-estar" em estar na Civilização são decorrências incontornáveis de suas descobertas, retomadas ao longo deste texto sobre a natureza do ser humano.

As Depressões:
a Psicanálise em Questão?[1]

O analista que ouve uma pessoa dizendo-se deprimida ou que infere, do que esta lhe diz e lhe mostra, um sofrimento depressivo, ao dispor-se a aceitá-la para uma análise o faz com base num pressuposto preciso que se encontra no fundamento do método psicanalítico. Trata-se da suposição de que nesta fala e nesta apresentação estão condensados ou em esboço marcas de conflitos e de impasses intrapsíquicos.

O dispositivo analítico, incluindo a disposição do analista para a função de suporte transferencial, apresenta-se como a condição adequada para que estes conflitos possam se abrir, fragmento por fragmento, ao serem retomados na rede simbólica que vai ali se tecer, dando nome e construindo vivências singulares e inesperadas para o próprio sujeito. São vivências profundamente significativas, testemunhas de uma história atemporal, truncada e única, na qual o analisando se reconhece em anseios tolhidos e marcas de sofrimento emudecidas, desde sempre com ele.

O relato de uma entrevista recente poderá ilustrar o que acabo de dizer. Era uma moça de vinte e um anos, cujo sofrimento me pareceu, até em sua expressão mímica, amortecido, atenuado, deixando-me, ao longo da entrevista, na incerteza sobre sua real extensão. Ela conta que rompeu com o namorado há seis meses e

---

1. Texto apresentado em mesa-redonda dedicada ao tema da depressão como terreno de diálogo com a psiquiatria, o outro participante da mesa sendo um psiquiatra - XVII Congresso Brasileiro de Psicanálise, realizado no Rio de Janeiro, em abril de 1999. Este texto faz parte de uma coletânea organizada por Maria Lúcia Violante, O (Im)-Possível Diálogo com a Psiquiatria, ed. Via Lettera (no prelo).

desde então está com o sentimento que sua vida acabou, que nunca mais terá parceiros ou filhos. Não tem vontade de ver ninguém, sente-se triste e desanimada, tentando continuar seus estudos na faculdade, embora não consiga concentrar-se. Tem dificuldade para dormir, está sempre cansada e com vontade de abandonar tudo e voltar para a casa dos pais, que residem no interior.

O namorado tinha cinco anos a mais que ela e namorava com ela desde os quinze anos. Era dócil e submissa nesta relação. Sente-se "meio mulher" porque aos dezesseis anos teve de retirar um ovário e está tendo de tratar do outro.

Era meu último horário e quando me dei conta estava com ela há uma hora e meia. Ela me informa então, para minha surpresa, que estava ali para que eu lhe desse uma medicação antidepressiva, pois já está em terapia, há alguns meses, na cidade dos pais, para onde retorna todos os fins de semana. Explico-lhe que há muito tempo não trabalho em psiquiatria e que minha experiência com medicamentos está bastante desatualizada, mas que não tenho a impressão que o que esteja buscando seja um antidepressivo.

Ela diz que, de fato, não quer tomar antidepressivos. Quem quer que ela seja medicada são seus pais e sua terapeuta. Acrescenta que o pai teve uma depressão no passado, tendo sido tratado tanto por antidepressivos como por "terapias". Para concluir me diz que, seja como for, ela está mal por duas razões "reais": perdeu um ovário e rompeu com o namorado. Eu concordo sobre a realidade destes dois acontecimentos, com a ressalva de que sua convicção de "ser meio mulher" pareça referir-se já a outra coisa.

Meio atrapalhado com a situação, ao final desta longa consulta, decido receitar-lhe Frontal 0,25 mg, 2 a 3 comprimidos por dia, e proponho-lhe nova consulta em uma semana. Digo-lhe que se nesta próxima entrevista continuasse querendo tomar um antidepressivo, eu a encaminharia para um colega analista (ficara evidente para mim a sua necessidade de ser ouvida por um analista), também experiente em medicamentos, e ela veria com ele o que fazer.

Volta, uma semana depois, dizendo que tomara um só Frontal à noite e que com isto passara a dormir muito bem, mas que a sua terapeuta insiste que ela seja medicada com antidepressivos. Dou-lhe então o endereço do colega e ela, por sua vez, pega o talão de cheques para me pagar a consulta anterior (não conto cobrar esta que durava apenas cinco minutos). Mas, de novo, curiosamente, as falas se sucedem e acabamos ocupando o tempo de outra sessão antes que o preenchimento do cheque se conclua.

Fico assim sabendo que fora o namorado que, por ocasião do rompimento, dissera-lhe que ela era "meio mulher". Isto a machucara muito, pois era o que ela mesma pensava desde a operação, aos dezesseis anos. Pergunto se já antes da operação não tinha dificuldades com isto, pois era uma fase em que estava começando a se tornar mulher. Diz que era, de fato, muito tímida e que costumava ficar sempre com o pai e os amigos dele. Estes faziam ski aquático, ficavam conversando, e ela ficava junto com eles. A irmã gêmea, muito diferente dela, não era inibida, sendo namoradeira e cheia de amigas. Conta que a puberdade foi muito difícil para ela, que queria esconder os seios e se envergonhava de menstruar.

Entendo que a cirurgia do ovário, vivida como amputação e retomada no que ouviu do namorado — de que era só "meio mulher" — é vivência traumática que fornece como que um suporte na realidade para uma dificuldade sua no terreno da fantasia, ativando um conflito relativo ao seu corpo e ao seu destino de mulher. Este, em sua depressão, apresenta-se para ela como algo definitivamente tolhido. Onde, senão numa análise, que ela está buscando — disse-me que voltaria — esta moça poderia ter chances de elaborar e de transformar estas dificuldades com seu corpo e seu sexo, imaginariamente mutilados, para poder apostar num projeto de vida como mulher a que tanto aspira?

Queria destacar alguns pontos destas entrevistas ou consultas — o primeiro termo sendo mais usado pelos psicanalistas, o segundo pelos médicos.

Em primeiro, a disposição própria ao analista, qual seja de uma disponibilidade para os movimentos transferenciais, e que é também, de saída, atenção para detalhes do que é dito, enquanto mantém uma certa reserva de maneira a dar à fala do paciente a possibilidade de ir se desdobrando. Faz parte dos pressupostos básicos da clínica psicanalítica, fundamentados teoricamente, a aposta de que ao possibilitar a fala de acontecer, ao dar tempo e receptividade para esta, ela — a fala do paciente — levará a lugares inesperados e cruciais de sua vida psíquica.

O analista estará, por isso, atento para não se precipitar num modo de intervenção predominantemente diretivo, anamnésico, propiciador de interações defensivas, de explicações racionalizadoras e objetivantes, o que resultaria numa certa banalização do psíquico.

Este sendo reduzido, ao ser transposto em termos de compreensão psicológica ou factual, à eficácia suposta de uma causa.

Este modo do analista estar disponível quando ouve um paciente funda-se e dá a razão de ser para a hipótese central da psicanálise, qual seja a da existência de uma atividade psíquica inconsciente. Ou seja, ao se diminuir a pressão da vida psíquica dirigida, ordenadora, raciocinante, elementos inesperados emergem como derivados de uma animação psíquica de natureza distinta da primeira, com um forte valor de verdade para o sujeito e contra a qual aquela aparece mais como um sistema defensivo, de esquiva e de evitamento.

Note-se que o uso gasto pelo hábito da noção de inconsciente, muitas vezes empregado na forma de advérbio — "é, mas inconscientemente você queria ou pensava isto ou aquilo"—, não só atenua mas esvazia a natureza do conceito. Este fica transformado em algo manejável no terreno de uma psicologia compreensiva das motivações. E, neste caso, o campo está aberto para a possibilidade de um mal-entendido em torno das chamadas "terapias de inspiração analítica".

Outro ponto relativo à vinheta acima é a questão do uso de psicofármacos, em particular de antidepressivos. É uma situação que, como tantas outras, pode nos levar a perguntar se não deveria haver uma reflexão mais cuidadosa sobre o uso destes medicamentos, ou melhor, sobre a generalização de seu uso e sobre a natureza de sua eficácia. Não teria de ser bem mais criterioso do que sugerem as reportagens de divulgação sobre o tratamento com antidepressivos ou da posição que adota um certo número de psiquiatras, a meu ver simplificando e empobrecendo bastante o seu próprio campo?

Claro que se pode dizer que não tendo maiores efeitos colaterais (e eles existem) porque não usá-los; se mal não fazem e se só podem aliviar o sofrimento do paciente... Afinal, o seu uso não vai impedi-lo, se assim o desejar, de fazer uma psicoterapia.

As coisas, no entanto, não são tão simples. Como não levar em conta que os estados depressivos são universais e fazem parte do vivido humano, seja no sofrimento neurótico, em que os conflitos internos podem estar particularmente vívidos e como à flor da pele (como no exemplo acima), a pedir para serem "metabolizados" no plano das representações e do universo das trocas simbólicas, próprias da vida psíquica do ser humano?

Ou ainda, se considerarmos que há reações depressivas em resposta a acontecimentos atuais, como a perda de uma situação valorizada ou de uma pessoa próxima e problemáticas depressivas crônicas em relação com processos de luto bloqueados, perdas antigas, que podem estar permeando toda a organização da personalidade do paciente? Sabemos também que perdas precoces podem marcar profundamente a estruturação psíquica da pessoa, como na configuração clínica descrita por André Green (1972) com o nome de "complexo da mãe morta", onde não se trataria da morte física da mãe, mas de um estado depressivo desta, de maneira que o sujeito, a criancinha, seria confrontado prematuramente com uma experiência de desinvestimento maciço por parte de uma mãe que não consegue mais sentir nenhum prazer no convívio com ela. Trata-se de uma construção derivada de seu trabalho de analista, em relação com configurações clínicas, em que o autor destaca a pobreza de vida no sexo e no amor, a labilidade dos vínculos, e uma vivência subjetiva dominada por um sentimento penoso e permanentemente retomado de "non-sense" e de vazio. Entre nós podemos mencionar, na mesma direção, o trabalho de Maria Lúcia Violante sobre situações carenciais da primeira infância (1994).

Aceno aqui com algumas situações, apenas evocadas, com o intuito de dizer que a experiência clínica psicanalítica torna insuficiente a noção clássica de depressões reativas em oposição a depressões endógenas, fazendo-se necessário considerar o que se poderia chamar, em sua diversidade, de formações depressivas estruturais.

Levando-se isto em conta, trata-se para mim de saber em que condições é justificado e adequado alterar o estado depressivo por uma intervenção química e de saber se, ao fazê-lo, estamos tendo alguma idéia do contexto em que esta depressão se inscreve na dinâmica psíquica do paciente. São pontos de reflexão não só para psiquiatras e clínicos gerais (grandes receitadores de antidepressivos), mas também para nós psicanalistas que no início ou no decorrer de um tratamento podemos ser levados a indicar ao paciente um psiquiatra para lhe prescrever medicamentos.

Na última década tornou-se mais freqüente os psicanalistas indicarem um psiquiatra para medicar pacientes com um perfil que antes não requereria esta indicação, o que mostra que também fomos sensíveis à forte publicidade feita em torno dos antidepressivos. Acredito que agora já temos experiência suficiente para melhor dimensionar as nossas expectativas em relação aos mesmos. A tendência talvez seja de voltarmos a reservar a colaboração com o psiquiatra para os casos que requeiram freqüentes intervenções como internações, hospital de dia, acompanhamentos terapêuticos e também medicação, naquilo a que chamávamos de "retaguarda psiquiátrica". Seja como for, se no início ou no transcorrer de um tratamento, parecer-nos necessária a indicação de um psiquiatra, sobretudo quando o objetivo for a prescrição de medicamentos, sabemos que este será um ato (eventualmente um "acting") no interior de um processo bastante sensível em seus efeitos transferenciais e contratransferenciais. Quando o fizermos será necessário estarmos atentos para o fato de que isto está ocorrendo no interior do processo analítico.

Na vinheta dada acima, a terapeuta insiste para que a paciente tome os antidepressivos. Que razões terá ela para ser tão firme e insistente nesta indicação que, para ela, pareceria ser algo tão premente e decisivo? Será a história de depressão na família, terá havido alguma tentativa de suicídio entre eles ou da própria paciente de que esta não me falou ou o contato mais íntimo com um processo depressivo da paciente a assusta e dele estaria procurando se desembaraçar pela expectativa (ilusória, no caso, penso eu) de um efeito "cirúrgico" da química e do "receitador"?

Voltando ao nosso tema, o problema que nos ocupa se dirige antes de mais nada para a tendência atual de uma concepção extraordinariamente redutora, marcada por um determinismo simples e derivada de uma descoberta das chamadas Neurociências e da Psicofarmacologia. Trata-se da existência de um déficit sináptico de neurotransmissores como causa da depressão, déficit este que se resolveria com a administração de substâncias capazes de contrabalançá-lo. Tem-se a causa, o efeito, o remédio ou, de forma mais bem-humorada, a vítima, o criminoso e o motivo do crime, assunto pois resolvido, não sendo necessário buscar mais longe. Nada de Sherlock Holmes ou de comissário Poirot, deixe-se isso para os amantes de ficção literária.

Tendo de considerar aqui o nosso tema numa perspectiva bastante ampla, acho que está claro que não questiono nem o uso de psicofármacos, nem estas descobertas. São progressos impor-1tantes da ciência. O que questiono são as simplificações a que têm dado origem.

Impõe-se maior cautela na consideração deste tema se tivermos presente que a psicanálise descreve configurações psíquicas em que a depressividade apresenta-se, paradoxalmente, como o terreno crucial de elaboração da experiência, no que foi descrito, em particular por Melanie Klein (1936), como posição depressiva, ainda que, evidentemente, esta se distinga da depressão doença, a qual é antes permeada por angústias persecutórias.

Freud, por sua vez, teve a ousadia de postular que uma experiência depressiva de luto, relacionada com o mito e com a fantasia do assassinato do pai, estaria na origem de um sentimento de culpabilidade em que se enraizaria a gênese do vínculo social, da moral e, mesmo, a origem das religiões e da cultura, o que no plano individual corresponde, segundo ele, a um tempo estruturante decisivo pelo qual um indivíduo se constitui e se insere como sujeito em seu grupo social (1913).

O terceiro ponto que queria comentar na vinheta clínica acima, e seria fácil dar outros exemplos na mesma direção, é que já no manifesto das primeiras falas da paciente há perdas — do namorado, do ovário, de um projeto de feminilidade. Ora, é no terreno das angústias suscitadas por perdas que a psicanálise situa o pivô do tema da depressão, o que poderia não passar de uma proposição relativamente banal, dado que o estado de luto se constitui numa referência quase natural para os estados depressivos. A originalidade da Psicanálise reside, no entanto, na ênfase dada à ambivalência em relação ao objeto perdido. Já em suas primeiras descobertas, refiro-me à chamada auto-análise de Freud baseada em grande parte na interpretação de seus sonhos este depara-se com a existência de desejos de morte camuflados nos sonhos e dirigidos justamente contra as pessoas mais próximas e mais amadas, os pais e os irmãos (1900).

No estudo de casos de melancolia e de depressões graves, feitos em particular por Abraham e Freud (Freud,1917; Abraham,1912 e 1923), a ambivalência é posta em estreita relação com a constituição narcísica arcaica, primária, no tempo das primeiras identificações. A relação constituinte do psiquismo, e mais precisamente do Eu, o tempo da identificação narcísica é entendido como sendo permeado por fantasias de amor e de ódio (Freud,1915; Menezes,1991), cujos conteúdos canibálicos testemunham da violência mobilizada pelo intolerável da instauração da diferença entre fora e dentro, entre o Eu e o outro, e pelas tentativas fantasmáticas de assegurar este "gozo da unidade violenta" primordial (Fédida,1978).

Esta matriz nunca foi abandonada nos desenvolvimentos posteriores do pensamento psicanalítico, sendo retomada e desenvolvida, em particular por Melanie Klein e seu grupo, com base na análise de crianças muito pequenas e de pacientes psicóticos.

Percebe-se que, nestas bases, a depressividade e a depressão não dizem respeito somente à perda de pessoas ou coisas importantes para alguém, ocorridas na realidade física, a sua revelia, mas que o psiquismo tem de se haver também com uma tensão destrutiva em relação a elas e em relação às suas próprias produções, quando não em relação a si mesmo — no ódio de si, podendo "perdê-las" ou perder-se de um modo que não mais se limita, insisto, a situações de perdas ocorridas na realidade.

Até mesmo em processos destrutivos de si mesmo e que vão à contracorrente do amor narcísico de si como diferente, a Psicanálise encontrou uma fruição pulsional, a que chamou de masoquismo do Eu, e que talvez possa ser entendido como movimento extremo no sentido de restaurar a unidade incestuosa com o todo primordial mítico, num movimento mortífero de desdiferenciação (Freud, 1923).

Para a Psicanálise não se trata apenas de admitir manifestações pontuais de depressão nos estados de espírito do dia-a-dia. Creio que vale a pena insistir que o que ela encontra e postula é que uma certa depressividade permeia a vida psíquica, sendo mesmos condição para que esta adquira uma espessura subjetiva em que uma atividade de pensamento vetorizada pelo desejo possa se manter em sua insistência. Esta depressividade inerente à vida psíquica é condição, em outras palavras, para que possa haver animação na busca de satisfações tanto na vida sexual e amorosa como nas realizações em outros planos, buscas que caracterizam e dão sentido para a vida humana.

A vida psíquica só pode ser concebida sob fundo de perda, seja de um objeto (lesado) ao qual se procura reparar e preservar, seja de um resto de fruição, de um a menos de satisfação pulsional a que nos condena a dimensão simbólica inerente ao psíquico no homem. Trata-se de algo a que Freud chamou de recalque primário e que não nos permite "ir para trás" impelidos pela aspiração fundamental à satisfação plena, obtida sem as mediações restritivas do ordenamento simbólico. Temos, ao contrário, que "ir em frente" buscando e construindo objetos e objetivos substitutivos que possam trazer satisfações e prazer, em um movimento impulsionado pelo desejo, movimento inesgotável por se situar no terreno da "negociação" simbólica com o pulsional.

Inesgotável que parece, no entanto, encontrar-se esgotado nos estados depressivos, dominados pela pobreza e monotonia de uma vida psíquica estagnada numa dolorosa imobilidade. Poderíamos então perguntar: isto ocorre porque está fraca a "pilha" do suporte orgânico da vida psíquica, faltam neurotransmissores? Ou o estado depressivo corresponde a uma trama conflitiva nos impasses do desejo, sendo expressão de dificuldades internas desta "vida psíquica"? Já dei indicações sobre por onde a Psicanálise tem avançado ao responder afirmativamente à segunda alternativa, mas vou prosseguir na consideração destas duas alternativas.

Gostaria antes de reafirmar que a depressão não se reduz, do ponto de vista da Psicanálise, a uma perturbação externa à vida psíquica como uma doença a ser curada. Há uma depressividade por assim dizer "fisiológica" e que é condição para esta vida psíquica, e que se quiséssemos comparar com um exemplo simples da patologia médica poderíamos lembrar do diabetes, em que o déficit de insulina perturba a absorção da glicose do sangue nas células, onde tanto a insulina como a glicose e seu metabolismo são elementos essenciais para o funcionamento do organismo.

Deixo de lado agora esta tentativa de, em poucas pinceladas, mencionar algumas balizas do pensamento psicanalítico sobre a depressão. Talvez pudesse resumi-lo dizendo que para nós o trabalho do psíquico com o sombrio emana das próprias origens do psiquismo, o qual só pode constituir-se e existir na medida em que tiver a capacidade de construir vida psíquica, desejo, nas brechas deixadas pelas perdas primordiais, e pelas que vierem depois. Ali onde isto fracassa faz-se presente o "trabalho da morte" (Pontalis,1977) e a depressão imobilizadora.

Desejo retomar o questionamento do que chamei de simplificação redutora da depressão com base nas descobertas das últimas décadas sobre o déficit de transmissão sináptica em alguns circuitos do funcionamento cerebral, ou seja, a resposta à pergunta acima que se limitasse à primeira alternativa, a da "pilha fraca" no cérebro.

Por incipientes, ainda que promissores, que possam ser os atuais estudos sobre este órgão, parece-me razoável supor que ocorram alterações na fisiologia fina do cérebro em todos os estados de alma, na relação da pessoa com os outros, com as coisas de sua vida, sejam objetos reais ou imaginários e, podemos pensar que o inverso também seja verdadeiro.

Recorro, a este propósito, ao que escreve Daniel Widlöcher em seu livro Les logiques de la dépression (1983), lembrando que se trata de um psicanalista mas também de alguém que, como chefe de uma unidade de psiquiatria no hospital Pitiê-Salpêtrière, dedicou grande parte de sua vida à pesquisa clínica sobre a depressão. Ele escreve ali:

"*Deve-se pensar que as interações entre acontecimentos psico-sociais e o estado do cérebro se fazem em duplo sentido e que o estado do cérebro se constitue em resposta a estes acontecimentos ao mesmo tempo que exerce uma restrição (contrainte) sobre esta resposta. O déficit biológico não pode ser concebido, de maneira unilateral, como a causa primária da depressão. É preciso considerá-la como uma resposta do organismo". Acrescenta logo adiante: "os dados empíricos sugerem que retenhamos um modelo de interações recíprocas nas quais as restrições (contraintes) de ordem psicosocial entram em equilíbrio ou em competição com as restrições (contraintes) de ordem neurofisiológica".*

G. Edelman, neurocientista americano, em seu livro mais recente, traduzido na França com o título "Biologie de la Conscience"(1992)[2], oferece-nos uma poderosa descrição do cérebro que no entender dele nada tem a ver com os circuitos pré-fixados de um computador (como em certas concepções cognitivistas). Assemelha-se muito mais "ao imenso aglomerado de acontecimentos interativos que ocorrem em uma floresta virgem". Vale destacar a ênfase dada pelo autor às interações intracerebrais (às "reentradas"): "a matéria do espírito interage constantemente com ela mesma", diz ele.

As suas concepções levam em conta dimensões da vida psíquica que interessam à Psicanálise e que não costumam ser suficientemente consideradas em outros modelos neurobiológicos. Isto torna possível um diálogo científico consistente entre os dois campos, motivo pelo qual vou deter-me um pouco em suas idéias pois penso que permitem avançar bastante no tema em discussão. Além disso, permitem dar uma medida da extensão e da natureza daquilo que fica escamoteado no entendimento simplificado da depressão causada segundo o determinismo linear de uma disfunção cerebral, apoiado em uma concepção mecânica do funcionamento deste órgão.

O autor se propõe a construir uma teoria do funcionamento cerebral que dê conta da consciência. Para isso importa ter presente, de saída, o que ele entende por "sensações": estas são o "conjunto de experiências pessoais ou subjetivas, dos sentimentos e das impressões que acompanham o estado de consciência". Como estas se "tratam na primeira pessoa" pondera ele, seriam então inacessíveis à "formulação de uma descrição inteiramente objetiva ou causal".

---

2. O título do original americano é: Bright air, brilliant fire: on the matter of mind, editado por Basic Books, Département de HarperCollins Publishers inc. (1992).

Esta impossibilidade, *no plano da experiência individual*", embora insistentemente reafirmada por ele e que teria por conseqüência inviabilizar de saída a sua proposta, na verdade representa apenas o limite do possível para uma teoria neurobiólogica. Ou seja, estabelecer as bases biológicas da consciência *como fenômeno geral não é impossível — e é a isto que ele se propõe- o que é impossível é uma "descrição objetiva ou causal"* de *uma experiência singular de consciência.* Ora, todas as experiências de consciência são pessoais, únicas e "irreversíveis"(no tempo) e, portanto, não reprodutíveis de forma idêntica.

O leitor poderá perceber que é exatamente onde começa o "impossível" para a Neurobiologia como ciência positiva que se encontram as fronteiras do campo específico da Psicanálise. Esta não trabalha precisamente com experiências singulares, enunciadas "na primeira pessoa", experiências únicas, não objetiváveis num sistema de determinações verificáveis? Ainda que sejam, na verdade, passíveis de uma certa objetivação conjetural por meio de construções teóricas, ditas metapsicológicas, que sustentam a prática da psicanálise — é como podem ser pensadas, comunicadas, discutidas, no interior de uma comunidade de profissionais — não há dúvida que estas teorias têm um estatuto epistemológico próprio em função das particularidades do campo de exploração para o qual foram construídas.

Sendo, pois, da própria natureza do objeto da Psicanálise ser não-reprodutível nem objetivável, a veracidade do saber e da prática psicanalítica tem que ser considerada de um outro modo, onde a maior força de convicção de uma verdade será a encontrada numa experiência, portanto ainda subjetiva e única, a do insight, e à qual o próprio analista só tem acesso indiretamente. Em outro texto me detive mais nesta questão da verdade e da verificabilidade na Psicanálise e de sua relação com as ciências experimentais (Menezes,1995). Aqui, quero retomar as idéias de Edelmam sobre um modelo de funcionamento cerebral que "contenha as bases biológicas da consciência como fenômeno geral".

O modelo vai sendo montado pelo autor, com grande clareza descritiva e conceitual, como um sistema capaz de operar o que chama de "categorizações perceptivas", de "categorizações conceituais", de "memória" e de "valores" (estes seriam as coisas buscadas ou evitadas, concepção que lembra o nosso princípio do prazer\desprazer e o conceito de pulsões). Tudo isto se processa através de inúmeras "mapas neuronais" interagindo e dando origem ao que chama de "cartografia global" e à produção de "cenas". As cenas compõem-se no que ele chama de "consciência primária", própria ao chimpanzé, entre outros. Cito o autor: " a cena constitui-se em função do que conta para o animal, em função de sua história passada e de seus valores" mas, "é limitada a um pequeno intervalo de memória situado em torno desta parcela de tempo que eu chamo presente".

Na "consciência primária", embora operem também a "memória de longo prazo" e os "valores" do animal, a experiência seria semelhante a de perceber coisas num lugar escuro iluminado por flashes esparsos, em uma experiência de consciência (consciência primária) que corresponde ao que o autor chama de "presente rememorado". Sem pretender, de forma alguma, fazer coincidir as duas coisas, não dá para deixar de lembrar, a propósito deste conceito, que muitas descrições do estado depressivo insistem justamente na desrealização do tempo ou num aprisionamento no tempo, vivido como eterno presente.

Voltando às idéias do autor, este postula que para sair da "tirania do presente rememorado" (próprio da consciência primária) é necessário poder dispor de uma "memória simbólica", estreitamente dependente do desenvolvimento de uma linguagem falada. Ora, isto só é (biologicamente) possível em nossa espécie, na qual se constitui o que o autor chama de "consciência de ordem superior". Graças a esta memória simbólica, em grande parte baseada na linguagem, é possível, cito ele, "construir uma individualidade fundada nas interações sociais, modelizar o mundo em função do passado e do futuro e ser diretamente consciente".

Desta forma, o indivíduo deixa de estar submetido tão fortemente ao "domínio da sucessão dos acontecimentos do tempo real" e cria-se "uma vida interior, fundada na aparição da fala no seio de uma comunidade linguística...".

O sentido nasce da interação da "memória dos valores-categorias", da atividade das áreas conceituais e da linguagem. Vale a pena insistir que a aquisição (individual) da linguagem implica, para Edelman, na associação dos símbolos do discurso com as vivências infantis, na satisfação de necessidades afetivas do indivíduo pelos "congêneres" no curso das interações com os pais, como por ocasião (o exemplo é dele) das "atividades de toalete e sexuais".

De maneira que, eu o cito, "o estoque a longo prazo das relações simbólicas adquiridas durante as interações com outros indivíduos da mesma espécie é essencial ao conceito de eu" e as "formas de incarnação que levam à consciência são próprias a cada indivíduo, ao seu corpo e à sua história pessoal". É em função desta complexidade das determinações do vivido que cada sensação, cada vivência na consciência só possa ser, como já foi destacado acima, um acontecimento único e portanto não passível de ser objetivado por uma abordagem científica.

É o caráter único e fugaz da experiência que a torna não passível de uma abordagem objetiva, tendo-se que levar em conta também, insiste o autor, a dificuldade em descrevê-la — a experiência subjetiva — para um outro, pois a descrição será sempre, diz ele "parcial, imprecisa e relativa ao contexto pessoal do indivíduo" além do que as intervenções de quem ouve "podem modificá-las de maneira imprevisível".

Compreende-se neste ponto, e esta é uma observação minha, o desafio que sempre representou para a clínica analítica, desafio tanto prático como conceitual, a questão da transferência e da contratransferência, assim como o debate entre analistas sobre a natureza da verdade que se produz no interior de uma análise. Isto é, em que medida esta é pura invenção a dois e em que medida, ao contrário, é desvelamento de elementos que operavam independentemente da análise e que nela encontram a ocasião de ser evidenciados em seu valor matricial, ordenador, dos impasses do analisando. Este ponto foi aqui apenas mencionado para destacar a sua pertinência no prolongamento das considerações de Edelman, embora seja uma formulação sumária e simplificada do problema.

Retorno ainda às considerações de G. Edelman sobre a impossibilidade de apreender a experiência subjetiva com uma metodologia constituída para abordar fenômenos objetivos. Além da interferência inevitável e muito significativa do interlocutor, quando alguém se propõe a descrever para ele o que está sentindo, seu estado de consciência (o que lhe passa pela cabeça, diria o psicanalista), há também, afirma ele, uma séria limitação mesmo no mais acurado e fino esforço de introspecção psicológica (em que a pessoa é o próprio observador, não dependendo de um observador externo) já que esta auto-observação não escapa aos efeitos do inconsciente, ficando pois "sujeita a graves erros".

O autor insiste, neste terreno, sobre os efeitos deslocadores do inconsciente que tornam, segundo ele, "o cartesianismo inveterado incompatível com os fatos", já que "mecanismos inconscientes bloqueiam e perturbam o que nós consideramos como seqüências de pensamento transparentes e evidentes". Em conclusão, diz o autor, "nenhuma análise externa objetiva, mesmo se fosse possível, poderia substituir as reações individuais e as trocas intersubjetivas que ocorrem no seio de uma tradição e de uma cultura dada".

Não é de surpreender que este livro tenha sido dedicado a Freud (e a Darwin). O autor parece entender, ou estar próximo disto, que a Psicanálise, por operar no terreno das trocas simbólicas, do sentido e das significações (que supõem "um destinatário interno das falas", coisa que o autor não deixa de sublinhar), pelo fato de seu "objeto" não ser fenomenizável, já que este é o próprio sujeito da fala, ela não poderia de forma alguma ser uma ciência positiva, mas um campo de saber com conceitos adequados à uma prática sui-generis, em ruptura, inclusive, com qualquer prática puramente introspectiva.

Penso que reencontro aqui o que formulei, ao iniciar este texto, sobre o que seja específico ao modo de trabalhar do analista, bem como o que disse com relação ao conceito que sustenta este modo de trabalhar — o conceito do inconsciente. Decididamente, com alguém como Edelman, não há razão para que achemos natural um psiquiatra estar mais interessado pelas Neurociências do que um psicanalista.

Bibliografia

ABRAHAM, K. (1912) "Préliminaires à l'investigation et au traitement psychanalytique de la folie maniaco-dépressive et des états voisins", em "Rêve et Mythe — Oeuvres complètes". Ed. Payot (1977), v. I, pp. 99-113.

_____ (1924) "Essais Théoriques", em "Développement de la libido — Oeuvres complètes". Ed. Payot (1977), v. II, pp. 231-350.

EDELMAN, G.M. (1992) "Biologie de la Conscience". Ed. Odile Jacob (1992).

FÉDIDA, P. (1978) "Le Cannibale Mélancolique", em "L'Absence". Ed. Gallimard (1978), p. 61. Em português: "O Canibal Melancólico", em "Depressão". Ed. Escuta (1999), p. 61. Trad. M. Gambini.

FREUD, S. (1900) "L'Intérpretation des Rêves". Ed. PUF (1973), pp. 216-238.

_____ (1913) "Totem et Tabou" em "S. Freud, O.complètes". Ed. PUF (1998) v. XI.

_____ (1915) Pulsions et Destins de Pulsions, em "S. Freud, O. complètes". Ed. PUF (1988), v. XIII, pp. 178-185.

_____ (1917) Deuil et Mélancolie, em "S.Freud, O. complètes". Ed. PUF (1998), v. XIII.

_____ (1923) "Le Problème Économique du Masochisme", em "S. Freud, O. complètes". Ed. PUF (1992), v. XVII, p. 22.

GREEN, A. (1972) "A Mãe Morta", em "Sobre a Loucura Pessoal". Ed. Imago (1988), pp. 148-177.

KLEIN, M. (1934) "Contribution à l' Étude de la Psychogénèse des États Maniaco-Dépressifs", em "Essays de Psychanalyse". Ed. Payot (1980), pp. 311-340.

MENEZES, L.C. (1991) "O ódio e a Destrutividade na Metapsicologia Freudiana". página 145 deste livro.

_____ (1995) "A Idéia de Progresso em Psicanálise". Revista Brasileira de Psicanálise 29,3 (1995), pp. 559-570.

PONTALIS, J-B. (1977). "Sur le Travail de la Mort", em "Entre le Rêve et la Douleur". Ed. Gallimard (1977), pp. 241-253.

VIOLANTE, M.C.V.(1994) "A Criança Mal-Amada". Ed.Vozes (1995).

WIDLÖCHER, D. (1983) "Les Logiques de la Dépression". Ed. Pluriel (1983), p. 224.